ein Ullstein Buch

ein Ullstein Buch
Nr. 20334
im Verlag Ullstein GmbH
Frankfurt/M – Berlin – Wien

Ungekürzte Ausgabe

Umschlagentwurf:
Hildegard Morian
Alle Rechte vorbehalten
Taschenbuchausgabe mit Genehmigung
des Autors
© 1967 by Paul List Verlag KG, München
Printed in Germany 1983
Druck und Verarbeitung:
Elsnerdruck GmbH, Berlin
ISBN 3 548 20334 5

Mai 1983

CIP-Kurztitelaufnahme
der Deutschen Bibliothek

Stöwer, Ulrich:
Antinous, Geliebter!: Ein Schicksalsjahr
für Kaiser Hadrian; Roman / Ulrich
Stöwer. – Ungekürzte Ausg. –
Frankfurt/M; Berlin; Wien: Ullstein,
1983.
  (Ullstein-Buch; Nr. 20334)
  ISBN 3-548-20334-5

NE: GT

Ulrich Stöwer

Antinous, Geliebter!

Ein Schicksalsjahr
für Kaiser Hadrian

Roman

ein Ullstein Buch

INHALT

ROM
11

SIZILIEN
91

ÄGYPTEN
207

VORWORT

Das Folgende ist kein historischer Roman, eher eine Spekulation über die möglichen Gründe, die zum Tode des geliebten Favoriten führten. Bis auf ein Zitat aus Catulls Liebesgedichten sind alle Briefe, Aufzeichnungen und Kritzeleien, selbst die amtlichen Verlautbarungen und Protokolle, frei erfunden. Der Verfasser nahm sich die Freiheit, den handelnden Personen die Worte in den Mund zu legen, die sie nach Lage der Dinge sehr gut hätten sprechen können.
Für die geographischen Bezeichnungen wurde überwiegend der lateinische Name, für fast alle andern Bezeichnungen, Titel, Ämter und dergleichen die Sprache unseres Jahrhunderts verwendet.
Die Ereignisse spielen sich im Sommer 130 n. Chr. ab. Um dem Stoff größere Dichte zu verleihen, wurde der Aufenthalt des Kaisers in Rom und Taormina fingiert. In Wahrheit hielt sich Hadrian um diese Zeit auf Rhodos, in Syrien und Palästina auf und kam bereits im September in Alexandria an. Die Weihe des Tempels der Venus und Roma wie auch die Erhebung Sabinas zur Augusta fanden schon am 21. April 128 statt. Suetonius hatte sein Hofamt schon einige Jahre früher verloren.
Bis auf Claudia, Thrasyll, Marcus und Kalos sind alle handelnden Personen historisch.

Die historischen Personen

Publius Aelius Hadrianus	Kaiser von 117 bis 138 n. Chr.
Vibia Sabina	seine Frau
Julia Balbilla	deren Freundin
Lucius Ceionius Commodus	Hadrians präsumtiver Adoptivsohn
Avidia Plautia	seine Frau
Antinous (griech.: Antinoos)	
Gaius Suetonius Tranquillus	Schriftsteller ("Leben der Caesaren")
Crito	
Epictetus (griech.: Epiktetos)	Philosoph
Lucius Cotilius Severus	Präfekt der Stadt Rom

Ortsnamen

Achaia	die römische Provinz Griechenland
Antium	Anzio
Arretium	Arezzo
Baiae	zwischen Pozzuoli und Miseno
Buxentum	bei Scario
Cerilli	Diamante
Colonia Agrippinensis	Köln
Claudiopolis	kleiner Ort nördlich Ankara
Cumae	Ort bei Pozzuoli
Cythera	Kythira
Eleusis	Vorstadt von Alexandria
Heracleum	gegenüber von Kanope
Hermopolis	Melawi el Arisch
Kanope	Abukir
Kap Onugnathus	Kap von Cervi
Lerna	gegenüber Navplion am gleichnamigen Golf
Massilia	Marseille
Minturnae	Minturno
Naxos	Naxos
Neapolis	Neapel

Neuer Wall	Hadrianswall (zwischen Carlisle und Newcastle)
Nikopolis	nahe des heutigen Préveza
Nubien	Teil Äthiopiens am Oberlauf des Nils
Nuceria	Nucera
Proconnesus	Prinzeninsel
Propontis	Marmarameer
Puteoli	Pozzuoli
Saepta	unweit des Forums am vorderen Marsfeld
Salernum	Salerno
Schedia	nahe Kanope, nilaufwärts
Scyllaeum	Scilla
Strongyle	Stromboli
Syracusae	Syrakus
Tauris	Krim
Tauromenium	Taormina
Terina	nahe des heutigen Nocera Terinese
Tibur	Tivoli
Velia	zwischen Pollica und Pisciotta

Sonstige Bezeichnungen

Domus Aurea	Neuer Palast Neros
Flavisches Theater	Kolosseum
Lupanar	Freudenhaus
Peristyl	säulenumstandener Innenhof
Retiarius	Gladiator mit Netz und Dreizack
Tablinum	Zimmer des Hausherrn

ROM

I

P. Aelius Hadrianus an Antinous — Rom, 4. Juli

Gestern bist Du abgereist, mein Kleiner. Ich selbst habe Dich fortgeschickt. Du warst es, der für ein paar Wochen allein sein wollte, aber Du hast es nie ausgesprochen. Du wolltest mich nicht kränken. Du glaubst noch immer, mir alles, was Du tust und denkst, zu verdanken. Darum hast Du Deine geheimsten Wünsche nicht verraten, und darum habe ich Dich fortgeschickt.
Bis gestern erschien es mir unmöglich, auch nur eine Stunde ohne Dich zu sein. Ab heute werde ich mich daran gewöhnen müssen. Sollte ich mir meinen Bart abnehmen lassen? Wäre ich damit jünger geworden? Hätte ich noch mehr Gymnastik treiben sollen, als ich es bereits tue? Wäre mein Körper dadurch geschmeidiger geworden? Und hast Du nicht an solche Dinge gedacht, wenn Du neben mir lagst und an die Decke blicktest? Antworte nicht auf diese Fragen. Macht, Schönheit und Geist eines ganzen Imperiums haben nicht verhindern können, daß Du träumtest. Der Arme sucht seine Selbstbestätigung in dem, was auch andere Arme besitzen. Und das ist nicht selten ein blühender Körper.
Fahre also nach Tauromenium. Dir, dem Freund des Kaisers, werden alle Möglichkeiten offenstehen. Überdies ist die Landschaft von einzigartiger Schönheit. Ich werde alle Anstrengungen unternehmen, um nicht daran zu denken, wo Du in den Nächten bist.
Als Du in den Wagen stiegst, hast Du geweint. Ich hatte Dich noch nie weinen sehen. Ich glaubte mich zu täuschen, und darum ließ ich die Pferde noch einmal anhalten. So zwang ich Dich, mir Deine Gefühle zu zeigen. Denn ich dachte, Du weintest der bevorstehenden Trennung wegen. Siehst Du, mein Kleiner — so verblendet bin ich! So eitel auch.
Jetzt, da Du schon fast vierundzwanzig Stunden fort bist, weiß ich, daß Du aus Scham geweint hast. Du schämtest Dich, Dein Glück zu zeigen, zum ersten Male Herr über Dich selbst zu sein. Falls Du mir

schreibst — bitte, widersprich mir nicht in diesem Punkt! Jetzt wirst Du in Tarracina sein, womöglich schon in Minturnae. Richte es so ein, daß Du in Capua und nicht in Neapolis Station machst; dort ist nur noch der Name griechisch. Du wärest enttäuscht.
Hüte Dich vor den Gladiatoren! Sie ziehen immer Weiber zu ihren Liebesnächten zu. Diese Frauen fragen nicht nach Geist und Verstand und schon gar nicht nach Schönheit, wenn sich nur ein maskuliner Körper auf sie wirft. Sie schmeicheln auf diese Weise ihrer Eitelkeit. Du wärest schockiert. Zudem sind die Blutrührer meist nicht genügend gepflegt, riechen nach Schweiß, da sie übermäßig essen, und entfernen niemals ihre Haare an Unterarmen und Bauch, obwohl meine Anordnung, jeder Gladiatorenkaserne Epilatoren zuzuweisen, schon drei Jahre alt ist.
Aber ich erteile Dir schon wieder Ratschläge. Dabei wollte ich mich doch zusammennehmen. Ich leide daran, mehr zu reden als zuzuhören. Und Du bist immer so geduldig ...
Bewahre meine Briefe gut auf — oder besser: verbrenne sie, nachdem Du sie beantwortet hast. Ich werde Abschriften im Tempel der Vesta hinterlegen. In meiner Villa in Tauromenium wird es Dir gut gefallen. Sie liegt unmittelbar neben dem Theater.
Ich küsse Dich und werde in dieser Nacht in Gedanken an Dich kaum gut schlafen. Ich würde mich freuen, wenn Du mit dem Boten sofort Deine Antwort schicktest. Aber ich will Dich nicht drängen.

II

Kaiserl. Sekretariat für Persönliche Angelegenheiten
an den Verwalter der Kaiserlichen Villa in Tauromenium

Es ist dafür Sorge zu tragen, daß der zum Schlafzimmer bestimmte Raum des Edlen Antinous sofort mit den Gegenständen ausgestattet wird, die gestern mit einem besonderen Transport auf dem Seewege über Messana abgegangen sind. Vor allem ist das Spezialbett nach beiliegendem Plan schnellstmöglich im gleichen Zimmer der Tür gegenüber aufzustellen. Mit dem Eintreffen des Edlen Antinous in Tauromenium ist gegen den 15. d. M. zu rechnen. Das Hauspersonal ist so einzuteilen, daß zu jeder Tages- und

Nachtstunde je zwei Köche und Kammerdiener sowie ein Sekretär für griechische Korrespondenz dienstbereit sind. Es ist darauf zu achten, daß der Edle Antinous bei Ausflügen und Spaziergängen jeweils mindestens von einem Kammerdiener und einem Polizisten in Zivil begleitet wird. Eine entsprechende Anweisung an die Polizeipräfektur ist ergangen. Der Edle Antinous ist mit der gleichen Aufmerksamkeit zu behandeln wie der Kaiser selbst.
Der Kaiser wird Rom voraussichtlich am 27. d. M. verlassen und gegen den 10. des nächsten Monats dort eintreffen. Er wird begleitet von seinem Privatsekretär, vier weiteren Sekretären, seinem Arzt, seinem Kammerdiener und etwa zehn weiteren Personen. Die bereits früher ergangenen Anordnungen in bezug auf Einteilung und Ausstattung der Räume erfahren keine Änderung.

gez. (Unterschrift unleserlich)
Rom, 4. Juli

III

P. Aelius Hadrianus an Antinous – Rom, 8. Juli

Böse bin ich Dir nicht, weil der Bote mit leeren Händen zurückkam. Etwas enttäuscht vielleicht. Aber selbst das sollte ich nicht sagen, wenn ich nicht meine eigenen Worte Lügen strafen soll. Der Bote traf Dich in Minturnae. Meinen Glückwunsch – Du bist schnell gereist! Und er fand Dich bei bester Gesundheit. Als er Dir meinen Brief übergab, hast Du bei Plato über die Liebe gelesen. Das ist ausgezeichnet. Du wirst bei Plato Erklärungen für meine Liebe zu Dir finden. Leider habe ich viel zu oft von Deinem Körper gesprochen, wenn Du aus dem Bad kamst und mir erlaubtest, Dich einzusalben. Lies das Traktat, lies es so oft, bis Du es auswendig kennst. Plato lebte vor mehr als vierhundert Jahren. Mag sein, daß so reine Freundschaften, wie er sie beschreibt, heute nicht mehr möglich sind, jedenfalls nicht unter echten Römern. Und dennoch – trotz aller sinnlichen Antriebe muß es auch heute möglich sein, daß der Jüngling unwandelbare Liebe zum älteren Mann empfindet, wenn der Jüngere zur Einsicht gelangt ist, daß der Freund bereit ist, ihm die Summe seines ganzen langen Lebens und all seiner Erfahrungen zu Füßen zu legen. Wie sehr wünschte ich, daß auch Du zu dieser Erkenntnis kommst!

In knapp drei Wochen ist die festliche Weihe des Venus-Roma-Tempels. Vorher kann ich Rom nicht verlassen. Da der Bau meine Idee ist, muß ich auch die Festrede halten. Und ein Gott erfährt eine um so höhere Verehrung, je höhergestellt die Persönlichkeit ist, die sich an ihn wendet. Selbst wenn die Götter nur geistige Kinder der Menschen wären, sind sie doch fähig, den Schwachen und Verzweifelten Trost und Hoffnung zu schenken. Schon deshalb sollte man sie ehren.

Mit andern Worten — ich wäre Dir lieber heute als morgen nachgereist. Ich fühle mich nicht wohl in dieser Stadt, noch dazu in dieser Jahreszeit. Alles, was gedacht, gesagt und getan wird, stimmt nicht. Die Menschen wohnen zu dicht aufeinander. Bei einer solchen Ballung von verschiedenen und gegensätzlichen Interessen und Leidenschaften bringt Ehrlichkeit Verderben. Wer anständig bleiben will, muß schweigen. Die meisten aber heucheln und lügen, weil sie nur auf diese Weise zu Geld, Ruhm und Ansehen kommen können. Auch ich empfange fremde Gesandtschaften und trete vor dem Senat auf. Ich halte Reden, die ich nicht selbst verfaßt habe. Sie drücken die amtliche Meinung des Imperiums aus und sind so konzipiert, daß sie niemanden kränken. Ich habe es längst aufgegeben, mir eine eigene Meinung über die Berechtigung der von den Interessenverbänden vorgetragenen Bitten und Beschwerden zu bilden. Da sie einander alle widersprechen und nach den Gesetzen der objektiven Wahrheit auch widersprechen müssen, können sie in der Substanz nicht wahr sein, wenn es auch im ersten Augenblick so aussehen mag.

Ach — mein Armer ... Ich quäle Dich mit solchen Fragen. Was ich Dir eigentlich schreiben müßte, lies im Catull nach. Gestern nacht fand ich im Licinius-Gedicht folgende Zeilen:

> *»Nun, Geliebter, sei ja nicht übermütig*
> *Und verachte mir nicht schöne Freundschaft,*
> *Daß nicht Nemesis Dich bestrafen müßte:*
> *Du darfst niemals die schlimme Göttin reizen!«*

Am folgenden Tag fortgesetzt

Ich will keine Geheimnisse vor Dir haben. Darum berichte ich Dir, daß Lucius vor drei Tagen aus Baiae in Rom eintraf und mir gestern seine Aufwartung machte. Du hättest ihn unterwegs eigentlich treffen müssen. Er sieht noch immer sehr gut aus, obwohl er bald seinen 26. Geburtstag feiert. Er weiß sehr genau, daß es keine Frau und keinen Jungen gibt, bei denen er nicht Erfolg haben würde. Aber gerade diese leichten Erfolge haben sein Gesicht nicht zu jener männlichen und ernsten Schönheit reifen lassen, die uns zeigt, daß wir einen Mann mit festen Grundsätzen, mit erlittenen Enttäuschungen und klarem Verstand vor uns haben. Außerdem lebt er noch immer über seine Verhältnisse. Für einen offiziellen Besuch war seine Eleganz zu auffällig.

Aber ich versichere Dir, mein Liebling – er sagt mir gar nichts mehr. Meine frühere Liebe zu ihm ist nur noch eine schöne Erinnerung, die ich zwar nicht missen, aber auch nicht auffrischen möchte. Ich bin alt genug und weiß, daß man Erinnerungen nicht mehr zum Leben erwecken kann. Wenn man sie in die Hand nehmen will, zerfallen sie zu Staub. Erinnerungen sind geistige Substanz, und nur als Geist verändern sie sich fort, indem sie die Schlacke des Unwesentlichen abstreifen.

Morgen fahre ich nach Tibur. Ich will sehen, wie weit die Arbeiten an der Villa gediehen sind. Sabina, Lucius und seine Frau werden mich begleiten.

Träume etwas Wunderbares, mein Seepferdchen.

IV

Aus dem Tagebuch der Sabina – Rom, 8. Juli

Tranquillus ließ sich heute schon sehr früh bei mir melden. Obwohl ich noch frisiert wurde, wollte er nicht warten. Da er eine wichtige Neuigkeit zu haben schien, ließ ich ihn also eintreten. Und wirklich war er blasser als gewöhnlich, was bei ihm ein untrügliches Zeichen für höchste Verwirrung ist. Außerdem standen seine Haare nach allen Seiten vom Kopf ab.

Ich mußte alle Mädchen hinausschicken, und dann kam es: Er behauptete, der Kaiser hätte ihm und mir unsere Verbannung nach

Tauris angedroht. Er sprach so überzeugend, seine Hände flatterten, und er setzte sich nicht einmal, so daß mich zuerst ebenfalls ein gewaltiger Schreck ergriff. Aber dann faßte ich mich wieder, denn es ist einfach ausgeschlossen. Welchen Grund könnte es dafür geben? Will der Kaiser aller Welt vor Augen führen, daß unsere Ehe praktisch nicht mehr existiert, und zwar seit vielen Jahren nicht mehr? Dann hätte er sich längst scheiden lassen können. Korrekt, wie der Kaiser ist, würde er für die Verbannung einen Senatsbeschluß herbeiführen, und der Senat muß immerhin einen Grund angeben. Da käme, weil es sehr beliebt ist, noch eheliche Untreue in Frage. Will der Kaiser, selbst wenn es stimmte, das vor aller Welt feststellen lassen? Es wäre nicht sehr komisch, wenn der Kaiser nach Jahren amtlich erklären ließe, daß er sein halbes Leben lang mit Hörnern herumgelaufen ist.
Das alles setzte ich Tranquillus auseinander und verriet ihm außerdem, daß der Kaiser mich bei passender Gelegenheit zur Augusta erheben wolle. Man verleiht keiner Frau den höchsten Titel des Reiches, wenn man sie anschließend verbannen will. Tranquillus beruhigte sich etwas, setzte sich und trank ein Glas Falerner. Während er trank und schluckte, hüpfte sein Halsknorpel höchst belustigend auf und ab. Er ist in den letzten Monaten ziemlich gealtert, sein Hals ist mager und faltig geworden, und zudem hatte er auf der Toga einen Rotweinfleck. Er wird doch nicht schon das Alter erreicht haben, in dem man sich nicht mehr richtig pflegt?
Ich soll den Kaiser übermorgen nach Tibur begleiten. Ich hasse dieses Nest. Außer der Villa wird es dort nichts geben, und zudem sind die Wege schlecht und staubig. Schon nach einer Stunde Fahrt müßte man die Kleider zum Reinigen geben und ein Bad nehmen. Zu allem Überfluß ist die Wasserleitung dort noch nicht einmal fertig.
Vorgestern kam Lucius überraschend in Rom an. Hat er nun plötzlich Sehnsucht nach seiner Frau bekommen, haben ihn seine dauernden Feste gelangweilt, ist ihm das Geld ausgegangen, oder hat er noch einen andern Grund? Ich werde ihn in Tibur sehen. Das auch noch . . .

V

Schmiererei an einer Wand der öffentlichen Toiletten am Flavischen Amphitheater

>Liebte Suetonius doch Sabina,
>Dann könnte sie viel eher
>Das Glück von Hadrian ertragen.

(Darunter: Primitive Zeichnung dreier männlicher und eines weiblichen Geschlechtsorgans)

VI

Bericht 10.24 der Geheimen Staatspolizei
aus dem Jugendclub »Scharfe Lanze« vom 8. Juli

Anwesend rund 20 Personen beiderlei Geschlechts im sogenannten Salon der Symposien. Kurz vor Mitternacht traf der Edle L. Ceionius Commodus in Begleitung mehrerer Freunde und Frauenspersonen ein und begab sich sofort in den genannten Salon. (Personalbeschreibungen der Frauenspersonen liegen bei den Akten des Polizeireviers der Region IX — Circus Flaminius.) In den ersten beiden Stunden keine besonderen Vorkommnisse. Einige Frauen tanzten, andere lagen den Männern bei. Zwei Stunden nach Mitternacht befanden sich nur noch der Edle L. Ceionius und seine männlichen Begleiter im Salon der Symposien. Der erstere äußerte Zweifel an seiner bevorstehenden Adoption. Aus dem darauf ausbrechenden Stimmengewirr konnte unser Beobachter folgende Worte verstehen: Trottel — schon lange krank — kann hinten und vorn nicht hoch — bithynischer Arschlecker — Erbschleicher — Reiseonkel — stinkende Nutte. (Die letzte Bemerkung kann nicht mit Sicherheit mit dem Kaiser oder dem Edlen Antinous in Verbindung gebracht werden.) Der Edle L. Ceionius verbot seinen Freunden erst nach etwa drei Minuten das Wort. Danach erklärte er laut, daß er »die Sache schon schaukeln« werde. Der Fortgang des geselligen Beisammenseins wies keine weiteren politischen Aspekte auf.

gez. M. Titus Bulla, Praetor
Rom, 9. Juli

VII

Antinoos an P. Aelius Hadrianus Aug. — Baiae, 7. Juli
(griechisch)

Kampanien ist wunderbar, selbst im Sommer! Ich wußte nicht, wie stark Blumen duften können. Und das Meer ... Zehnmal am Tag ist es mein Spiegel, den ich zehnmal am Tag zerbreche, wenn ich hineintauche. Ich traf Lucius unterwegs. Er stellte mir seine Villa zur Verfügung. Du hast doch nichts dagegen? Ich bin sehr zufrieden, und es gefällt mir außerordentlich. Ich werde Dir bald ausführlich schreiben. Noch weiß ich nicht, wie lange ich hierbleibe. Es grüßt Dich sehr herzlich Dein Antinoos.

VIII

P. Aelius Hadrianus an Antinoos — Tibur, 10. Juli (griechisch)

Warum schreibst Du nicht, Antinollo? Es muß Dir sehr gut gehen, oder Du schämst Dich, mir mitzuteilen, daß Deine Erwartungen enttäuscht wurden. Schau Dich auf der Reise nur gut um. Du wirst feststellen, daß auch unser barbarisches Italien sehr schön ist. Betrachte nicht die Agaven, die Tier und Menschen stechen — laß Dich durch die Wälder fahren, in denen die Hirten auf ihren Flöten das Murmeln der Bäche begleiten. Sie sind in all ihrer Einfachheit schön — sowohl die Hirten als auch die Lieder. Sie sind der Urstoff, aus dem unsere Kultur auch heute noch lebt. Du kannst Dich als Prinz fühlen, aber vergiß nicht, daß Du Mensch bleibst. Mensch, wie jene, die ihre Beine mit Schaffell umwickeln, bevor die Nacht hereinbricht. Verachte sie nicht, weil Du womöglich glaubst, glücklicher als sie zu sein. Sie sind nicht unglücklicher als wir. Für ihr einfaches Glück, den Himmel über sich, die Tiere neben sich und die Einfalt im Herzen zu haben, verlangen die Götter keinen Preis.
Wir brachen heute schon sehr früh nach Tibur auf, meine Frau, Julia Balbilla, Lucius und dessen Frau Avidia Plautia, die etwa im Dezember ein Kind bekommen wird. Sie erhielt für sich und ihre beiden Dienerinnen den bequemsten Wagen. Im ganzen sind wir

höchstens ein Dutzend Personen. Ich hasse großen Aufwand; er macht das Leben unbequem. Es ist hoher Mittag. Ich kann nicht schlafen. Ich denke zu viel an Dich. Lucius will versuchen, ein paar Vögel zu schießen.
Es ist sehr heiß. Thrasyll — Du kennst ihn noch nicht, er wurde erst vorgestern zu meiner persönlichen Bedienung eingeteilt — fächelt mir mit einem Fächer aus Pfauenfedern Luft zu. Sein schwarzer Körper schimmert wie poliertes Ebenholz, obwohl er nie schwitzt. Er ist unermüdlich in seiner Tätigkeit und lächelt immer, wenn ich ihn ansehe. Er hatte Glück, als der Kaiserliche Haushalt ihn ankaufte. Vorher war er beim Stadtpräfekten beschäftigt, und zwar in der Küche. Dieser Barbar... Er hat offenbar nie begriffen, wie flüchtig und daher kostbar die menschliche Schönheit ist.
Thrasyll ist nackt. Ich habe es ihm erlaubt, solange die andern nicht dabei sind. Ich wünschte, auch ich könnte meine Kleider ablegen wie damals auf der Insel Proconnesus in der Propontis, wo wir, Du und ich, zwei herrliche einsame Wochen verbrachten. Als wir unsere Kleider nicht brauchten, weil sich unser Leben zwischen der Unendlichkeit des Wassers und der Liebe abspielte. Du sagtest mir damals zum ersten Male, daß Du mich sehr gern hättest. Es ist mehr als fünf Jahre her, und es sind die einfachsten und schönsten Worte, die Du jemals zu mir sagtest. Als es heraus war, schwankte ich zwischen angeborenem Mißtrauen und höchstem Glück. Verzeih mir, wenn ich damals nicht antwortete. Ich weiß nicht mehr, was ich tat: vielleicht nickte ich nur oder blieb reglos oder umarmte Dich stumm. Ich liebte Dich von Anfang an, das weißt Du. Aber ich hatte es nicht für möglich gehalten, daß ein Knabe einen reifen Mann lieben kann, und wenn es uns auch die alten Dichter mehr als hundertmal versichern.
Die Arbeiten hier gehen trotz der Hitze gut voran. Die meisten Räume sind bereits gedeckt. Es fehlt noch der große Mittelraum, der wegen seiner vielen Apsiden natürlich gewisse Schwierigkeiten bietet. Dennoch könnte man hier schon wohnen, wenn nur die Wasserversorgung besser wäre. Sabina zum Beispiel will täglich mehrmals baden. Sie haben ja alle noch nie im Feldlager eine Holzschüssel zum Waschen benutzt, das Wasser der Bäche ist ihnen zu kalt und das Meer zu salzig.
Noch in diesem Herbst sollen einige Kunstwerke aufgestellt wer-

den. Ich nehme etliche Sachen aus dem Palatin; Dionysos, Apollo, Aphrodite und Eros werden neu angefertigt. Was hältst Du davon, wenn ich Dich für Eros Modell stehen lasse? Überlege es Dir; ich werde es auch noch einmal tun. Als ich Dich kennenlernte, warst Du mir Eros, in jeder Beziehung. Deine Unterschenkel waren noch weich und Deine Knie rund, Deine Arme biegsam und weiblich, der Flaum auf Deiner Oberlippe zärtlich. Aber inzwischen ist Dein Körper straffer geworden, der Brustkorb wölbte sich vom Schwimmen und Schießen, Dein Mund wurde härter, und Deine Locken kräuseln sich nicht nur auf dem Kopf. Du bist kein Knabe mehr, mein großer Antinoos ... Wahrscheinlich werden wir Dich als Dionysos darstellen. Du wirst die obligate Rebe in der Hand halten, wirst sie aber nicht selbst zum Munde führen, sondern sie dem Beschauer darbieten. Und der erste und häufigste Beschauer dieses Gottes werde ich sein.

Aber ich werde auch sammeln. Ich werde hier alles zusammentragen, was mir auf meinen Reisen gut gefiel. Und wenn es auch nur dazu dienen sollte, mich an dies und jenes zu erinnern, was mir sonst entfallen wäre. Sabina hat einmal gesagt, sie hasse jene Menschen, die sammelten. Sei es nun Porzellan aus dem fernen Osten, ägyptische Glasvasen, augusteische Gemmen, griechische Miniaturen ... auch Geld. Sie raffen zusammen, was sie bekommen können, sagt sie, sie schmücken sich damit, sie zeigen ihren Reichtum. Und wenn sie sich daran erfreuen, ist es eine sterile Freude. Die starre Kostbarkeit verliert an Wert, je länger man sie betrachtet, und das Geld, das man nicht ausgibt, ist nichts weiter als totes Metall, das nur die Illusion der Macht schenkt. Menschen, die sammeln, leben nicht mehr. Sie haben die Lust am Spiel und an der Eroberung verloren, da sie fürchten, zu unterliegen.

So sagt Sabina, meine Frau. Wie sehr hat sie sich doch geirrt, obwohl sie behauptet, mich sehr gut zu kennen! Sammle ich Geld? Liebe ich nicht mehr? Fürchte ich, im Spiel zu unterliegen? Habe ich Angst? Was weiß sie also von mir? Ja, ich werde noch etwas sammeln, wenn die Götter es mir erlauben: Freunde nämlich. Sie haben den höchsten Wert, da man sie nicht kaufen kann.

Lucius scheint Angst zu haben, daß ich ihn schließlich doch nicht adoptiere. Aber kann er mir bei seinem Lebenswandel übelnehmen, wenn ich noch eine Weile zusehe, wie er sich entwickelt? Wenn er

erst einen Sohn hat oder eine Tochter schlimmstenfalls, wird er besonnener werden. In erster Linie aber scheint er eifersüchtig auf Dich zu sein. Nicht, weil ich Dich liebe, Antinollo, sondern weil er glaubt, ich könnte die Versprechungen, die ich ihm gemacht habe, in Deiner Gegenwart vergessen. Er hat es nicht begriffen und wird es nie begreifen, daß ihr vollkommen verschiedene Menschen seid. Jeden für sich kann man in einer andern Art lieben, ohne dem andern etwas fortzunehmen. Das vor allem muß ihm erst klarwerden, wenn er sich Aussichten auf meine Nachfolge ausrechnen will.
Sabina kommt. Sie soll nicht wissen, wie lang die Briefe sind, die ich an Dich schreibe.

IX

Aus dem Tagebuch der Sabina – Tibur, 10. Juli

Der Kaiser sitzt in seiner Halle, deren Säulen für die Ausdehnung des riesigen Peristyls mit dem großen Bade- oder Fischbecken viel zu dünn und schwindsüchtig sind. Er nennt seinen Geschmack zwar griechisch, aber er ist feminin. Eine Zeitlang hat Julia mir vorgelesen, aber es hat mich gelangweilt.
Wie ich voraussah, war die Fahrt hierher ermüdend und anstrengend. Der Wagen stieß und rüttelte, je höher wir hinaufkamen. Mir tat vor allem Avidia leid. Sie behauptet zwar, sie hätte selbst gewünscht, an diesem Ausflug teilzunehmen, aber sie log. Es ist mir völlig klar, daß Lucius sie zu dieser Fahrt überredet hat. Wer weiß, wie lange er in Rom ist, und daher benutzt er die Gelegenheit, den liebenden Gatten zu spielen. Das erste, was er uns allen erzählte, war, daß er in Baiae den Briefwechsel zwischen Trajan und dem jüngeren Plinius studiert habe, wobei er deutlich durchblicken ließ, daß es für seine spätere Stellung nützlich sei. Wollte er nur auf seine Frau Eindruck machen, hätte er auch eine andere Tunika tragen können: er ist schließlich nicht mehr sechzehn. Er wird so lange in Rom bleiben, bis ihn alle Vestalinnen, bürgerlichen Mütter und traditionsbewußten Senatsmitglieder in Begleitung seiner schwangeren Frau gesehen haben. Er ist schlau und baut sich einen guten Ruf auf, denn er weiß genau, was er will.

Hier riecht es nach Farbe, überall stehen Leitern und Gerüste herum, die Luft ist voller Staub, und kreischende Wagen karren immer neue Kisten und Steine heran.
All dies ist auch ein Grund für mich, die Villa zu hassen. Denn an mich hat der Kaiser bei seinen Planungen nicht eine Minute gedacht. Ich weiß bis heute noch nicht, welches einmal mein Schlafzimmer sein wird; es ist offenbar vergessen worden.
Lucius kommt von der Jagd zurück. Wie es scheint, will er mich sprechen.

X

Julia Balbilla an Claudia Crispina in Antium — Rom, 11. Juli

Danke mit mir den Göttern, liebste Claudilla, daß ich mit heilen Knochen nach Rom zurückgekehrt bin! Auf dem Palatin stinkt es wenigstens nicht. Ich bin neuerdings furchtbar durcheinander, denn die Herrin, ich meine natürlich Sabina, und jeder rechnet damit, daß der Kaiser sie bald zur Augusta erheben wird, sie ist in letzter Zeit übernervös, was von der Hitze kommen kann, die in diesem Jahr, glaube ich, noch nie so schlimm war. Der kleine Lausbub, den ich eigentlich ganz gern mag, weil seine Trägheit einen gewissen Chic hat, den hat der Kaiser auf Reisen geschickt, allein, denke nur! Nun rechnen wir uns natürlich einiges aus, so zum Beispiel, daß der Kaiser die Herrin einmal nachts besuchen wird. Ich hab's ihr nicht ausgeredet, obwohl Lucius gerade zur rechten Zeit hier aufgetaucht ist, zwar offiziell bei seiner Frau wohnt, die ein Kind erwartet, die meiste Zeit aber auf dem Palatin ist, und in den Nächten wissen die Götter, wo... Ich will damit natürlich nicht gesagt haben, daß der Kaiser eine alte Liebe auffrischen will, denn davon hält er, seit er den Jungen hat, nicht mehr viel, aber er ist immerhin trotz seiner 54 Jahre noch sehr vital, und Du weißt ja selbst, wie wild die Männer werden, die an das Schlafen zu zweit gewöhnt sind und sich plötzlich allein in ihrem Bett finden.
Wir waren also gestern in Tibur, wieder einmal, und Du kannst Dich beglückwünschen, daß Du in Deinem ruhigen Antium sitzest

und Deine übrigens noch immer wunderschönen und anbetungswürdigen Füße ins Meer halten kannst, während wir hier vor Hitze fast vergehen. Ist in Antium eigentlich viel los? Man sagt, daß Puteoli in diesem Jahr viel mehr bietet, weshalb auch die meisten meiner Bekannten dorthin gefahren sind, was ich auch gern getan hätte, wenn ich nicht bei meiner Herrin bleiben müßte, die wiederum die Zeit nützen will, die der Kaiser in der Stadt ist, weil... Na – Du weißt ja jetzt, warum.

Marcus, Du mußt ihn kennen, der Retiarius, wird dort am dreiundzwanzigsten, glaube ich, bei den diesjährigen Sommerspielen kämpfen. Ich weiß nicht, gegen wen. Schau zu, daß Du noch Karten bekommst, und von Antium ist es doch nur eine gute Tagesreise, wenn Du nicht überhaupt nach Puteoli übersiedeln willst, denn es lohnt sich, sage ich Dir, Marcus ist seit der letzten Saison noch schöner geworden. Ich habe noch nie einen so schönen Mann gesehen, der gleichzeitig nicht nur die Kraft eines Bären, sondern auch die Geschmeidigkeit eines Panthers besitzt, wobei er sogar in der Lage sein soll, ein ordentliches Gespräch zu führen. Ich habe mich selbstverständlich noch nicht mit ihm an einen Tisch gesetzt, aber es wird behauptet, daß er ganze Passagen aus dem Vergil auswendig weiß, was ich nie glauben würde, wenn es meine Tochter Julina nicht erzählt hätte, die ihn am liebsten heiraten möchte. Nun – bei aller Bewunderung für Marcus... das geht zu weit! Meine Tochter einen Gladiator heiraten, und wenn er schöner als Apoll wäre, was es in Wirklichkeit wohl nicht gibt... Aber dennoch – fahre hin, denn es lohnt sich in jedem Fall, er kämpft nämlich unbekleidet, weil er sich's erlauben kann, und außer ein paar Schrammen wird er nichts abbekommen, so daß Du also glücklicherweise sein Blut nicht fließen siehst, denn sein Gegner arbeitet für den gleichen Unternehmer, und der weiß genau, welcher von beiden ihm die höchsten Gagen einbringt und wer also am Leben bleiben muß. Alles Betrug, aber unsere Augen kommen auf ihre Kosten.

Aber denke nicht, geliebte Claudia, daß es sich hier um einen gewöhnlichen Landausflug gehandelt hätte, denn hier, bei Hofe, ist nichts gewöhnlich, und was harmlos aussieht, ist meist am aufregendsten, besonders wenn Lucius irgendwo auftaucht. Um seine Frau, die auch dabei war und die in Gegenwart des Kaisers immer ganz verwirrt ist, kümmerte er sich nicht viel und schoß in der

Mittagszeit ein paar Vögel, aber hinterher, auf der Rückfahrt, da kam es dann doch heraus. Er benutzte nämlich für den Rückweg nicht das Pferd wie gewöhnlich, um seine schönen Beine zu zeigen, weshalb er auch immer eine so unanständig kurze Tunika trägt, daß man — unter uns gesagt — immer wieder unwillkürlich hinschaut, um etwas mehr als nur die Beine zu sehen, sondern er bat, in unserm Wagen Platz nehmen zu dürfen. Die Herrin weiß, daß sie sich ganz auf mich verlassen kann und daß ich niemandem ein Sterbenswort über ihre Geheimnisse erzähle, weshalb ich Dich auch bitte, liebste Claudilla, diesen Brief sofort zu verbrennen, und falls Du eine Abschrift davon machen läßt, ohne Anschrift und Unterschrift versteht sich, die Namen und Ortsangaben zu verändern und dem Schreibsklaven zumindest die Zunge herausschneiden zu lassen. Menschlicher wäre es natürlich, ihn durch einen Arzt einschläfern zu lassen, denn immerhin leben wir ja nicht mehr in den Zeiten eines Pedanius Secundus, in denen es nicht so genau darauf ankam. Und Du wirst meine Bitte begreifen, wenn ich Dir sage, daß Lucius sich überraschend als Bundesgenosse meiner Herrin entpuppte. Bisher hatten wir ihn immer als Rivalen betrachtet, und wir hatten, wie Jupiter weiß, allen Grund dazu, denn die Herrin ist heute noch der Meinung, daß sie Kinder hätte haben können, wenn dieser Lucius sich nicht in den entscheidenden Augenblicken zwischen sie und den Kaiser gedrängt hätte. Aber nun ist Lucius, da wir seit sechs Jahren diesen Bithynier haben, sozusagen in der gleichen Lage, denn die Wetten, daß er noch in diesem Jahr den Titel Caesar erhalten würde, standen in den Clubs bereits 10:1, sind aber nach den letzten Meldungen auf 3:1, sogar 2:1 gefallen, ausgenommen im Club »Scharfe Lanze«, wo er unerklärlicherweise noch immer verkehrt, obwohl das Publikum sehr gemischt ist und die Polizei ständig dort herumschnüffelt. Um auf Antinous zurückzukommen — er wird in diesem Jahr noch zwanzig, und warum sollte der Kaiser nicht plötzlich auf den Einfall kommen und ihn adoptieren, selbst wenn er nicht von Familie ist? Wenn man keine hat, kauft man sich eine oder läßt sich eine von hochangesehenen Historikern machen, denn irgendwo müssen wir ja alle von den unsterblichen Göttern abstammen, und wenn nur einige »Experten« ihren guten Namen hergeben, glaubt es sofort jeder, muß es glauben, wenn er sich vor der Öffentlichkeit nicht lächerlich machen will, denn ein Experte bleibt ein Experte, wenn er nur alt genug ist, und wer kann solchen Leuten widersprechen? Also Antinous hat jetzt einen Stammbaum, der bis ins fernste Griechenland zurückreicht – denn Hellas muß es ja sein bei der sentimentalen Schwärmerei des Kaisers für dieses Land –, und nun ist er gesellschaftsfähig. Aber das Entscheidende an der ganzen Geschichte ist selbstverständlich, daß der Kaiser anfängt, ihn als seinesgleichen zu betrachten, seinesgleichen in bezug auf Verstand und Bildung, und da muß ich nun selbst sagen, liebe Claudia, das ist ein ernster Grund zur Besorgnis, und nicht nur für Lucius, der immerhin älter, reifer und von besserer Familie ist. Also – der gute Lucius, sonst immer lustig und guter Laune, war ziemlich niedergeschlagen und hat sich entschlossen, Sabina und mich ins Vertrauen zu ziehen, und zwar eben auf der Heimfahrt, während der Kaiser im Wagen vor uns fuhr und nicht zuhören konnte. Lucius hat große Angst um seine Stellung, und obwohl ich mir Lucius als Kaiser nicht gerade ideal vorstelle, trotz seiner Eleganz und Schlagfertigkeit, dürfte dieser Bithynier als Kaiser noch gräßlicher sein, denn er neigt schon jetzt in seinen jungen Jahren zu Schwermutsanfällen, verkriecht sich gern und denkt über alle möglichen Ungereimtheiten nach, so daß die Freigelassenen bald nach Belieben schalten und walten würden, wie es bei Claudius auch war. Ich habe also gar keinen Hehl aus meinen Befürchtungen gemacht, die ich mit Lucius teile, während die Herrin vorsichtigerweise schwieg, und sie hat allen Grund dazu nach ihren früheren Erfahrungen, aber sie unterbrach ihn wenigstens nicht, und das ist bei ihr schon ein halbes Einverständnis.

Ich bin selbstverständlich wahnsinnig gespannt, wie alles ablaufen wird, denn weil Antinous nicht da ist, wird Lucius jede Stunde für seine Pläne nutzen, besonders deshalb, weil er das stille Einverständnis meiner Herrin hat; denn das hat er begriffen, weil er lange nicht so dumm wie leichtfertig ist. Du hörst sofort von mir, sobald ich mehr weiß, aber mache es mit den Briefen so, wie ich Dir oben geraten habe, denn wenn es schiefgeht, können wir den Rest unserer Tage auf einer unbewohnten Insel über unsern Leichtsinn nachdenken, und das stelle ich mir nicht so reizvoll vor, da ich mich trotz meines Alters, meines relativen Alters, noch immer zu jung für eine Verbannung halte.

Ich schreibe bald wieder, weil ich spüre, daß hier etwas Besonderes vor sich geht, und küsse Dich in Liebe.

XI

P. Aelius Hadrianus an Antinoos in Baiae — Rom, 12. Juli
(griechisch)

Es ist spät in der Nacht. Wir kamen erst gestern in den frühesten Morgenstunden aus Tibur zurück. Auf der Heimfahrt wurde mir Dein Brief vom siebten überbracht.
Ich war sehr zufrieden in Tibur. Nicht nur, weil die Arbeiten zur Zufriedenheit vorangehen — heiter vor allem, da ich in jeder Stunde mit dem Eintreffen Deines ersten Briefes rechnen durfte. Wir waren immer zusammen, solange wir uns kennen. Doch außer wenigen Notizen besitze ich keinen Brief von Dir. Was also würdest Du mir zu sagen haben? Welcher Art würden Deine Gefühle, Deine Sehnsüchte, Deine Freuden sein? Meine glückliche Spannung war so groß, daß ich auf die Gesellschaft der andern verzichtete und allein im Wagen vorausfuhr. Sie sollten mir meine Gefühle nicht vom Gesicht ablesen. Es gibt nicht viele Menschen, die die Freude anderer neidlos sehen können. Sabina gehört gewiß nicht zu ihnen. Dabei ist es kaum Eifersucht, was sie gegen Dich einnimmt. Es ist eher der verletzte Stolz ihres Geschlechts, den alle Frauen empfinden, wenn ein Mann in einem andern Mann Qualitäten entdeckt, die weder die schönste noch die geistvollste Frau haben wird. Ich bemühe mich vergeblich zu begreifen, warum *jede* Frau *jedem* Mann gefallen möchte und warum keine Frau begreift, daß ein Mann dem andern gefallen kann. Sie verstehen gerade noch, daß ein Mann Vorbilder braucht, Männer von hohem Geist oder mit starkem Willen, von denen er lernen und denen er nacheifern möchte. Aber es ist ihnen vollends unverständlich, daß ein Mann einen Großteil seiner Zeit und Kraft opfert und einem Jüngling sein gesamtes Wissen und seine Erfahrungen zu Füßen legt, um aus dem Schüler einen Menschen zu machen, der seinen Meister womöglich noch übertrifft. Im besten Falle sehen die Frauen diesen unsern Bemühungen schweigend zu. Sie erfassen nicht, worum es in Wahrheit

geht. Statt dessen warten sie auf den Augenblick, in dem sie uns ein neues Kleid, einen neuen Hut vorführen oder eine kleine Neuigkeit aus dem Bekanntenkreis mitteilen können. Es kommt ihnen nicht darauf an, daß die Welt sich fortbewegt, wenn sie erst einmal ihr Glück und ihre äußere Sicherheit gefunden haben. Und selbst die Bewegung, die unglückliche oder unbefriedigte Frauen gelegentlich verursachen, hat nur einen Sinn: *ihr* Leben auszufüllen oder mit einem bißchen Glanz zu versehen.

Du wunderst Dich, daß ich vom Eigentlichen abgekommen bin. Ich bin es nicht. Ich bin nicht vor Freude in die Luft gesprungen, als mir Dein Brief übergeben wurde. Du schreibst aus Baiae – Du schreibst nur wenige Zeilen ... Zwar steht es Dir frei, wo und wann Du Deine Reise unterbrichst. Aber ausgerechnet in der Villa von Lucius ... Andrerseits scheinst Du Dich wohl zu fühlen; sonst hättest Du mehr geschrieben. Ich sollte den Göttern eigentlich dankbar sein. Und sicher begehe ich einen weiteren Fehler, wenn ich versuche, aus diesen wenigen Zeilen eine ganze lange Geschichte herauszulesen. Aber da ich nur sie habe, müssen sie als Nahrung für die Spekulationen der nächsten Tage ausreichen.

Ja, das Meer ist schön. Es erinnert mich an die Frauen: Es stellt das besänftigende, ausgleichende Element dar, denn es ist immer gleich in seiner großen unendlichen Ruhe. Und selbst ein Sturm vermag ihm nur vorübergehend ein anderes Gesicht zu geben. Mögen die Brecher auch noch so wild an die Kaimauern schlagen – es kommt die Stunde, da sie sich müde gelaufen haben und das Meer sein altes Gesicht zurückerhält, das sich niemals ändert und wahrscheinlich ewig ist. Die Erde verändert ihre Gestalt dagegen ständig, manchmal heftig und gewaltsam durch ein Erdbeben oder einen Vulkanausbruch, meistens langsam und unmerklich – und sie kehrt nie mehr in den ursprünglichen Zustand zurück. Du sagst, das Meer sei ein Spiegel ... Du hast ihn so oft zerbrochen, und siehst Du – er nahm immer wieder seine frühere Gestalt an.

Ich habe mit Lucius über die Vorkommnisse in der »Scharfen Lanze« gesprochen, denn er war anwesend und hielt es anscheinend nicht für nötig, seinen Zechkumpanen den Mund zu verbieten. Er lachte nur und sagte, die Clubs seien die Ventile für jene Menschen, die immer irgend etwas an irgendeiner Sache auszusetzen hätten. Wenn ich den Römern verböte, ihrer Spottlust freien Lauf zu las-

sen, wäre es so, als verstopfe ich ihre Hintern. Notwendige Folge wäre eine Explosion, die für niemanden sehr erfreulich sein könnte. Sieht so ein künftiger Kaiser aus? Ich habe ihm damals die Adoption zum Teil auch aus Dankbarkeit versprochen. Aber vor allem hatte ich handfeste politische Gründe. Um meine Pläne und Gedanken in die Wirklichkeit umzusetzen, reicht mein eigenes Leben nicht aus. Mein Nachfolger muß mich also kennen, muß ein Teil meiner selbst geworden sein, muß gelernt haben, zu denken und zu fühlen wie ich. Mein Tod soll für das Imperium keine andere Wirkung haben, als daß man in den Gerichtssälen und auf den Marktplätzen meine Büste gegen die meines Nachfolgers auswechselt. Das große Werk jedoch, an dem ich unermüdlich arbeite, soll ohne Unterbrechung fortgeführt werden: es geht darum, der Welt einen Frieden zu sichern, der Generationen anhält. Ich weiß, daß Staatsmänner, die nur für den Frieden arbeiteten, in den Schulbüchern bei weitem nicht so ausführlich behandelt werden wie die großen Eroberer. Denn es gibt da keine Städte, Länder, Schlachten und Jahreszahlen, die man aufzählen kann. Sollen künftige Geschlechter mich mit einer Zeile abtun – es genügt mir zu wissen, daß meinetwegen niemand um einen gefallenen Sohn, Vater oder Bruder weinen muß.
Es tut mir leid, daß ich so wenig von Dir gesprochen habe. Das hätte ich eigentlich tun müssen, da ich weiß, wie sehr Du es liebst. Aber einen Teil der Schuld trägst Du selbst: Du berichtest fast nichts, Du stellst keine Fragen, Du fährst nicht nach Tauromenium, sondern nach Baiae ... In Tauromenium würdest Du Individualisten finden, das heißt Leute, die Dir etwas sagen können, was Du noch nie gehört hast. In Baiae und Puteoli dagegen hält sich die gleiche lärmende Gesellschaft auf, die uns schon in Rom lästig war. Entschuldige – ich bin etwas überreizt. Ich hätte mich hinlegen sollen, doch ich kann nicht schlafen. Seitdem Du fort bist, schlafe ich schlecht. Das Alleinsein ist eine schwere Heimsuchung der Götter. Wie käme es sonst, daß selbst Witwen ohne Illusionen, Frauen mit Schnurrbärten und zuchtlose und schmutzige Weiber noch einen Mann finden? Sie finden die Männer, die sich lieber dreiundzwanzig Stunden lang ekeln oder langweilen, als vierundzwanzig Stunden des Tages ganz allein zu sein.
Ich umarme Dich.

XII

L. Ceionius an Antinous in Baiae — Rom, 11. Juli

Völlig klar ... Versprochen ist versprochen! Ich komme, sobald ich nur kann. Zum Vergnügen bin ich nicht in Rom, das kannst Du mir glauben. Aber in zwei, drei Tagen ist alles erledigt, und dann fliege ich zu Dir, mein Herz. Auch Du warst in Minturnae ganz anders als sonst. Aber weißt Du auch, warum? Wir haben zum ersten Male zusammen reden können, richtig reden, ohne Publius. Sonst waren wir immer zu dritt, und jeder von uns mußte seine Rolle spielen. Du machtest den Favoriten, ich den alten Freund, und Publius spielte gleichzeitig Beschützer, Vater, Lehrer, Liebhaber und ich weiß nicht, was noch alles. Das war auf die Dauer unerträglich, und wir sollten den Göttern danken, daß wir endlich einmal allein sprechen konnten und uns gleich beim ersten Mal so gut verstanden. Aber das war erst der Anfang, mein Herz. Noch haben wir uns nicht ganz geöffnet, noch haben wir uns tausend Dinge zu sagen. Ich will Dich bestimmt nicht erziehen. Ich will Dir nur beweisen, daß Du viel glücklicher sein kannst, als Du bisher warst. Aber eine Bitte habe ich. Niemand soll etwas davon wissen. Es soll unser kleines Geheimnis bleiben, ja? Schicke mir deshalb immer meine Briefe sofort wieder zurück. Ich werde sie mit Deinen zusammen gut aufbewahren. Ich habe bessere Möglichkeiten dazu, und Du bist ja fast immer auf Reisen. Einverstanden?
Nur noch wenige Tage. Dann bin ich in Baiae. Mach schon alles schön.
Postscriptum.
Hast Du bemerkt, daß Publius in letzter Zeit etwas schwerfälliger geworden ist — körperlich und geistig?

XIII

Bericht 10.29 der Geheimen Staatspolizei
aus dem Jugendclub »Scharfe Lanze« vom 10. und 11. Juli

An den genannten Tagen erschien der Edle L. Ceionius nicht im Club, obwohl offenbar erwartet. In den frühen Morgenstunden des 11. wurde auf Anregung eines gewissen D. Terentius Cicero (Beiname in der Bürgerrolle nicht eingetragen) eine Interessengemeinschaft zur Förderung der Adoption des Edlen L. Ceionius durch den Kaiser gegründet. Die Statuten der Gemeinschaft wurden schriftlich fixiert und dem gewissen D. Terentius in Verwahrung gegeben. Geheime Haussuchung angeordnet, wird baldmöglichst durchgeführt. Personalakte über D. Terentius in Vorbereitung.

gez. M. Titus Bulla, Praetor
Rom, 12. Juli

XIV

Aus dem Tagebuch der Sabina — Rom, 13. Juli

Gestern, beim gemeinsamen Abendessen, war der Kaiser besonders aufmerksam zu mir. So hatte er ein Bukett von fünfzig roten Rosen vor mein Ruhebett stellen lassen. Er lag während des Essens an meiner Seite, und ich beobachtete ihn, so gut es meine Lage erlaubte. Der Kaiser erschien bei Tisch erstaunlich aufgeräumt, ja heiter, und ich glaube, er hatte schon vorher etwas getrunken. Und obwohl er auch bei der Tafel mehr als gewöhnlich trank, verriet er doch durch kein falsches Wort oder durch eine unkontrollierte Geste, was er eigentlich vorhatte. Es liegt ihm nicht, unbefangen heiter zu sein. Wenn er sich so gibt, dann hat er entweder etwas Schönes erlebt, oder er erwartet etwas Besonderes. Ich hatte eigens mein weißes Gewand angelegt, zu dem ich nie Schmuck trage, weil ich mich sehr wohl daran erinnere, daß es der Kaiser einmal seiner schlichten Eleganz wegen gelobt hat. Julia hatte sich allerdings unbegreiflicherweise noch in aller Eile in ihr Malvenfarbenes stecken lassen, obwohl es sie alt macht, was ich ihr mehr als einmal gesagt

habe. Aber vielleicht war es auch Absicht von ihr, um mich dem Kaiser um so reizvoller erscheinen zu lassen. Ich werde sie fragen — die Gute.
Der Kaiser erzählte Anekdoten aus dem syrischen Feldzug. Erstaunlich, wie lustig die Kriege sind, wenn man die Männer darüber sprechen hört. Er lachte am meisten über diese Geschichten, und das hatte etwas Peinliches, denn im Grunde waren wir andern gespannt darauf, was er uns nun wirklich sagen wollte. Besonders Lucius starrte den Kaiser in unbeobachteten Augenblicken in einer Weise an, die mich sehr besorgt machte. Ich kenne den Kaiser, und niemand schien die Tatsache in seine Überlegungen einzubeziehen, daß der Bithynier immerhin schon seit mehr als acht Tagen verreist ist.
Am schlimmsten erging es dem armen Tranquillus. Er war blaß, starrte den Kaiser fortwährend an, als müsse er jedes seiner Worte auswendig lernen, und bei jeder Pointe kicherte er in einer Weise, die mich wiederum daran erinnerte, daß er alt geworden ist. Er hatte immer noch Angst, und seine Angst wurde nur noch auffälliger, als der Kaiser einige Male das Wort ausdrücklich an ihn richtete, ihm scheinbar gutgelaunt zutrank und augenzwinkernd erklärte, daß die Halbinsel Tauris besonders romantisch sei. Nur Julia schien nichts zu bemerken. Sie sah fröhlich und unbefangen zu, lächelte und trank fast nichts.
Ganz offensichtlich aber gab der Kaiser mir den Vorzug, denn er wandte sich mir zu und bedauerte mehrmals, daß er sich nicht dichter zu mir legen dürfe, und zwar aus Gründen der Schicklichkeit, wobei er sowohl Lucius als auch Tranquillus vielsagend anblickte. Während bei Tranquillus der Halsknorpel auf und ab sprang, vollführte Lucius eine elegante Kopfneigung, die er konkurrenzlos beherrscht. Einmal strich der Kaiser mir übers Haar und sagte überrascht: »Oh — es knistert ja!«
Schließlich kamen wir uns alle wie dumme Kinder vor. Es war klar, daß er mit uns spielte, und niemand fand den Mut, durch ein befreiendes Wort diesen Vorhang der Unklarheit und Unsicherheit zu zerreißen. Schließlich begann ich zu fürchten, Julia könne dem Kaiser einige unserer Geheimnisse anvertraut haben oder Lucius mache mit dem Kaiser gemeinsame Sache und hätte uns auf der Rückfahrt von Tibur nur ins Vertrauen gezogen, um uns um so

33

schneller vernichten zu können. Und Tranquillus endlich hatte Angst, ich habe ihn fallenlassen, um wenigstens mich zu retten. Allmählich breitete sich das gegenseitige Mißtrauen wie eine Feuersbrunst aus, und der Kaiser schien es nicht nur zu bemerken, sondern auch zu genießen.
Um Mitternacht wurde die Tafel endlich aufgehoben. Der Kaiser verabschiedete sich von uns, von mir durch einen langen Kuß, dem ich eine ganz bestimmte Bedeutung beilegte. Jedenfalls begann mein Herz sehr schnell zu schlagen, ich glaube, ich wurde sogar rot, und als ich mit Julia den Raum verließ, warf er mir noch ein Kußhändchen nach und zwinkerte mit einem Auge, wie es die Gladiatoren tun, wenn sie an den schönen Damen vorbeimarschieren. Julia schien ebenfalls begriffen zu haben, denn sie half mir, mein Zimmer in einen freundlicheren Zustand zu versetzen. Sie brachte Blumen heran, entzündete Räucherkerzen und prüfte meine Vorräte an Salben und Essenzen, auch im Bad. Daran hätte ich nicht einmal gedacht — so aufgeregt war ich.
Doch es war alles umsonst, denn der Kaiser kam gar nicht. Natürlich kann ich ihn nicht für Illusionen verantwortlich machen, die ich mir selbst geschaffen habe, und schließlich — sollte ich nun plötzlich Schmerz empfinden, nachdem ich mich an seine Vernachlässigung längst gewöhnt habe?
Eben kommt Julia. Sie traf den Kaiser gestern, eine Stunde, nachdem sie mich verlassen hatte, im Garten. Er ging dort mit Lucius Arm in Arm spazieren, und sie führten anscheinend ein ernstes Gespräch. Aber als der Kaiser Julia bemerkte, wurde er sofort wieder vergnügt, erkundigte sich nach meinem Befinden und fragte beiläufig, als Julia schon wieder gehen wollte, ob Suetonius noch im Hause sei; er werde doch nicht so dumm sein und in die Stadt zurückgehen, da es erwiesen ist, daß die Luft auf dem Palatin die beste in ganz Rom sei.
Dieser Halunke ... Ich habe mich täuschen lassen! Er ändert sich nicht mehr.

XV

*Billett des Lucius an seine Frau in deren Stadtwohnung,
durch Boten —
Palatin, 14. Juli vormittags*

Ich kann noch immer nicht weg, mein Herz. Es ist noch so wie vorgestern abend, als ich Dir den ersten Zettel schickte. Der Kaiser will mich unbedingt noch hier oben haben. Ich muß mich ständig zu seiner Verfügung halten. Aber alles geht ausgezeichnet. Strenge mal Dein kleines süßes Köpfchen an, und Du wirst gleich wissen, um was es sich handelt, wenn ich Dich bitte, dem Boten meine Toga mit dem Purpursaum mitzugeben. Ist sie gebügelt? Sonst muß er so lange warten. Tolle Sachen stehen bevor, und sie sind von größter Bedeutung für Dich und unsern künftigen Sohn ... Also rate ein bißchen und habe Geduld, mein Herz.

XVI

*Epiktetos an Publius Aelius Hadrianus Caes. Aug. Imp. Pont.
Max. etc. — Nikopolis, 30. Juni (griechisch)*

Erhabener Kaiser und Freund, es sei einem ehemaligen Sklaven gestattet, aus dem fernen Epirus das Wort an Dich zu richten. Aber Deinem Brief von Anfang des Monats glaube ich entnehmen zu können, daß Dir an meiner Antwort gelegen ist. Ich nehme den Griffel ungern, wie Du weißt. Was meine Schüler nicht im Kopf nach Hause tragen können, ist nicht wert, aufgezeichnet zu werden. Ich halte es da mit Sokrates. An Dich, erhabener Freund, schreibe ich, weil Du meinen Rat verlangst und weil ich nicht hoffen darf, daß Du in absehbarer Zeit wieder nach Nikopolis kommst, um mit mir nächtelang zu diskutieren.
Du wolltest zum ersten wissen, ob die Liebe göttlichen Ursprungs ist, anders ausgedrückt: ob sich ihr Entstehen, Wachsen, Blühen und Vergehen dem menschlichen Willen entzieht. Wir wollen in dieser Untersuchung die Liebe wie folgt definieren: unbändiges und unstillbares Verlangen nach einem andern Menschen, wobei wir

nicht danach fragen wollen, ob der Ursprung dieses Verlangens geistiger oder sinnlicher Natur ist. Höre also meine Meinung.
Wie alle Philosophen – Rechtsgelehrte übrigens auch, wenn auch nicht in dieser speziellen Frage – kann ich keine eindeutige Antwort geben, denn die Liebe ist weder eindeutig göttlichem noch menschlichem Willen unterworfen. Für göttlich halten sie nur die Poeten. Das ist für sie eine zwingende Notwendigkeit, da sie nie zugeben werden, daß ihre eigenen exorbitanten und sich überschlagenden Gefühle auch von andern, nichtschreibenden Menschen empfunden werden können. Für sie ist die Liebe göttlichen Ursprungs, und sie selbst halten sich für den Mund Gottes. Umgekehrt halten alle Menschen ohne Phantasie und mit einseitig auf das Praktische ausgerichtetem Verstand die Liebe für einen rein menschlichen Willensakt; das gleiche trifft auch für alte, blutleere Menschen ohne Hoffnung auf weitere Freude zu.
Ich selbst halte die Mitte oder besser – ich unterscheide nach dem Stadium. Ich unterscheide nicht nach dem Grad, denn der Grad der Liebe ist nicht zu messen, da sie immer individuell empfunden wird und daher nicht vergleichbar ist. Erstes Beispiel: Was dem einen als größte Liebe seines Lebens erscheint, wird vom andern unter gleichen Voraussetzungen nur als Abenteuer bezeichnet. Zweites Beispiel: Ein Einzelwesen mag von einer Liebe so erfüllt sein, daß es sich für den Rest seines Lebens keine Steigerung mehr vorstellen kann; und doch wird dasselbe Individuum eines Tages vielleicht von einer andern, noch viel größeren Liebe ergriffen, die die erste banal und lächerlich erscheinen läßt. Darum also läßt sich Liebe nicht nach dem Grad messen. Wenn wir also feststellen wollen, ob die Liebe göttlichen oder menschlichen Ursprungs ist, müssen wir unsere Untersuchung an der zeitlichen Abfolge einer bestimmten, auf ein einziges Wesen bezogenen Liebe ansetzen. Wie ist es hier also?
Gewiß ist, daß es die sogenannte Liebe auf den ersten Blick nicht gibt. Ich jedenfalls konnte sie nie feststellen. Was so bezeichnet wird, ist immer nur ein plötzliches und scheinbar durch nichts anderes als den eigentlichen Liebesakt zu stillendes Begehren, das jedoch nach Vollzug des Aktes nicht mehr zu Liebe wird. Gegenseitiger Selbstbetrug für kurze Zeit ist das einzige Ergebnis dieser »Liebe auf den ersten Blick«. Wir klammern sie also aus.

Aus dieser Erkenntnis folgt notwendigerweise, daß eine Liebe nicht in jenem Augenblick entsteht, da man den geliebten Gegenstand zum ersten Male sieht. Ich behaupte darüber hinaus, daß man den Gegenstand seiner Liebe sogar einige Male sehen und mit ihm sprechen kann, ehe man seiner bewußt wird. Du wirst nicht sagen wollen, daß dieses nicht mehr auf dem Zufall, sondern eher auf der Gewohnheit beruhende Erkennen des andern göttlichen Ursprungs ist. Warum sollten sich die Götter die Mühe machen, Dich verschiedene Male mit einem andern zusammenzuführen, ehe sie in Dir ein Interesse an ihm erwecken? Soviel Mühe geben sich die Götter mit uns nicht. Nein – die große Liebe entsteht aus dem alltäglichen, oft sogar erzwungenen Beisammensein, aus Gewöhnung und selbst aus Bequemlichkeit. Du gewöhnst Dich an des andern Anblick, seine Gesten, seine Art zu sprechen, zu lächeln, sich zu bewegen und Meinungen zu äußern. Und plötzlich – denn das kann plötzlich kommen – bemerkst Du, daß sie Dir gefallen, seine Hände, sein Lächeln, seine Stimme, seine Art, Dich anzusehen, auf Dich einzugehen – mit einem Wort, Du stellst fest, daß es am andern eigentlich gar nichts gibt, was Dir mißfällt. Du siehst nicht die zu großen Füße, die kranken Zähne, das kleine Bäuchlein, die zu schwache Brust. Denn plötzlich hast Du einen Apoll an Geist, eine Aphrodite an Schönheit und einen Dionysos an Lebensfreude vor Dir.

Und jetzt gib acht, mein großer Freund! Hier ist der Augenblick gekommen, in dem die junge Liebe sich vom Menschlichen zu lösen trachtet, bereit, der Laune der Götter sich zu unterwerfen. Hier stehst Du nun am Ufer. Noch hast Du's in der Hand, Dich allen Freuden und auch Leiden einer neuen Liebe hinzugeben oder zu versagen. Noch ist es nicht zu spät zur Umkehr, zur Besinnung, zum Vergleich... Bist Du in diesem Augenblick verlassen, einsam, hungerst Du nach Liebe, wirst Du Dich ohne Besinnen hineinstürzen, und selbst, wenn hinterher der Preis auch hoch ist – Du wirst sehr glücklich sein. Jedoch – wenn Du bereits liebst, wenn es schon jemanden gibt, dem Du Liebe geschworen hast und der bewiesen hat, daß er Dich liebt, Dich immer lieben wird, dann, großer Freund, verlaß sofort den Gegenstand Deiner erotischen Neugier, verreise, geh in eine andre Stadt, prüfe und wäge. Denk an die schönen Stunden, die Du an der Seite der Geliebten oder des Geliebten erlebtest, und mal Dir aus, wie viele schöne Stunden noch bevorstehen, auch wenn sie einander ähneln. Wohl ähneln sie sich, doch sind sie auch unter langjährigen Geliebten niemals gleich. Überlege, ob das, was Du sicher hast, den Vergleich mit der ungewissen Zukunft einer neuen Liebe aushält. Erwäge gründlich, ob der Preis nicht zu hoch ist, einen andern Menschen unglücklich zu machen, nämlich den zu Verlassenden, um mit einem Dritten schließlich nur das zu erleben, was Du längst besaßest.

Dies ist die Stunde, in der Du Dich entscheiden kannst, die letzte Stunde. Warst Du nun gebunden oder nicht — hast Du Dich erst einmal für die neue Liebe entschieden, bleibt Dir nichts anderes, als Dich dem Wohlwollen der Götter zu empfehlen. Denn von diesem Augenblick an hast Du das Weitere nicht mehr in der Hand. Und in der Regel geben die Menschen die Freiheit ihres Willens gern auf; erflehen geradezu den Beistand der Unsterblichen und sind noch stolz darauf, ihre Besinnung verloren zu haben! Nun kannst Du nichts mehr machen. Kommt Kummer auf Dein Haupt, so schreib ihn nicht den Göttern zu. Du hast gewählt — nun leide.

Soviel darüber, ob die Liebe göttlich oder menschlich ist. Die zweite Frage, die Du stellst, erhabener Freund, zeigt mir, daß Du großes Vertrauen in mich setzest. Du fragst, ob es richtig ist, einen Freund für eine Zeitlang fortzuschicken, bei dem man das Nachlassen seiner Zuneigung zu erkennen glaubt. Zwei Dinge sind auch hier zu unterscheiden: Geht es um eine Frau, so gib ihr gern Gelegenheit, an einem andern Ort und ohne Dich Vergleiche anzustellen. Laß sie doch sehen, daß sich auch andre Männer für sie interessieren, daß sie gefällt, daß sie noch nicht so alt ist, wie sie selber fürchtet. Sie kehrt gewiß zurück, geläutert und mit neuer Liebe zu Dir erfüllt. Es ist ihr, der weiblichen Natur entsprechend, fast unmöglich, aus einer bestehenden Verbindung auszutreten, auch wenn ihr diese Bindung nicht immer ideal erscheint. Sie scheut in höherem Maße die Gefahren der Veränderung. Bist Du ihr nicht geradezu gleichgültig, so darfst Du sicher sein, sie kehrt zu Dir zurück und liebt von neuem, womöglich mehr noch als zuvor.

Doch mit einem Freund treib dies Experiment nicht. Tu alles, um dem Freund an jedem Tag ein anderer zu sein, und zeig ihm immer neue Seiten Deines Wesens, Deines Wissens und Deiner Zuneigung. Die Dauer einer solchen Freundschaft hängt von der Vielfalt Dei-

nes Wesens ab. Doch überlaß es niemals andern, dazu an einem andern Ort und ohne Dein Dabeisein, dem Freund zu zeigen, daß die Welt bunt und voller Möglichkeiten ist. Besonders wenn der Freund viel jünger ist als Du, endet der Versuch fast stets mit seinem Verlust. Er ist ja ebenfalls ein Mann, begierig, auch unter Hintansetzung aller Bindungen, jeder Sicherheit und jeder überkommenen Erfahrung, die Welt für sich noch einmal zu entdecken. Jeder Täuschung, jeder Lüge, jedem wesenlosen Flitter wird er verfallen – wenn es nur neu und unerhört ist. Nur wenn Du weißt, daß Du dem Freunde nicht mehr geben kannst, als Du es schon getan – dann laß ihn ziehen. Küß ihn zum Abschied, doch erwarte nicht, daß er zu Dir zurückkehrt.
Ich schließe und hoffe, daß meine Gedanken auch dem Beherrscher der Welt ein wenig Nutzen bringen. Nimm meine Entschuldigung für den Fall entgegen, daß ich etwas gesagt haben sollte, was Du nicht gern hörst oder was allzusehr ins Persönliche geht. Aber Du batest mich darum, frei zu antworten.

XVII

Bericht 10.32 der Geheimen Staatspolizei
über Haussuchung bei D. Terentius, genannt Cicero, am 13. Juli

Auf Anordnung des zuständigen Praetors wurde geheime Haussuchung bei obengenanntem Subjekt durchgeführt. Bewohnt zwei Mieträume in der Region II – Caelimontium – am Caput Africae, wo es die Appische Wasserleitung schneidet. (Insula XVII.) Wohnung wenig aufgeräumt und schlecht gelüftet. Überall verstreute Papiere wirren Inhalts. Pförtner erklärte auf Befragen, daß besagter D. Terentius seit zwei Monaten die Miete schuldig sei und sehr oft nachts nicht nach Hause komme. Unter den Papieren erschien den untersuchenden Beamten nur eines von Bedeutung. Es wurde eine Abschrift angefertigt. Sie lautet:
»Wir, die Unterzeichneten, schwören uns mit unserm Blut zu, daß wir lieber unser Leben einsetzen, ehe wir zulassen, daß Antinous, der Bithynier, vom Kaiser anstelle unseres treuen Freundes Lucius

Ceionius an Sohnes Statt angenommen wird. Wir unterschreiben mit unserm Blut.«
Unterschriften unleserlich infolge der Neigung menschlichen Blutes, schnell zu gerinnen und zu klecksen.

gez. (nach Diktat verreist)
Rom, 14. Juli

XVIII

Claudia Crispina an Julia Balbilla in Rom — Antium, 14. Juli

Nun habe ich alle Vorzüge miteinander vereint: Ich genieße die Brise des Meeres, die erfrischenden Abende und zugleich das anregende Leben bei Hofe, ohne unter Hitze oder Langeweile zu leiden. Ich danke Dir also von Herzen für Deinen ausführlichen Brief vom elften, Liebe. Er hat mich sehr beeindruckt, ich bekam feuchte Hände wie immer, wenn ich etwas Amüsantes höre, und ich habe sogar meine alte Lydia hinausgeschickt, obwohl sie fast blind ist. Da Du mir Staatsgeheimnisse anvertraust, liebe Julia, stellt sich jetzt sofort die Frage: Sind es noch Staatsgeheimnisse, nachdem sie eine Privatperson kennt, wie ich eine bin, oder bin ich durch mein Wissen jetzt selbst so etwas wie »staatlich« geworden? Nun — Du kannst unbesorgt sein. Ich werde nicht plaudern, zu wem auch schon? Hier, in Antium, ist wirklich nicht viel los; im Augenblick stochern nur ein paar alte Senatoren und Ritter mit ihren Frauen im Sand herum. In der öffentlichen Bibliothek sieht man keinen Menschen, und größere Feste im privaten Kreis finden überhaupt nicht statt. Ich weiß nicht, wo die Leute alle sind ... Im vergangenen Jahr war es hier sehr anregend, und es hat mir ausnehmend gut gefallen. Am Strand ist überhaupt nichts los, denn junge Leute sieht man so gut wie keine. Entweder baden sie nie oder nachts. Nachts aber *muß* ich schlafen; Befehl meines Arztes, der selbst unter Schlaflosigkeit leidet. Na — also nehme ich brav meine Mittelchen und hoffe, im Schlaf wenigstens etwas jünger zu werden, damit ich während der nächsten Saison einigermaßen bestehen kann. Es wird ohnehin von Jahr zu Jahr schwieriger. Am Tage liege ich auf meinem ägyptischen Ruhebett, starre aufs Meer und langweile mich ziemlich oft, was ja sehr gesund sein soll, wie man hört. Du kannst Dir also ausmalen, daß ich bald schön *und* gesund nach Rom zurückkehren werde.

Andrerseits — ich habe lange über Deinen Vorschlag nachgedacht, nach Puteoli zu gehen, und wenn sich hier nichts ändert, werde ich es wohl auch tun. Ich pfeife auf die Schönheit! (Jedenfalls für ein paar Tage.) Dabei bin ich hier recht gut untergebracht. Mein Haus ist im ländlichen Stil erbaut, besitzt eine schattige Terrasse mit Ausblick auf Meer und Ort, und mein hiesiger Koch stellt ganz vernünftige Mahlzeiten zusammen, obwohl ich fast nichts esse. Das ist ein Vorzug der alleinstehenden Frauen: Sie sind meistens schlank, weil sie immer allein essen müssen. Ich habe damit begonnen, mir eine Steinsammlung zuzulegen, da man wenigstens etwas tun muß. Das ist sehr lustig. Da kannst Du mich täglich sehen, wie ich mit hochgeschürztem Gewand in der Manier junger griechischer Mädchen und mit nackten Beinen den Strand nach seltenen Steinen absuche. Ich habe bisher nie gewußt, wie sehr sich diese vielen tausend Myriaden von Steinen, die zuerst alle gleich aussehen, voneinander unterscheiden. Mit einiger Phantasie stellt man fest, daß eigentlich jeder einzelne Stein ein unverwechselbares Wesen ist, das sehr gut sein eigenes Schicksal gehabt haben mag, bevor es vor unsere Füße rollte. Dennoch sammle ich nur Steine, die sich in Form, Farbe und Konsistenz erheblich voneinander unterscheiden. Ich will mir ja schließlich nicht eine neue Villa bauen ... Ich würde natürlich viel lieber Seesterne, Muscheln und anderes Getier sammeln, aber ich schwimme leider nur sehr schlecht. Immer, wenn mir Wasser in die Nase kommt, muß ich husten und habe Angst unterzugehen. Schade — denn das Schwimmen ist ja nicht nur gesundheitsfördernd, sondern auch ein ästhetischer Genuß für die Augen, wenn sich die Jugend am Strand oder im Wasser tummelt. Aber — wer weiß — vielleicht ist es besser so: Womöglich werden wir neidisch und ärgern uns bloß.

Ach — es ist ein Graus, wenn man zum Träger von Staatsgeheimnissen wird! Aber was tut man nicht alles aus Freundschaft. Ich werde also die Kaiserliche Post nicht benutzen, obwohl meinem Mann und mir dies Privileg auf Lebenszeit zugebilligt wurde. Ich schicke Dir meinen ältesten und wertlosesten Sklaven mit diesem Brief, den ich ihm mit Siegellack auf die Brust heften werde. Und

gleichzeitig schenke ich ihn Dir, denn er hat auch die Abschrift Deines Briefes vorgenommen. Bin ich nicht großzügig? Du kannst ihn also einschläfern lassen und hast weder Umstände noch Kosten. Die Schenkungsurkunde allerdings geht mit der Kaiserlichen Post.
Während ich dies schreibe, habe ich mich entschlossen, einer uralten Einladung meiner Freundin Galla Sempronia zu folgen. Ich will nicht immer nur Nachrichten aus dem rauschenden Rom bekommen, sondern Dir auch einmal etwas Aufregendes mitteilen. Hoffentlich hält Dein berühmter Marcus das, was Du versprichst. Vielleicht stelle ich sogar fest, daß Du Deiner Tochter unrecht getan hast, als Du ihr die Heirat mit diesem Helden verbotest und damit die Möglichkeit ausschlossest, Eurer Familie zwar vulgäres, aber kräftiges Blut zuzuführen? Wäre das was?

XIX

P. Aelius Hadrianus an Antinous in Baiae – Rom, 15. Juli

Der einsame Publius grüßt seinen großen Antinous. Weißt Du, daß ich Dir auch am zehnten und zwölften schrieb? Ja – ich bin verrückt. Ich sollte Dich in Deinen Ferien in Ruhe lassen. Du gibst mir die richtige Antwort, indem Du einfach schweigst. Genieße Deine Freiheit! Obwohl Epictetus mir riet, einen Freund nie allein zu lassen. Er meint es gut mir mir, aber auch ich meine es gut mir Dir. Ist es nicht wichtiger, Dir einen Gefallen zu erweisen als einem Philosophen?

XX

Auszug aus dem Protokoll der Senatssitzung vom 15. Juli

Gegen 3 Uhr nachmittags erschien der Göttliche Publius Aelius Hadrianus Caesar Augustus Imperator in Begleitung des Edlen Lucius Ceionius Commodus im Plenarsaal. Der Göttliche P. Aelius Hadrianus – im folgenden PAH bezeichnet – bat, seinetwegen die

Sitzung nicht zu unterbrechen. Nachdem PAH Platz genommen hatte, wurden die Abstimmungsmodalitäten zu Ende geführt. Zur Entscheidung standen:
a) ob die Hauseigentümer oder die Mieter des unteren Stockwerks der Häuser für die Reinigung der vor ihrem Haus befindlichen Straße bis zur Straßenmitte zuständig seien; die Abstimmung ergab, daß es die Mieter sein sollen, falls solche vorhanden; Stimmverhältnis 186:133 bei 33 Enthaltungen
b) ob entgegen dem bestehenden Verbot des Fahrverkehrs während der Tagesstunden zwischen 6 Uhr morgens und 8 Uhr abends innerhalb des Zollbezirks von Groß-Rom Esel ohne Wagen am Verkehr teilnehmen dürfen; die Abstimmung ergab, daß auch Eseln neben Fußgängern erlaubt sein soll, während der fraglichen Verbotszeit die innerstädtischen Straßen zu benutzen, jedoch nur, wenn sie Lasten oder Leergut tragen; Stimmverhältnis 288:62 bei 2 Enthaltungen
c) ob es den Ehrwürdigen Jungfrauen der Vesta erlaubt sein soll, verschleiert, auch an blutigen Spielen zu Ehren eines oder mehrerer Götter teilzunehmen; die Entscheidung hierüber wurde auf die nächste Plenarsitzung vertagt.
Im Anschluß daran wurde durch den geschäftsführenden Präsidenten des Hohen Hauses folgende Erklärung verlesen, die ihm zuvor von PAH übergeben worden war:
»Erlauchte Väter!
Publius Aelius Hadrianus gestattet sich, Euer Einverständnis voraussetzend, Euch folgende Erklärung zur Kenntnis zu bringen, in der zweifellos begründeten und ihm angenehmen Hoffnung, daß Ihr sie wohlwollend aufnehmen werdet:
Es wäre für P. Aelius Hadrianus, einen der Geringsten unter Euch, beruhigend zu wissen, daß dem anwesenden Lucius Ceionius Commodus in Zukunft wie bisher vom Hohen Haus wie auch vom römischen Volk die Achtung entgegengebracht werde, auf die er sich als Angehöriger der engsten Umgebung des Publius Aelius Hadrianus Hoffnung machen darf. Diese Hoffnung des Lucius Ceionius gründet sich auf die vielfachen Zeichen der Hochachtung und des Vertrauens seitens des P. Aelius Hadrianus, dem das Hohe Haus einen weiteren Beweis seiner richtigen Staatsführung liefern würde, indem es dem L. Ceionius die gleichen Zeichen seiner Hochachtung

und Wertschätzung erweist, wie es seit vielen Jahren die Gepflogenheit des Hohen Hauses gegenüber den Söhnen des Augustus ist.«

Nach dem Verlesen der Erklärung erhoben sich sämtliche Angehörige des Hohen Hauses von den Sitzen und brachten sowohl PAH als auch L. Ceionius durch Erheben der Arme und Hände sowie durch Schwenken weißer Tücher eine Ovation dar, die vier Minuten dauerte.
Danach schloß der geschäftsführende Präsident die Sitzung.

XXI

Billett des Lucius an seine Frau in deren Stadtwohnung, durch Boten — Forum Romanum, 15. Juli

Wir sind das glücklichste Ehepaar von Rom! Dein Sohn wird Kaiser werden! Ich habe auch noch in der letzten Nacht mit dem Kaiser verhandeln müssen. Aber nun ist es geschafft. Heute wurde im Senat eine Erklärung verlesen, nach der ich in einen Status erhoben werde, der dem eines Sohnes des Kaisers gleichkommt. Der gesamte Senat sprang wie von Sinnen hoch und brüllte begeistert Beifall. Ich habe mindestens dreißig Küsse von verschiedenen alten Männern abbekommen, die ich allesamt nicht kenne und die mir auch wurscht sind. Aber Dein Sohn wird Kaiser, Kindchen. Das muß Dich nun erst einmal trösten, da ich jetzt unmöglich heimkommen kann. Aber es dauert nicht lange. In höchstens zwei, drei Tagen bin ich bei Dir. Der Kaiser hat mehr getan, als ich hoffen durfte. Aber ich muß das Werk vollenden, und zwar solange das Eisen noch glüht. Das versteht sogar meine kleine Avidia, ja? Ich verreise also, und wenn Du mir schreiben willst, schicke Deine Briefe an meine Anschrift in Baiae. Von dort wird mir alles nachgesandt.
Ich hoffe, es geht Dir gut, und ich küsse Dich in unendlicher Liebe.

XXII

L. Ceionius an Antinoos in Baiae — Rom 15. Juli (griechisch)

Diese Zeilen jage ich mit einem Reiter voraus. Ich folge unmittelbar. Publius hat mir eine Farce im Senat vorgespielt. Ich bin empört. Einzelheiten mündlich. Am Festessen mir zu Ehren heute abend muß ich noch teilnehmen. Aber ich verschwinde, sobald es möglich ist, und wenn P. noch so schreit. Morgen bin ich bei Dir, mein Kleiner. Dein Brief verspricht ja so einiges. Meine Freunde werden Dich inzwischen trösten. Auf bald.

XXIII

Aus dem Tagebuch der Sabina — Rom, 16. Juli

Gestern wurden wir wieder zum Festmahl gebeten, und zwar anläßlich der Senatserklärung, die aus Lucius so etwas Ähnliches wie einen Sohn des Kaisers macht. Glücklicherweise war Tranquillus nicht eingeladen; man kann ihm jeden Gedanken am Gesicht ablesen, und das ist gefährlich. Lucius hat mir verraten, daß sein einziges Ziel die endliche formale Adoption ist, doch ich bin nicht bereit, das geringste Einverständnis zu seinen Plänen zu geben, bevor nicht zwei Voraussetzungen erfüllt sind: Ich muß wissen, daß es zwischen ihm und dem Kaiser nie wieder zu Intimitäten kommt, und ich muß Beweise dafür haben, daß der Kaiser nicht für alle Ewigkeit darauf verzichtet hat, mich als seine Frau zu betrachten. Ansätze dazu sind vorhanden.
Also ging ich mit hochgespannten Erwartungen zu diesem Fest in kleinstem Kreise. Ich fand den Mut zu meinem durchsichtigen Kleid, das ich auch in Tibur trug, und außerdem hatte ich den Schmuck angelegt, den der Kaiser mir zur Hochzeit schenkte. Vor dreißig Jahren... Ich vertraute auf sein gutes Gedächtnis, und tatsächlich sagte er: »Es wäre wunderbar, wenn wir wieder so glücklich sein könnten wie damals, als du diesen Schmuck noch öfter trugst.«
Wir waren zu viert, Julia trug ein nachtblaues Gewand, das ich

noch nicht kannte, und Lucius die Toga mit breitem Purpurstreifen. Alles war sehr feierlich, denn es brannten neben den üblichen Öllampen noch einige mit Alkohol gefüllte Becken, die allerdings ständig nachgefüllt werden mußten, was ein erhebliches Gerenne der Sklaven mit sich brachte. Wir Frauen saßen bei Tisch; die Männer lagen. Der Kaiser nannte Lucius einige Male seinen lieben Sohn. Er sagte, es habe früher einmal eine Zeit gegeben, da er Lucius als seinen Freund betrachten durfte, doch nun sei die noch schönere Zeit gekommen, in der er sein Vater sein möchte.
Lucius lächelte zwar, war aber merkwürdig unruhig. Er rutschte hin und her und stand sogar einige Male auf. Die Toga konnte ihm ja nicht zu eng sein. Er wünschte sich offenbar nichts sehnlicher, als die Tafel endlich verlassen zu können. Der Kaiser bemerkte es nicht oder wollte es nicht bemerken. Er trank maßvoll und brachte das Gespräch auf die beiden Begriffe Liebe und Freundschaft. Er wollte von uns wissen, ob wir einen Unterschied machten, und wenn — welchen.
Julia in ihrer entzückend unkomplizierten Art antwortete zuerst. Sie umfaßte ihren Becher mit beiden Händen, hob ihn etwas hoch und blickte den Kaiser mit schiefgeneigtem Kopf an. »Für mich gibt es keinen Unterschied. Ich liebe die wenigen Freunde, die ich noch habe. Und mein Mann, den ich sehr geliebt habe, war auch mein bester Freund. Er wußte alles von mir und kannte mich besser als ich mich selbst. Die Götter werden mich hoffentlich so lange leben lassen, daß auch meine geliebte Tochter meine Freundin wird.«
»Du bist glücklich, Julia«, sagte der Kaiser. »Denn du empfindest viel stärker, als du denkst. Deine Empfindungen fließen in einem großen und umfassenden Gefühl zusammen, und ob es nun Kummer oder Glück ist — es ist durchschaubar und daher vollkommen.«
Lucius, gefragt, wollte zuerst nicht mit der Sprache heraus. Er wippte mit den Füßen, die unter seiner Toga hervorschauten, und dann sagte er stockend: »Man wird es trennen müssen. Ich liebe meine Frau. Aber ich hoffe, daß du, Publius, mich nicht nur als Sohn, sondern auch als deinen Freund betrachtest wie bisher.«
»Sehr persönlich, mein Junge«, sagte der Kaiser und schlug ihm auf die Schulter. »Aber gut gemeint. Sei sicher, daß wir Freunde blei-

ben. Wir sind es immer gewesen, und ich werde es nicht sein, der diese Freundschaft aufkündigt. Trotzdem bedaure ich, daß du nicht so geantwortet hast wie Julia. Aber vielleicht liegt es daran, daß du ein Mann bist – geworden bist.«
Hier konnte ich nicht mehr an mich halten. Ich hatte genug von diesen Anspielungen auf eine Leidenschaft, die nie bestanden hat – jedenfalls nicht von Lucius' Seite – und aus deren Trümmern nun beide für sich herauszuholen suchten, was für sie noch von Nutzen war. »Gestatte, Publius, daß auch ich meine Meinung sage«, fuhr ich dazwischen. »Ist die Frage nicht einfach zu lösen? Freundschaft – sie kann unter Männern vorkommen, und manchmal hält sie ein ganzes Leben. Doch das ist selten. Noch seltener ist echte Freundschaft unter Frauen.« (Ich mußte Julia, die sich angegriffen glaubte, mit einem Blick beschwichtigen.) »Doch Liebe, meine ich, kann nur zwischen Mann und Frau sein. Liebe zwischen Frauen ist widernatürlich, und Liebe zwischen Männern ist Selbstbetrug; sie entspringt bestenfalls der Eitelkeit auf geistige oder körperliche Vorzüge, die man sich besser von einer Frau oder einem Freund bestätigen ließe. Es wird sonst gar zu leicht ein Geschäft daraus.«
Ich war sehr weit gegangen, denn ich hatte, obwohl dieser Name den ganzen Abend über nicht fiel, nicht nur auf das Verhältnis zwischen Publius und Lucius, sondern viel mehr noch auf Antinous angespielt, und hier ist der Kaiser empfindlich. Er trank mir zu und sagte: »Ich danke dir, liebe Sabina, für deine Worte. Sie bezogen sich nicht auf dich selbst, und daraus sehe ich, daß du weniger an dich als an andere denkst, mithin eine gescheite Frau bist. Falls du auch an mich gedacht haben solltest, danke ich dir besonders. Ich will dir antworten: Nicht jeder Freund wird mich lieben; die meisten werden mich schätzen, achten und mir ihr Vertrauen schenken; sie werden mir auch jede Hilfe gewähren, um die ich sie bitten muß; mit einem Wort – es verknüpfen uns Bande, die ein hohes Ethos voraussetzen. Aber es geschieht, wenn auch selten, daß ein Freund mich liebt. Dann kommt zu allem andern noch hinzu, daß er mir sein Herz öffnet und mich nicht nur als Bundesgenossen betrachtet, sondern daß er mich zum Mittelpunkt seines Lebens macht, wie ich glücklich bin, mein Leben dem geliebten Freund zu weihen. Diese Bindung ist das Höchste, weil sie alles miteinander vereinigt. Und schließlich ist es auch möglich, einen Menschen zu lieben, ihm all das

weiterzureichen, was die Götter uns an Gefühl gegeben haben, ohne ihn indes zum Vertrauten seiner Gedanken zu haben. Es kommt oft vor, daß Männer in dieser Weise ihre Frauen lieben und daß glückliche Ehen daraus entstehen. Wahrscheinlich ist gerade die Ehe die glücklichste, in der der Mann nicht zu hohe geistige Anforderungen an seine Frau stellt und nicht versucht, einen Freund aus ihr zu machen, zu dem die Götter die Frauen im allgemeinen nicht bestimmt haben.«

Nun wußten wir Bescheid. Wir wußten es schon immer, aber so deutlich hatte sich der Kaiser noch nie erklärt. Für einen Augenblick sah ich ein spöttisches Lächeln in den Mundwinkeln von Lucius, obwohl der Kaiser mit großem Ernst gesprochen hatte. Vielleicht glaubte er sogar, mir in gewisser Weise eine Liebeserklärung gemacht zu haben. Jedenfalls nahm der Abend ein unerwartetes Ende. Ein Bote des Pförtners erschien und bat um Erlaubnis, Lucius eine dringende Nachricht überbringen zu dürfen: Avidia war von einem plötzlichen Unwohlsein befallen worden, und als Lucius leichthin über die Schulter hinweg sagte, er bestelle ihr die besten Grüße und würde auf jeden Fall kommen, falls sich das Befinden seiner Frau nicht in der nächsten Stunde bessere, schaltete sich der Kaiser ein und befahl Lucius, sofort zu seiner Frau zu gehen; sie erwarte immerhin ein Kind, und in diesem Zustand seien Frauen in hohem Maße empfindlich gegen seelische Grausamkeit. Lucius ging also, und zwar, wovon ich überzeugt bin, sehr gern. Und es steht auch fest, daß der Kaiser ihn ungern gehen sah.

Er hob bald die Tafel auf, und eine Stunde später — ich lag schon im Bett — ließ er sich überraschenderweise bei mir melden. Er setzte sich ohne Umstände auf mein Bett und gestattete mir nicht aufzustehen. Er küßte mich ungeschickt auf den Mund und setzte sich verlegen wieder zurecht. Ich merkte sehr bald, daß er nicht meinetwegen gekommen war. Er brauchte jemanden, dem er sich mitteilen konnte. Das, was er sagte, hätte mich beleidigen können, aber in gewisser Weise war es auch ein Vertrauensbeweis, und ich wäre dumm gewesen, wenn ich dies Zutrauen durch Entrüstung zurückgewiesen hätte. Ich ließ ihn also ausreden. »Solange ich mit Antinous zusammen war, habe ich oft lange Zeit nicht an Lucius gedacht, ja, ich hatte oft das Gefühl, als habe er sich mir entfremdet. Aber es stimmt nicht. Es gab Augenblicke, in denen wir uns so nah waren wie in jener Zeit, als ich Antinous noch gar nicht kannte. Ich habe festgestellt, daß beide grundsätzlich verschieden sind. Ich nehme keinem etwas, wenn ich mich mit beiden beschäftige, und ich hoffe, daß sie es verstehen. Ich habe diese an sich nichtssagende Erklärung im Senat verlesen lassen, um mich erkenntlich zu erweisen. Weiter kann ich im Augenblick nicht gehen. Ich will mich nicht festlegen, solange ich nicht weiß, wer der Würdigere von beiden ist. Und was nun dich angeht, Sabina – Du bist meine Frau, und du bleibst meine Frau. Du kennst die Gerüchte, die über Sueton in der Stadt umlaufen. Dennoch habe ich ihn nicht als Archivdirektor abgelöst, denn ich wollte diese Gerüchte nicht auch noch bestätigen. Ich werde es auch nicht tun, wenn diese Gerüchte einschlafen. Du weißt, daß Gerüchte sehr oft nicht mit der Wirklichkeit übereinstimmen. Anderseits fehlen Gerüchte, wo sie angebracht wären. Ich hatte mich darauf gefreut, diesen Abend plaudernd mit euch zu verbringen. Aber durch den unerwarteten Aufbruch von Lucius ist mir ein bißchen die Laune verdorben. Sicher ist es morgen besser. Es würde mich daher freuen, wenn du morgen nichts vorhättest. Wir sind schon lange nicht mehr allein spazierengegangen.«

Er küßte mich noch einmal und blieb noch eine Weile stumm auf meinem Bettrand sitzen. Dann ging er. Der heutige Abend wird zeigen, ob ich nicht umsonst gelitten habe, als ich ihm zuhören mußte.

XXIV

Antinoos an P. Aelius Hadrianus Aug. – Baiae, 15. Juli
(griechisch)

Heute bin ich sehr glücklich, und darum setzte ich mich hin und schreibe Dir, mein großer Freund. Warum ich glücklich bin, weiß ich nicht. Oder muß das Glück immer eine Ursache haben? Vielen, vielen Dank für Deinen Brief vom zwölften. Ich bin stolz darauf, daß Du Deine Zeit und Deine Kraft opferst, um mich Dir ähnlich zu machen. Aber zuweilen schäme ich mich Deiner Liebe, Publius, denn ich kann doch nicht so werden wie Du. Ich fühle mich noch immer als Kind und weiß nicht, was ich mit der Welt anfangen soll.

Ich bin dumm, ich bin ein Waldkind, und ich komme mir sehr undankbar vor, wenn ich einmal eine Stunde nicht an Dich gedacht habe. Ich schwimme oft und esse gut, doch nicht zu viel. Ich möchte nicht, daß die beiden Furchen verschwinden, die sich von meiner Leistenbeuge zu den Hüftknochen ziehen und die Du so sehr liebst. Ich will auch müde am Abend sein und von Dir träumen. Aber die Götter, die die Träume schicken, werden Dir erklären, warum Dein gutes Gesicht, das ich mit in den Schlaf nehme, so selten in meinen Träumen erscheint. Es sind andere Dinge, von denen ich träume, und sie quälen mich. Wenn Du hier wärest, könntest Du mir alles erklären. Es ist so schön, wenn wir im Dunkeln nebeneinander liegen und Du von den Sternen erzählst, von den alten Geschichten aus meiner Heimat, von den Leidenschaften der Menschen und von der Liebe. Am Tage, wenn die Sonne scheint, bin ich glücklich, doch am Abend überkommt mich die Unruhe. Man hat mich schon ein paarmal zu Ausflügen eingeladen. Aber ich habe keine Lust. Was soll ich unter all den fremden Menschen? Außerdem mache ich vielleicht eine schlechte Figur. Ich möchte gern einmal tanzen, aber Du sagst, ich tanze nicht gut. Was soll ich tun? Ich erwarte in Liebe Deine Antwort.

XXV

P. Aelius Hadrianus an Antinoos in Baiae — Rom, 18. Juli
(griechisch)

Der große bärtige Publius dankt dem kleinen glatten Antinoos für seinen Brief vom fünfzehnten. Du hast Dich aufgerafft! Ich verzeihe Dir jede Faulheit; denn sie ist ein Zeichen hoher Lebensform. Aber sie darf nicht so weit gehen, daß man durch sie die Gefühle der Freunde verletzt. Du weißt es, denn Du hast diesen reizenden Brief geschrieben. Ich beantworte ihn durch den gleichen Boten.
Du bist glücklich... Sei also glücklich! Ich frage, wie Du, nicht warum. Wenn ich Dich glücklich weiß, bin auch ich es. Ja, mache Ausflüge! Geh unter Menschen! Du sollst eines Tages nicht sagen können, ich sei ein egoistischer Liebhaber gewesen. Ich kann Dir nicht alles geben, was Deine Jugend wünscht. Nimm vom Leben,

was Dir fehlt. Und wenn Du glücklich bist, denke daran, daß ich es war, der einige Voraussetzungen dazu geschaffen hat. Denke daran – das genügt. Du brauchst Dich dafür nicht zu bedanken. Ich liebe Dich, und jede Liebe enthält auch ein Gutteil Egoismus. Tanze, wenn es Dir Spaß macht. Und selbst, wenn Dich der Rausch davonträgt, wohin auch immer – laß Dich tragen. Du wirst wissen, daß es ein Rausch ist, der Dich nur für einige Stunden von mir wegführt. Wir sind Menschen und sollen den Göttern für unsere kleinen Dummheiten dankbar sein. Die Dummheiten lösen und belehren uns. Aber hänge Deine Gedanken nicht an das, was der Rausch verspricht.

In den letzten Tagen war ich gezwungen, mich mit Lucius mehr zu beschäftigen, als er es verdient hätte. Ich mußte etwas für ihn tun. Unsere früheren Beziehungen gaben ihm ein gewisses Recht dazu. Zudem überfielen mich manchmal Wünsche, auf die ich lieber verzichtet hätte. Du fehltest mir eben, mein Seepferdchen. Wir sind nicht zusammen. Aber ich möchte nicht, daß Du mir eines Tages vorwirfst, ich vergewaltige Dich. Damit meine ich vor allem die geistige und seelische Vergewaltigung, deren Folgen viel verheerender sind als die der körperlichen.

Sei sicher, Antinollo – solange Du mir der bleibst, der Du mir seit fast sechs Jahren gewesen bist, werde ich mich um keinen Schritt von Dir entfernen. Auch der Übelwollendste der Unsterblichen kann nicht wünschen, daß Du von mir gehst. Wenn das tatsächlich eintreten sollte – und ich wage nicht, daran zu denken –, könntest nur Du es sein, der die Trennung vollzieht. Ich nicht. Das schwöre ich Dir. Und mein Schwur wird auch noch gelten, nachdem ich Lucius adoptiert haben sollte. Denke immer daran, mein Kleiner, wenn Du mich nicht unglücklich machen willst.

XXVI

Bericht 10.52 der Geheimen Staatspolizei
über D. Terentius, genannt Cicero

Am 15. d. M. begaben sich zwei Beamte in Zivil noch einmal in die Wohnung des Obengenannten und betrafen ihn nicht zu Hause.

Diesbezügliche Recherchen ergaben, daß genanntes Subjekt Rom verlassen und sich aller Wahrscheinlichkeit nach in Richtung Süden begeben hat, da zuletzt auf der Appischen Straße gesehen. Akte wurde mit Bitte um weitere Nachforschungen an Sektion Capua der Geh.St.Pol. weitergeleitet. Abschriften verblieben im Zentralarchiv.

gez. M. Titus Bulla, Praetor
Rom, 17. Juli

XXVII

Julia Balbilla an Claudia Crispina in Puteoli, Villa Tusculum —
Rom, 19. Juli

Also Steine sammelst Du...? Entschuldige, Liebste, aber ich habe zuerst gelacht, da mir noch nie der Einfall gekommen ist, Steine zu sammeln, und wären sie noch so schön, aber dann fiel mir ein Ausspruch von Sueton ein, den er mindestens einmal im Monat wiederholt, obwohl er selbst ganz sicher nicht danach handelt, denn wenn er das täte... Nicht auszudenken! Er sagt jedenfalls immer, man solle den Menschen erlauben, das zu lieben, was sie sich am meisten wünschen, und diesen Ausspruch halte ich persönlich für sehr klug, wenn er im ersten Augenblick auch banal erscheint. Nun lache ich nicht mehr über Deine neue Leidenschaft, obwohl Du ihr wohl gar nicht mehr frönen kannst, seit Du meinem Rat gefolgt und nach Puteoli umgezogen bist. Zwar gibt es da auch Steine, aber Du wirst sicher nicht zum Sammeln kommen, weil so ungeheuer viel los ist, und damit Du auch auf Deine Weise Furore machen kannst, habe ich aus meinem kleinen Vorrat an Antiochenser Parfüm ein Fläschchen für Dich abfüllen lassen, denn der Händler konnte mir noch keine neue Sendung beschaffen, und ich möchte gern, daß Du in Puteoli zwischen all den Gecken und Parvenüs bestehen kannst. Dort sind nun wirklich junge Leute; meine halbe Bekanntschaft ist dort, und Du weißt, daß ich immer Wert auf ein paar jüngere Freunde gelegt habe, weil wir uns in ihrer Gegenwart etwas jünger fühlen.
Ich beneide Dich fast ein wenig, liebste Claudia, obwohl ich mich hier gewiß nicht langweile, weil sich eben etwas tut, jedenfalls, so-

lange der Kaiser noch hier ist, und das wird mindestens bis zur Tempelweihe sein, und erst dann kann er nach Tauromenium fahren, um sich zu erholen. Natürlich würden Vibia Sabina und ich ihn gern begleiten, aber meine dahin gehende Frage überhörte er geflissentlich, murmelte etwas von Überarbeitung in Rom, der Arzt habe ihm empfohlen ... na — Du weißt ja, was die Männer so hinbrummeln, wenn wir gerade das fragen, was sie nicht hören wollen. Übrigens ist das Marcellus-Theater schon zu seinem Gastspiel in Tauromenium abgereist, und jetzt sitzen wir da ... Sie werden dort die ›Frösche‹ und die ›Lysistrata‹ von Aristophanes spielen und von Euripides diese gräßliche ›Medea‹ und dann noch irgend etwas von Plautus, was Antinous mit seinen mangelhaften Lateinkenntnissen ohnehin nicht verstehen wird, wenn er überhaupt ... Na ja — darauf komme ich noch. Sie wollen sich also erholen, und ich finde, der Kaiser hat es nötig, denn er hat meiner Meinung nach schon zu viel Falten für sein Alter, weil er einfach auch nicht genug schläft.
Wir hatten zwei Abendgesellschaften in kleinstem Kreise, und einmal war auch Sueton dabei, der arme Kerl ... Der Kaiser ärgert ihn, wo er kann, und doch sieht es manchmal so aus, als wollte er ihn geradezu auf Sabina draufstoßen, aber ich lege meine Hand aufs Herz, und wenn ich das tue, liebste Claudilla, darfst Du noch weniger an meiner Ehrlichkeit zweifeln als sonst schon, aber ich habe nicht die geringste Ahnung, ob die Beziehungen zwischen Vibia und Tranquillus jemals die Grenzen des Erlaubten überschritten haben. Obwohl ein Ehemann kaum einen merkwürdigeren Wunsch haben kann, ist es vielleicht doch zu verstehen, wenn man annimmt, daß der Kaiser seiner Frau gegenüber so etwas wie ein schlechtes Gewissen hat oder ihr zumindest ein Vergnügen nicht versagen will, das er sich selbst oft gönnt — aber eben nicht mit ihr. Nein — schlechtes Gewissen scheidet doch wohl aus, aber dann ist es eben eine Form von Rücksicht oder sogar von Liebe, und er kann sich diese Großzügigkeit um so mehr erlauben, als er den armen Sueton genügend eingeschüchtert hat und keine Angst zu haben braucht, daß sein unausgesprochener Wunsch Wahrheit wird. Und schon muß ich meine Bitte wiederholen, diesen Brief zu verbrennen. Bei dieser Gelegenheit — vielen Dank für den alten Schreibsklaven, der mir Deinen Brief brachte, aber er ist schon wirklich recht alt und hinfällig, und nun ist er auch noch krank ge-

worden. Zuerst dachte ich, es sei die Hitze, denn die Hitze hier ist wirklich entsetzlich, aber er bekam Fieber und stammelte in seinem Wahn einige Male Deinen Namen. Er war nicht bei Bewußtsein, stöhnte, der Schweiß lief ihm in Bächen vom Gesicht, und von Zeit zu Zeit entrang es sich ihm: »Claudia Domina – Claudia Domina – warum hast du mich verlassen?« Das fand ich nun wieder rührend, und mein Arzt mußte ihm ein Stärkungsmittel geben, aber er wird doch von Stunde zu Stunde schwächer, und so war es auch nicht nötig, ihn einschläfern zu lassen, obwohl ich manchmal denke, es wäre besser gewesen, er hätte sein Leben in Deinem Hause ausgehaucht, da er Dich so verehrt, aber er ist absolut nicht transportfähig. Also verbrenne diesen Brief und schenke mir nicht wieder einen Sklaven; meine Meinung von Deiner Großzügigkeit wird dadurch nicht erschüttert.

Aber ich wollte Dir ja eigentlich von den mysteriösen Umständen berichten, unter denen Lucius abgereist ist, nachdem er drei Tage und Nächte vom Kaiser auf dem Palatin festgehalten wurde, oder soll ich sagen – nachdem Lucius drei Tage gebraucht hat, um wenigstens annähernd sein Ziel zu erreichen? Er hat keine Anstrengungen gescheut, wirklich keine, um endlich Caesar zu werden, aber es glückte ihm nur zum Teil, denn im Senat wurde nur eine lahme Entschließung angenommen, in der festgestellt wird, daß Lucius wie ein Sohn des Kaisers zu behandeln sei, also keine förmliche Adoption. Während unserer kleinen intimen Feier nach der Senatssitzung nun bekommt Lucius plötzlich ein Billett von seiner angeblich kranken Frau und wird vom Kaiser beurlaubt, obwohl das Billett natürlich fingiert war; ich habe mich erkundigt. Immerhin – Lucius war weg, und noch am gleichen Abend machte der Kaiser einen Besuch bei meiner Herrin, und zwar im Schlafzimmer! Am nächsten Morgen leuchteten ihre Augen so, wie ich sie noch nie habe leuchten sehen und wie es eigentlich nur bei sehr jungen Frauen vorkommt, die immer wieder glauben, ein einmal genossenes unbeschreibliches Glück könne sich beliebig oft wiederholen. Stell Dir vor, liebste Claudia – während sie ihr Bad nahm, war sie so in Gedanken versunken, daß sie unaufhörlich den linken Unterarm mit der rechten Hand wusch, nein, ich möchte sagen – streichelte und ganz vergaß, wo sie war und daß immerhin einige Mädchen und ich dabei waren. Später ging sie in den Gärten herum und pflückte fast alle erblühten Blumen, mit eigener Hand! Und ich mußte tragen helfen, und dann schmückten wir ihr Zimmer, bis es wie ein Treibhaus aussah. Sie wollte nicht einmal essen, und weil sie endlich begriff, daß sie mir irgendeine Erklärung schuldig war, denn sie ist immerhin meine Freundin, was Dich aber nicht eifersüchtig machen soll, liebste Claudilla, sagte sie, daß der Kaiser ihr versprochen habe, sie in der nächsten Woche während der Tempelweihe zur Augusta zu erheben. »Und das ist alles?« fragte ich, ziemlich frech. Da schloß sie die Augen, hielt sich eine Rose vors Gesicht und schüttelte unmerklich den Kopf, jedenfalls möchte ich jeden Eid darauf ablegen, daß sie den Kopf geschüttelt hat.

Nun weißt Du es, die große Neuigkeit, Claudia, und Du kannst Dir denken, was Du willst, aber eines steht jedenfalls fest: Es bekommt uns allen hier ganz gut, wenn der Bithynier einmal eine Zeitlang fort ist, und wenn es wirklich so ist, was ich halb fürchte, halb hoffe, daß Lucius nach Baiae gegangen ist, um sich dort heimlich mit Antinous zu treffen, dann haben wir noch viel Aufregungen zu erwarten, aber schließlich kann es für meine Herrin so nur gut sein.

Vergiß bitte nicht, Galla Sempronia meine besten Grüße auszurichten, denn sie wird sich meiner vielleicht noch erinnern: wir trafen uns das letzte Mal vor zwei Jahren bei L. Cotilius Severus, dem Stadtpräfekten, zum Muränenessen, wo für fast hundert Gäste nicht nur der gesamte Muränenteich ausgefischt worden war, sondern wo auch ein Rhetor der Christen auftrat, der sich so tierisch ernst gebärdete, wie ich es noch nie gesehen habe, nicht einmal bei den stursten Kynikern, während er ständig von Dingen sprach, die angeblich nicht von dieser Welt sind und die uns dereinst alle glücklich machen werden, wenn wir erst einmal tot sind, so daß wir schließlich alle furchtbar lachten, obwohl uns der Mann im Grunde leid tat, denn er konnte ja nicht anders. Nur die Sklaven standen mit offenen Mäulern und entrückten Gesichtern da, und einer hätte mir vor lauter Andacht fast die ganze Fischsauce, die übrigens so vorzüglich war wie der Fisch, über mein Kleid geschüttet, und ich brauche Dir nicht zu sagen, daß es ein neues Kleid war, denn für so große Empfänge, bei denen mich halb Rom sieht, lasse ich mir immer ein neues Kleid anfertigen. Also — grüße bitte Galla von mir, falls sie sich noch an diesen Abend erinnert.

XXVIII

*P. Aelius Hadrianus an seinen Freund Epiktetos —
Rom, 19. Juli* (griechisch)

Entschuldige zuvor mein schlechtes Griechisch. Ich wünschte mir heute sehnlich, als Grieche geboren worden zu sein. Ich werde auch der Logik Deiner Sprache nicht folgen können. Ich versuche es gar nicht erst. Sodann möchte ich Dich fragen, wie es um Deine Gesundheit bestellt ist. Es würde mich sehr beruhigen zu wissen, daß sich Deine Lähmung nicht verschlimmert hat. Vielleicht hilft es Dir, die Anordnungen meiner Ärzte zu befolgen.
Ich muß Dich schon wieder mit Fragen behelligen. Du brauchst sie nicht zu beantworten. Ich kenne Deine Abneigung gegen schriftliche Äußerungen. Wir werden uns jedenfalls wiedersehen. Ende des Monats reise ich nach Sizilien, um ein paar Wochen auszuspannen. Es folgt eine Inspektionsreise. Ägypten, Syrien und Griechenland stehen auf dem Programm. Von dort aus werde ich dem Epirus und Dir einen Besuch abstatten können.
Da Du mein Freund bist, vertraue ich Dir Dinge an, die ich meiner Umgebung nicht erzählen dürfte. Du hast mir in Deinem Brief vom 30. Juni geraten, einen Menschen nicht allein zu lassen, an dessen Liebe mir gelegen sei. Ich habe Deinen Rat nicht befolgt. Dein Brief erreichte mich erst, als Antinoos schon nicht mehr in Rom war. Abgesehen davon — ich war fest entschlossen, ihn zwei, drei Wochen sich selbst zu überlassen. Im folgenden verzichte ich bewußt auf Einzelheiten. Sie sind für das eigentliche Problem belanglos.
Du weißt noch nicht, unter welch romantischen Umständen ich Antinoos kennenlernte. Es ging dem Herbst zu, und die Abende waren frisch und klar. Ich machte einen kleinen Spaziergang. Die Sonne ging gerade unter. Es war in der Gegend von Claudiopolis. Die beiden mich begleitenden Soldaten hielten sich in großem Abstand. Meine Gedanken waren bei Lucius. Ich versuchte, mich damit abzufinden, daß ich ihn lange Zeit nicht mehr sehen würde. In Nikomedien hatten wir uns getrennt. Ich hatte ihn gebeten, nach Rom zurückzukehren. Er sollte dort die Bekanntschaft mit Avidia Plautia, der Tochter des C. Avidius Nigrinus, vertiefen. Ich selbst wünschte sehr, daß er sie heiratete. Unser Verhältnis hatte einige

Zeit gedauert, war aber immer flüchtig, sprunghaft und vom Zufall bestimmt gewesen, abgesehen vielleicht von einigen kurzen Wochen. Es war durchaus nicht so, wie ich es mir einst vorgestellt hatte. Und darum wünschte ich selbst, daß er heiratete. Einmal sollte er mehr Profil gewinnen. Zum andern hätte es mich gekränkt, wenn er sich einem andern Mann in die Arme geworfen hätte.

Auf diesem Spaziergang also dachte ich über die Folgen meines freiwilligen Verzichtes nach. Da sah ich Antinoos zum ersten Male. Er saß am Rande eines gegen Westen abfallenden Hanges auf einem flachen Stein und hatte den Kopf etwas nach rechts gelegt, ohne indes die Schultern zu heben – seine auch heute noch charakteristische Haltung. Sein Oberkörper hob sich als konturloser Schatten vom roten Hintergrund ab.

Ich trat heran. Antinoos wendete den Kopf nicht sofort, hatte mich womöglich nicht bemerkt. So stand ich eine Weile. Ich wartete. Endlich sah er mich gleichzeitig versonnen und neugierig an, blieb aber sitzen. Er hatte die Augen junger Menschen, die noch nicht wissen, wozu sie auf der Welt sind, auf der Schwelle zwischen Kindheit und Mannbarkeit. Sie wissen nicht, daß eine wunderbare Zeit zu Ende geht, die Zeit der elterlichen Geborgenheit. Aber sie wissen ebensowenig, daß nun eine Zeit kommt, die viel schöner sein kann, wenn sie es nur richtig machen: die Zeit der blühenden Jugend. Jetzt suchen sie den großen alten Freund. Den wenigsten ist es beschieden, ihn zu finden.

Der Gesichtsausdruck des Knaben nahm mich so gefangen, daß ich ihn aus Verlegenheit bat, mich ein Stück zu begleiten. Es war unmöglich geworden, länger schweigend dazustehen. Ohne ein Zeichen der Freude oder des Geschmeicheltseins erhob sich Antinoos. Wir gingen stumm nebeneinander her. Die Sonne war indessen untergegangen, es wurde schnell dunkel. Ich lud Antinoos zum Abendessen ein. Ich wohnte damals in einem schönen arabischen Zelt, das ich gerade aus Ctesiphon geschenkt erhalten hatte. Leider – glaube ich – sprach ich ziemlich viel. Zum Beispiel von den Unterschieden der Tischsitten im Osten und Westen, von den Griechen, die Schönheit und Harmonie bewundern, und von den Römern, die vor allem Kraft und Mut als Vorzug betrachten. Vermutlich verstand Antinoos nur die Hälfte dessen, was ich sagte. Doch er war ein aufmerksamer Zuhörer. Das bewiesen mir die wenigen Zwischenfragen, die er stellte.

So sprachen wir etwa zwei Stunden lang. Ich ließ Antinoos heimbegleiten. Als der dazu befohlene Soldat eintrat und mich als Imperator begrüßte, ließ Antinoos weder Überraschung noch Verlegenheit erkennen. Das nahm mich sehr für ihn ein. Aber ich verliebte mich keinesfalls am ersten Abend in ihn. Er war im Grunde noch ein Kind, geistig und körperlich. Und meine Gedanken waren noch immer, soweit sie nicht durch meinen Beruf in Anspruch genommen waren, bei Lucius. Ich hatte damals viel Ärger mit den Parthern und den Kopf voll. Aber ich ließ auch Erkundigungen über Antinoos einziehen. Ich erfuhr, daß seine Eltern ebenfalls in dieser Gegend Bithyniens geboren waren, die übrigen Vorfahren sich aber im Dunkel proletarischer Anonymität verloren. Ein Landkind also, allerdings mit vielversprechenden Anlagen. Ich spreche jetzt nicht vom Körper, der bei sehr jungen Menschen fast immer, schon der glatten und unverbrauchten Haut wegen, begehrenswert ist. Kurz – ich ließ die Eltern um Erlaubnis bitten, mir den Knaben eine Weile zu überlassen. Diese Bitte wurde dem Kaiser natürlich nicht abgeschlagen.

So wurde er mein Begleiter durch fast sechs Jahre hindurch. Auch am zweiten und dritten Tage blieb mir Antinoos sympathisch. Er bereicherte meinen im übrigen trockenen Umgang mit Soldaten und Schreibern. Aber von Liebe konnte nicht die Rede sein. Dieser Zustand hielt lange an. Als wir Bithynien schon längst verlassen hatten und uns auf dem Wege zur Propontis befanden, waren meine Vorsicht und meine Furcht, mich in einen unwürdigen Gegenstand zu verlieben, noch immer größer als mein Begehren. Aber es machte mir allmählich zu schaffen. Antinoos schlief in einem Nachbarraum des Zeltes, und ich hörte nachts seine Atemzüge.

Merkwürdigerweise fühlte ich mich Lucius noch immer verbunden, obwohl er doch auf dem Wege war, sich eine Frau zu suchen. Aber er selbst sollte es sein, der die endgültige Trennung aussprach. Dieser Zeitpunkt war noch nicht gekommen. Aus Rom hörte ich nichts von einer Verlobung.

Es dauerte wohl ein halbes Jahr, während dessen Antinoos ständig an meiner Seite war. Er fragte mich selten etwas, doch er beobachtete mich ständig. Den wenigsten würde es Skrupel bereiten, vom Kaiser selbst geliebt zu werden. Es wäre ihnen das Selbstverständlichste von der Welt, sich mir förmlich aufzudrängen.

Nichts von alledem bei Antinoos. Er schien mich nur als einen liebenswerten Mann zu betrachten, von dem man viel lernen konnte. Aber ich bemerkte doch, wie ich täglich mehr Sympathien bei ihm gewann. Eines Abends hatten wir wie gewöhnlich noch beisammen gesessen. Plötzlich sah er mich in einer Weise an, die mir die Rede hemmte. Ich blickte in Augen, die gar nicht schwermütig waren, auch nicht aufmerksam, nur sehnsüchtig. In dieser Nacht blieb Antinoos zum ersten Male bei mir.

Als ich am nächsten Morgen erwachte, war der Platz neben mir leer. Ich erschrak. Ich sprang hoch und war drauf und dran, die Wachen zusammenzutrommeln und Alarm zu schlagen. Mein Arzt kam, fand mich elend und blaß aussehend, gab mir ein Mittel, und ich schlief wieder ein. Den ganzen Tag lang konnte ich nicht arbeiten. Ich rannte wie die Maus in der Falle in meiner Wohnung herum. Schließlich lief ich sogar auf die Straße in der uneingestandenen Hoffnung, den Knaben wiederzufinden. Es geschah natürlich nicht.

Am späten Abend kehrte ich heim. Antinoos befand sich in meinem Schlafzimmer. Seinen Kopf hatte er fest in ein Kissen gedrückt. Als ich ihm das Kissen fortnahm, fiel er auf die Knie und küßte meine Hände wie ein Wahnsinniger. Ich hatte Mühe, ihn abzuschütteln und aufzuheben. Er zog mich aufs Bett und stammelte: »Ich hab' dich ja so schrecklich lieb! Ich hab' dich ja so schrecklich lieb!«

Dies, mein Freund, war der Augenblick, in dem die Götter ihr Spiel mit uns begannen. In dieser Sekunde hatte ich zum letzten Male Gelegenheit, mich auf mein Alter und meine Pflichten zu besinnen. Ich zögerte eine Weile, und das steigerte nur noch die schmerzliche Leidenschaft von Antinoos. Ich konnte mich nicht entschließen, einfach meinem Herzen zu folgen. Ich fürchtete mich vor der Unberechenbarkeit der Götter. Ich fürchtete vor allem ihren Hohn, wenn ich eines Tages, verzweifelt über eine verlorene Liebe, meinen Verstand verlieren würde. Ich redete wie ein schlechtbezahlter Philosoph, Antinoos streichelte meine Hände und umarmte mich, und wir taten beide in dieser Nacht kein Auge zu.

Am nächsten Morgen war ich der erste, der das Zimmer verließ. Antinoos sollte mein gedunsenes und bleiches Gesicht nicht sehen. Ich nahm ein eiskaltes Bad. Es gab mir zwar die Farbe zurück, aber auch die Pflicht, mich nun zu entscheiden. Und die Götter – ich

weiß noch nicht, ob ich sie loben oder schelten muß – führten mich den Weg, den ich bis heute gegangen bin. Mir wurden Depeschen aus Rom gebracht. In der ersten, die ich erbrach, war die kurze Mitteilung, daß Lucius sich mit Avidia verlobt habe. Beigefügt ein besonders gesiegeltes Handschreiben von Lucius: Er bäte um mein Verständnis und flehe mich an, unser Verhältnis nicht zu ändern; die Liebe, die er mir immer entgegengebracht habe, werde auch in Zukunft die gleiche sein.
Eine Weile blieb ich bewegungslos stehen, ließ alle andern Depeschen unbeachtet und ging, nein – lief ins Schlafzimmer zurück, wo Antinoos, scheinbar noch immer schlafend, quer über dem Bett lag. Als ich näher trat, schlug er die Augen auf, und ich deckte sie mit Küssen wieder zu. Die Götter hatten ihren Willen bekommen!
Damit begann unsere schönste Zeit. Ich übergehe sie, da Du sie kennst. Du hast mit eigenen Augen gesehen, wie glücklich wir waren, als wir Dich besuchten.
Ich weiß nicht, ob die Veränderungen schon früher aufgetreten sind; bemerkt habe ich sie in diesem Frühjahr zum ersten Male. Wie konnte ich sie auch bemerken, da ich Antinoos als unabwendbar zu mir gehörend betrachtete? Ich machte mir also kaum Gedanken über lange Stunden der Passivität und der völligen Gedankenabwesenheit. Launen ... Entwicklungssprünge ... Besinnungspausen ... Damit erklärte ich alles. Ich dachte nicht einen Augenblick daran, daß die Entwicklung bei einem so jungen Menschen viel heftiger vonstatten geht als bei uns und zu Reaktionen führt, die oft das Gegenteil einer am Vortage gezeigten Bewegung sind. Ich beging den Fehler, Antinoos nicht nur als Schüler, sondern auch als meinesgleichen zu betrachten. Wir hatten keine Spiegel im Zimmer. Antinoos haßt Spiegel, wenn zugleich andere Menschen im Raum sind. So hatte ich immer nur einen jungen Menschen vor Augen und vergaß darüber, daß es umgekehrt nicht so war. Und ich war oft müde und nicht immer gut gelaunt. Ich mußte immerhin hart arbeiten, und wenn ich meine Arbeit auch nicht überbewerte, so ist sie doch die eines Kaisers. Es gab Nächte, in denen Antinoos erst spät kam, meist ohne ein Wort der Erklärung. Ich fragte nie. Ich versuche, aus Antinoos einen Menschen zu machen, der mein Wissen und meinen Erfahrungsschatz weiterträgt. Aber ich möchte nicht verhindern, daß er zu einem unverwechselbaren Individuum wird.

Schließlich aber erfuhr ich doch durch Geheimberichte der Polizei, daß Antinoos sich abends, selbst um Mitternacht noch, in der Gegend des Flavischen Amphitheaters aufhielt. Ich will nicht sagen: umhertrieb, denn dazu liebe ich ihn zu sehr. Man sah ihn gelegentlich mit jüngeren und älteren Männern sprechen, allerdings immer nur wenige Minuten. Du mußt wissen, daß diese Gegend leider noch nichts von ihrem schlechten Ruf eingebüßt hat. Überprüfungen ergaben, daß Antinoos nie in ein fremdes Haus gegangen ist.

Um die gleiche Zeit zeigte er auch heftiges Verlangen, die öffentlichen Thermen zu besuchen. Es hatte wenig Zweck, es ihm zu verbieten und auf die wunderbaren Bäder hinzuweisen, die wir auf dem Palatin haben. Die meisten Menschen sind es nicht wert, daß man sie näher betrachtet oder gar ein längeres Gespräch mit ihnen führt, und diese Einsicht wird Antinoos nicht schaden. Gewiß – ich bin kein Jüngling mehr. Aber ich kenne meine Qualitäten, und Du magst mich gern insgeheim arrogant schelten ... Aber ist Arroganz nicht das beste Mittel, um sich vor Vulgarität zu schützen und sich selbst immer wieder die Pflicht aufzuerlegen, mehr als die andern zu leisten? Übrigens benahm sich Antinoos in den Thermen vorzüglich. Er hielt sich von den dort häufigen Zügellosigkeiten fern. Als Trajan noch Kaiser war, habe ich selbst vorübergehend daran Geschmack gefunden. Aber Antinoos trug immer ein Badelaken um die Schultern, das ihm bis auf die Füße fiel. Er produzierte sich niemals wie die andern, die nackt herumhüpfen, Kopfstand machen, miteinander rangeln, sich breitbeinig auf die Köpfe der Statuen setzen, in den Ecken ihr Wasser lassen und sich gegenseitig auf die Hintern klatschen. Antinoos legte das Laken nur ab, wenn er ins Wasser stieg. Es wurde beobachtet, daß er nie mit einem andern als mit seinem Diener die Thermen verließ.

Eines Tages, es mag einen Monat her sein, überraschte Antinoos mich mit der Bitte, die folgende Nacht außer Hause verbringen zu dürfen. Die Bitte wurde so bescheiden vorgetragen, daß ich sie nicht abschlagen konnte. Ich wollte nicht tagelang einen traurigen und enttäuschten Antinoos um mich haben. Er war frei und ist frei. Natürlich hätte ich ihn damals kaufen können, doch auf den Einfall wäre ich nie gekommen. Antinoos war zu einem Symposion eingeladen, an dem nur junge Leute teilnahmen. Ich mußte ihm die

Möglichkeit geben, auch einmal eine ganze Nacht ohne Aufpasser zu sein. Er mußte die Möglichkeit haben, sich so zu zeigen, wie er sich mir gegenüber nie zeigen würde und auch nicht konnte.
Ich wußte sehr wohl, was ich tat. Denke nicht, daß ein Symposion — fast möchte ich dies Wort in Anführungszeichen setzen — das gleiche wie im alten Griechenland ist. Wir sind in Rom ... Antinoos sagte nicht, wo dies Fest stattfinden sollte, ich fragte nicht und hatte so keine Möglichkeit, irgend jemanden hinzuschicken. Ich mußte mich auf seine eigenen Erzählungen verlassen. Am nächsten Morgen leuchteten die Augen von Antinoos. Er lachte und war von einer mir unbekannten Lebhaftigkeit, hüpfte im Zimmer umher und zeigte mir einen neuen Tanz, den ich noch nie gesehen hatte. Er wird mit ganz lockeren Schultern getanzt, wobei sich die Füße kaum, die Hüften um so mehr in sinnlicher, ich möchte sagen — barbarischer Weise bewegen. Der Tanz ist nicht ohne Reiz, jedenfalls für junge Leute. Antinoos kam gerade aus dem Bad und trug nur ein Hüfttuch, während er mir den neuen Tanz zeigte. Mit Augen, die ich noch nie gesehen hatte, sagte er: »Siehst du — so haben wir getanzt!« Und in diesem Augenblick rutschte das Tuch zu Boden. »Nackt?« fragte ich sofort. Antinoos bückte sich blitzschnell, kam mit rotem Kopf wieder hoch und schlang sich das Tuch von neuem um die Hüften. »Aber nein ...«
Ich sagte nichts, blickte ihn nur an, und er verschwand mit einer Entschuldigung im Bad, wo er sich wohl fast eine Stunde aufhielt. Ich hatte einen Kloß im Halse, Epiktetos, und mir wurde unheimlich. Ich ging in mein Arbeitszimmer und versuchte zu arbeiten. Mir lag die Appellation eines Christen aus Ephesos vor. Er soll die Götter und den Kaiser verlästert haben, wurde vom dortigen Gericht verurteilt und hatte sich auf den Kaiser berufen. Was interessierte mich jetzt dieser Schwärmer ... Ich konnte meine Gedanken nicht sammeln. In der ersten Erregung war ich entschlossen, Antinoos wieder nach Bithynien zu schicken, und zwar für immer. Ich hatte seit Jahren nicht mehr so düstere Gedanken. Ich fürchte, diesem Christen unrecht getan zu haben; ich verwarf seine Berufung und machte das Urteil damit rechtskräftig. Es tut mir heute leid, aber der Mensch ist inzwischen tot.
Am Abend tauchte Antinoos wieder auf. Er war heiter, wie ich ihn nicht kannte, er teilte auch mir diese Heiterkeit mit, und sie

versöhnte mich schließlich. Plötzlich glaubte ich, daß Antinoos auf diesem »Symposion« die Grenzen eingehalten hatte, und ich war nur allzu gern bereit, seine ungewohnte, fast wilde Zärtlichkeit als neuen Freundschaftsbeweis hinzunehmen. War ich also in absentia der Überlegene geblieben . . .? Wir tranken, viel zuviel, auch er. Obwohl mein Kopf klar blieb und meine Rede — glaube ich jedenfalls — verständlich, muß ich am Ende wohl doch vollkommen betrunken gewesen sein. Wir schliefen erst gegen Morgen ein, erschöpft vom lustigen, irren und wirren Gespräch und vom Wein.
Am nächsten Morgen kam ich zu dem Schluß, daß eine vorübergehende Trennung uns beiden von Nutzen sein würde. Ich brauchte noch einen Beweis, und ich weiß sehr wohl, daß es eine Probe auf Sein oder Nichtsein ist. Antinoos ist nicht nach Tauromenium gereist, sondern nach Baiae und hält sich in der Villa von Lucius auf. Es ist das gleiche Haus, in dem ich mit Lucius einmal sehr glücklich war und zum ersten Male glaubte, Freundschaft könne bis ans Lebensende währen. Ich lebe zwischen Angst und Unruhe. Seit vier Tagen ist Lucius aus Rom verschwunden. Ich war daher leider gezwungen, durch die Geheimpolizei Recherchen unter den Sklaven der Villa Lucius in Baiae anstellen zu lassen. Bisher habe ich noch keinen Bericht erhalten.
Dies alles erzähle ich Dir, mein Freund, um Dich auf meine beiden Fragen vorzubereiten. Die erste lautet: Kann man lieben, wenn man mißtraut? Heißt Liebe nicht eigentlich Vertrauen? Kann man noch von wahrer Liebe sprechen, wenn man beginnt, darüber nachzudenken?
Zweite Frage: Gibt es überhaupt Liebe, wenn eine Generation die beiden Liebenden trennt? Ich spreche jetzt von Liebe und nicht von Freundschaft. Für mich impliziert der Begriff Liebe die Komplexität von Körper, Geist und Seele. Das heißt, die Körper müssen einander sinnlich begehren, die Gedanken die gleichen Wege gehen und die Herzen im Gleichklang schlagen. Gibt es eine solche Liebe, oder betrügen wir uns, wenn wir an ihre Existenz glauben?
Und noch eine Zusatzfrage; sie betrifft die Christen. Ich kam darauf anläßlich der Berufung dieses Mannes aus Ephesos. Ich habe angeordnet, daß man diese Sekte unbehelligt läßt, um ihr nicht eine größere Bedeutung zu geben, als ihr zukommt. Man berichtet mir, daß sich die Christen in der Hauptsache aus dem Proletariat re-

krutieren, das sich in Ermangelung höheren Kritikvermögens mit Okkultismus, Wahrsagerei, Mysterien und der Hoffnung auf ein besseres Leben in der Zukunft tröstet. Dagegen habe ich nichts. Solche Leute machen keine Revolutionen und können dem Staat nicht gefährlich werden. Da die Christen aber einen Gott anbeten, den es zwar nicht gibt, an den sie aber einfach glauben, dürfte sie diese geistig ungemein schwer zu bewältigende Vorstellung hinlänglich ausfüllen und sie daran hindern, nach Schwächen in der Staatsführung zu suchen. Außerdem glauben sie, wie Du sicher erfahren hast, daß diese Welt nichts wert ist und bald zugrunde geht. Sie haben nicht die Absicht, die Welt zu ändern. Es lohnt sich offenbar für sie nicht mehr. Sie ziehen es vor, auf eine bessere Welt nach ihrem Tode zu warten. Ich finde, solche Leute sollte man nicht verfolgen. Was meinst Du? Das war meine dritte Frage.
Bevor Deine Antwort kommt, werde ich sicher weitere Fehler begehen. Solange wir noch fühlen, befinden wir uns in einem reißenden Strom, der es uns nicht erlaubt, an einer Stelle zu bleiben, die uns gerade gefällt.

XXIX

Bericht 11 der Geheimen Staatspolizei, Sektion Capua

Gestern im Laufe des Vormittags traf der Edle L. Ceionius Commodus, aus Rom kommend, in seiner Villa in Baiae ein. Das Pferd, das der Edle L. Ceionius von Capua an benutzt hatte, brach unter ihm zusammen. Der Edle L. Ceionius machte den Eindruck größter Eile und wurde vom Edlen Antinous und mehreren seiner Freunde, die bereits seit einigen Tagen Gäste seiner Villa waren, stürmisch begrüßt.

Capua, 18. Juli

XXX

Antinoos an P. Aelius Hadrianus Aug. – Baiae, 21. Juli
(griechisch)

Du müßtest Flügel haben und herfliegen, Publius! Dann würdest Du vielleicht auch sehen, daß die Welt eine große Wiese voll blühender Blumen ist, und so viele ich auch pflücke, es werden immer mehr, und die Wiese reicht, soweit meine Augen schauen. Deinen Brief habe ich bekommen. Du bist so aufmerksam und denkst immer an mich. Wenn die Götter es so wollten, daß meine Liebe zu Dir aufhört, dann wirst Du doch immer mein bester Freund bleiben. Aber nein – vergiß, was ich schrieb! Vergiß es, denn nichts hat sich geändert! Ich lebe in einer Welt, die meinen Träumen näher ist als die Wirklichkeit, aber ich werde immer wissen, was ich Dir schulde. Mach Dir keine Sorgen um Lucius. Ich habe kein Recht, eifersüchtig zu sein, wenn Du den Besuch eines alten Freundes hattest. Ich weiß ja vom ersten Tage unserer Bekanntschaft an, daß es Lucius gibt. Ich habe mich damit abgefunden, daß Du manchmal an ihn denkst. Zuerst habe ich es nicht verstanden, aber jetzt verstehe ich es. Du bist Kaiser, und Du weißt, was Dir und damit dem Imperium nützt.
Ich schließe, denn wir haben Freunde zu Gast. Bald reisen wir nach Puteoli zu den Sommerspielen. Von dort geht es nach Tauromenium, wie Du befohlen hast. Übrigens kann ich jetzt schon besser tanzen. Ich küsse Deine Augen.

XXXI

Aus dem Tagebuch der Sabina – Rom, 23. Juli

Meine Seele ist in Aufruhr. Es fällt mir schwer, meine Gedanken zu sammeln, denn sie wollen mir ständig davonlaufen. Werde ich wieder geliebt, oder bin ich für den Kaiser nur Ersatz für seine enttäuschte Liebe? Soll ich mich also freuen, oder soll ich den Wagen anspannen lassen und fortfahren, möglichst weit weg?
Vor drei Tagen schickte Publius mir ein Billett und fragte an, ob es

mir recht sei, wenn er bei mir zu Abend speise; ich möchte es so einrichten, daß Julia uns nach Tisch verließe. Es war ein zauberhafter Abend; er hatte den Schmelz innigster Vertrautheit, die sich so oft einstellt, wenn sich die Wehmut über ein flüchtiges Gefühl mit dem Wunsch verbindet, die Gegenwart zu einer heiteren Szene zu machen. Publius litt, und heute weiß ich auch, warum. An jenem Abend schien mir, als sei ein Teil des schwermütigen und alles in der Schwebe lassenden Wesens von Antinous auf ihn übergegangen. Da steht er nun am Tage vor einer Senatsdelegation, vor einer fremden Gesandtschaft, vor Gericht, vor seinen Sekretären, würdig, ernst, gesammelt, Entscheidungen fällend, die das Wohl und Wehe von ganzen Völkern oft auf Jahre hinaus bestimmen, und niemand darf ihm anmerken, daß er ein Mensch ist, der von seinen Ängsten und Hoffnungen auch nicht zum geringsten Teil befreit wird, weil er zufällig der Herrscher über den Erdkreis ist.

Nur Thrasyll bediente uns bei Tisch, groß, breit, ständig lächelnd und ganz in rotes Tuch gekleidet. Während des Essens schwiegen wir, es gab nur leichte Kost, und wir tranken wenig. Erst beim Obst schnitt Publius übergangslos das Problem an, das er zweifellos mit uns besprechen wollte. »Habt ihr schon einmal bemerkt, daß schöpferische Leistungen nur von Männern vollbracht werden? Eine schöpferische Leistung ist ein Gedanke oder eine Tat, noch nie vorher ausgesprochen oder geschehen. Ist es nicht erstaunlich, daß noch nie eine Frau einen Gott zu den Menschen brachte, ein philosophisches Gebäude errichtete, ein Gesetz erließ, einen Tempel baute, eine Brücke über einen Fluß spannte, ein Bild von Rang malte, eine Plastik von Ewigkeitswert schuf, eine Melodie ersann oder eine Schlacht gewann? Ich achte deshalb die Frauen nicht geringer, denn es gibt vieles, was wohl sie, aber nicht wir Männer können. Aber warum ist es so? Ich bin zu dem Schluß gekommen, daß es allein die sexuelle Potenz eines Mannes ist, die ihn beflügelt, immer Neues, nie Dagewesenes und Unerhörtes zu schaffen. Mögen sich die Armen damit begnügen, ihren Trieben freien Lauf zu lassen und somit der Menschheit immer wieder Kinder zu schenken, so haben wir doch die Pflicht, über das Gewöhnliche hinauszuwachsen und Werke zu schaffen, die man noch kennt, wenn unsere Kinder und Enkel längst gestorben sind. Da die schöpferische Kraft des Mannes jedoch in jenem Augenblick erlischt, in dem seine Potenz aufhört, sollten wir meinen, daß jene Männer glücklich zu schätzen sind, deren geschlechtliche Kraft bis ans Lebensende währt. Ihre Gedanken werden immer jung bleiben, und sie werden sich nicht darauf beschränken müssen, gierig, böse und intrigant das zu bewahren, was sie in besseren Jahren an Geld, Ansehen und Würden errungen haben.

Aber die Natur spielt ein grausames Spiel: Sie läßt auch den potenten Mann altern, und damit will ich sagen, daß ihm die Falten im Gesicht, die Beschwerden des Leibes und die Deformationen des Körpers ebensowenig erspart bleiben wie den bleichen und entschlußlosen Greisen, die den Titel Mann nur noch tragen, weil sie glauben, ein anatomisches Recht darauf zu besitzen, und dieses Recht eifersüchtig verteidigen. Und so müssen wir – und ich zähle mich zu den Männern, die nicht alt geworden sind – ein Unglück auf uns nehmen, das den Greisen erspart bleibt: Obwohl wir die Kraft eines Jünglings haben, begehrt man uns nicht mehr. Man bewundert uns unserer Taten wegen, aber wir setzen uns der Lächerlichkeit aus, wenn wir erwarten, begehrt und sinnlich geliebt zu werden. Unsere Frauen trösten uns, gewiß ... Aber ist das genug? Können sie, die mit uns alt geworden sind, den Rausch erzeugen, uns für eine Nacht oder einen durchtobten Sonnentag als Jüngling zu fühlen, mit all den wunderbaren Folgen für die Seele und die Heiterkeit des Herzens, die aus der unbeschwerten Freude an einem verspielten Tag erwachsen?« Er schloß: »Ich wünsche oft, alt und verbraucht zu sein. Ich hätte keine falschen Hoffnungen mehr, und zusammen mit einigen tüchtigen Beamten würde es mir wahrscheinlich auch gelingen, das Reich so zu verwalten, wie man es von mir erwartet.«

Ich antwortete nichts, denn seine Zweifel sind meine Hoffnung. Eines Tages wird er begreifen, daß einmal ein Zeitpunkt im Leben kommt, von wo an man sich bescheiden muß, um ohne Illusion das zu genießen, was die Götter uns bis dahin beschieden haben. Nur Julia tröstete ihn, wie ich finde, sehr ungeschickt, denn sie sagte, er könne doch noch alles haben, was er wünsche, denn er sei Kaiser und brauche nur zu befehlen. Da sprang er plötzlich auf und rief: »Ich will aber Liebe!«

Er entschuldigte sich gleich darauf und begleitete mich in mein Schlafzimmer, nachdem Julia gegangen war. Er legte sich schwei-

gend neben mich und löschte das Licht. Sein Körper war kalt, und ich rieb seine Füße zwischen den meinen, wie ich es früher oft getan hatte. Es dauerte eine Weile, ehe sich sein Körper erwärmte. Da er sich nicht bewegte, glaubte ich, er schliefe. Als sich gerade vor dem Fenster die Wachen begegneten, die Schilde aneinanderschlugen und das Losungswort riefen — neuerdings hat er immer Wachen vor den Räumen, in denen er die Nacht verbringt —, fiel ein Lichtschein ins Zimmer, und ich sah, daß seine Augen offen waren. Er wartete offenbar immer noch auf ein Wort von mir.
»Ich glaube, du hast dich getäuscht, Publius«, sagte ich so schonend wie möglich. »Auch von uns Frauen geht eine Kraft aus, eine stärkere vielleicht als von Menschen, die nicht in sich ruhen und deren schwärmerischer Geist sie unbedingt eines Tages andere Wege führt. Und hast du nicht immer gesagt, daß jene Menschen ihre eigenen Wege gehen müssen, wenn sie zu Persönlichkeiten werden wollen? Kannst du von einem einzigen Menschen zugleich Entdeckerfreude und Phantasie und dann noch Beharrungsvermögen und Gleichmaß der Seele verlangen? Fühlst du den Widerspruch, unter dem du leidest, den du aber selbst heraufbeschworen hast, indem du von andern und von dir das Unmögliche verlangst?«
Publius atmete einige Male schwer; es klang wie Seufzen, doch er sagte nichts. Nach einer sehr langen Weile sagte er: »Schlaf jetzt, Sabina.« Er küßte mich; sein Bart war hart und trocken ...
Inzwischen empfing er den Besuch von Avidia. Sie war ihm gegenüber, der zu ihr besonders höflich und zuvorkommend ist, so befangen und verwirrt, daß sie unsern Verdacht bestätigte: Lucius ist in den Süden gegangen, wie es scheint, in sein Haus in Baiae, wo sich auch der Bithynier seit einigen Tagen aufhält. Das also ist es ... Ich beginne zu begreifen. Ich muß jetzt nur noch wissen: Ist des Kaisers neuentdeckte Leidenschaft zu mir nur Ausdruck seiner Verzweiflung oder gar seiner Langenweile, oder ist sie der Beginn einer neuen und fortdauernden Liebe? Er wird es mir selbst nicht sagen können. Immerhin — eine Senatsabordnung war bei ihm; die offizielle Formel meiner Erhebung zur Augusta wurde festgelegt. Mit dem Hauptpriester des neugebildeten Kollegiums der Venus und Roma wurden die Einzelheiten des Festgottesdienstes und der Zeremonien besprochen.
Das war gestern. Ich hatte die Hoffnung auf einen weiteren Besuch

von Publius aufgegeben und lag schon im Bett. Meine Gedanken waren verhältnismäßig friedlich, und ich wartete auf den Schlaf. Plötzlich erschien Publius – unangemeldet. Er schlug den Vorhang zurück und trat mit einer Fackel in der Hand herein. Mit seiner braunen Haut, dem Bart und dem kunstvoll gelockten Haar glich er in dem unruhigen Licht einem Dämon. Er zündete ein Lämpchen an, warf die Fackel auf den Marmor, wo sie allmählich verlosch, und kam mit einem Ungestüm über mich, daß ich vor Schmerz aufschrie. Diese wütende Kraft hatte ich nicht erwartet, und sie machte mich nicht nur glücklich. Aber ich versuchte ihm das zu sein, was ich seiner Leidenschaft schuldig war. Wir liebten uns mit geschlossenen Augen – wenn es aus Liebe geschah, was er tat.
Was er dabei dachte, hat er mir auch heute nicht gesagt. Er verließ mich, noch ehe es hell wurde. Er hatte kaum drei Worte gesprochen ... Mir ist zum Weinen zumute, aber ich weiß nicht, ob es Freudentränen sind.

XXXII

Ohne Orts- und Zeitangabe, wahrscheinlich Baiae, 21. Juli
L. Ceionius an seinen Vater P. Aelius Hadrianus Caes.
Imp. in Rom

Hoffentlich verzeihst Du mir die Anschrift. Aber ich bin so stolz auf den Senatsbeschluß, daß ich einfach nicht anders konnte, als Dich Vater zu nennen. Das darf ich doch, ja? Und für etwas anderes muß ich Dich um Verzeihung bitten: für meine plötzliche Abreise. Du hattest sie nicht verdient – ich weiß wohl. Ich sah die Enttäuschung auf Deinem Gesicht, als das Billett gebracht wurde. Und Du glaubst kaum, wie sehr mich das rührt und wie sehr ich dadurch immer mehr in Deine Schuld gerate.
Ja – ich tauge nicht viel. Das sagen nicht nur Du und andere – ich selbst weiß es leider auch. Ich habe schon mehr als eine Anstrengung unternommen, um so zu werden wie Du, mit all Deiner Selbstbeherrschung, Deinem Organisationstalent und Deinem Streben nach Vervollkommnung. Entschuldige – aber in gewisser Weise hattest Du es einfacher: Du bist unter den harten Bedingungen des

Feldlagers aufgewachsen, und Deine Jugend waren Entbehrungen und Verzicht. Du mußtest viele Opfer tragen und Dich mehr als einmal überwinden, um das zu werden, was Du heute bist. Mir wird es dagegen zu einfach gemacht. Sei mir bitte deshalb nicht böse, aber manchmal denke ich, Du hättest mich härter anfassen müssen. Aber das konntest Du wohl nicht, weil Du mich liebtest. Deshalb mache ich Dir auch keinen Vorwurf. Ich habe jetzt einen ständigen griechischen Lehrer, täglich nehme ich je eine Stunde Dialektik und Rhetorik, und außerdem befasse ich mich ernsthaft mit Geschichte. Ich will Dich keinesfalls enttäuschen. Da mühen sich die Wissenschaftler täglich mit mir ab, und ich weiß nicht, wovon ich sie bezahlen soll. Sei froh, daß Du wenigstens diese Sorgen nicht hast. Entschuldige, daß ich erst jetzt und auch nur so kurz schreibe. Mag dies und jenes kommen — ich werde nie vergessen, was ich Dir und Deiner Freundschaft schuldig bin.

XXXIII

Maueranschlag in Puteoli

Der Ehrenwerte Ti. Rubrius Pansa, Aedil, gibt bekannt, daß acht Tage nach den Iden des Juli im hiesigen Amphitheater Spiele zu Ehren des Göttlichen Mars abgehalten werden. Eintritt auf den Rängen frei. Verteilung der Eintrittskarten ab Sonnenaufgang am Tag der Spiele an den Kassen des Theaters und auf der Präfektur. Beginn der Spiele acht Stunden nach Sonnenaufgang.

Programm

I	—	Konzert
II	—	Einzug der Wettkämpfer und Huldigung
III	—	Griechisch-römischer Faustkampf
IV	—	Schwertertanz der nackten Jünglinge (nach spartanischen Motiven)
V	—	Kampf der wilden Tiere
VI	—	Darstellung des Urteils des Paris mit Apotheose der Aphrodite
VII	—	Kampf von vier Fechterpaaren in voller Rüstung

Pause

VIII — Wasserballett
IX — Ikarus' Tod
X — Kampf von 16 Fechterpaaren in verschiedener Ausrüstung
XI — Kreuzigung von zwei Verurteilten mit Schlußmusik
— Als Gast: der Retiarius Marcus aus Rom! —

Es wird gebeten, keine Gegenstände in die Arena zu werfen. Der Ausschank und der Genuß von alkoholischen Getränken sind nicht gestattet.

XXXIV

(Vermerk für den Boten auf dem Umschlag: Dies Schreiben ist schnellstens und unter allen Umständen dem Edlen Antinous, Freund des Imperators, auszuhändigen. Falls Adressat nicht mehr in Baiae, ist ihm auf schnellstem Pferd über Puteoli, Neapolis, Nuceria, Salernum nachzueilen.)

Publius an seinen Tänzer, den glücklichen Antinous —
Rom, 23. Juli

Du bist nicht allein. Dein Glück bedrückt mich. Auch ich bin hier nicht allein. Aber ich weiß nicht, ob ich den Menschen trauen darf, die mich glücklich machen wollen. Denn es ist nicht vorstellbar, daß Dich mit Lucius andere als kameradschaftliche Bande verknüpfen. Du kannst Dir denken, daß ich jede Art von Untreue eher ertragen könnte als diese. Ihr seid beide meine Kinder. Euer Abenteuer wäre Verrat an meiner Seele.
Du willst also zu den Sommerspielen ... Du wirst sie indessen gesehen haben. Wenn Du Geschmack besitzest, wird Dir das meiste nicht gefallen haben. In vier Tagen reise ich ab. Grüße Lucius von mir und sage ihm, daß er eine ganz reizende kleine Frau hat.
Es wäre wunderbar, wenn ich Dich vor mir auf der Straße als ganz kleinen Punkt sähe, immer größer werdend, immer deutlicher, bis ich Dich in die Arme schließen könnte.

XXXV

*P. Aelius Hadrianus an L. Ceionius Commodus in Baiae —
Rom, 25. Juli*

Dein Schreiben wird mir eben überbracht. Du hättest nicht verschweigen sollen, daß Du in Baiae bist. Unbeschadet aller Sympathien, die ich nach wie vor für Dich empfinde, Lucius, und ungeachtet der Tatsache, daß ich Dich in Deiner Stellung erhöhte, hast Du damit nicht das Recht gewonnen, Dinge zu tun, die unsere Freundschaft trüben könnten. Die intime Anrede verzeihe ich Dir, denn sie kommt vermutlich von Herzen. Deine Anwesenheit in Baiae halte ich hingegen für überflüssig. Deine Frau wohnt in Rom. Muß *ich* Dich daran erinnern? Sie liebt Dich. Das ist eine ganz natürliche Regung. Selbst wenn Du Deiner Frau nicht Gefühle gleicher Stärke entgegenbringen kannst, wäre es Deine Pflicht, Dich jetzt mehr als sonst um sie zu kümmern. Du stehst im Mittelpunkt des öffentlichen Interesses. Avidia machte mir kürzlich einen Besuch hier oben. Ich unterbrach ihretwegen eine wichtige Sitzung über die Neuordnung der Munizipalverwaltung in Achaia und in den jonischen Städten Asiens und lud sie zu einer Erfrischung ein. Obwohl ein Teil ihres Kummers auch der meine war, versuchte ich, gelassen, freundlich und tröstend zu bleiben. Ich habe durch meine ständige Beschäftigung mit ernsten Dingen ihr gegenüber einen Vorteil; sie hat nichts anderes als ihre Gedanken an Dich und das künftige Ereignis. Sie war hübsch, hübscher als bei ihrer Hochzeit. Sie nimmt sich vor der Sonne in acht. Ihr Gesicht ist von einem zarten Rot überhaucht, sie sieht frisch und gesund aus. Ihre kleinen Gesten und Bewegungen sind von einer weiblichen Anmut, die hinreißend ist. Ich versprach ihr, meinen Einfluß geltend zu machen, damit Du bald nach Rom zurückkommst.

Ich wünschte, Du wärest Deiner Frau gegenüber mindestens ebenso rücksichtsvoll, wie ich es bin. Du sagst, Deine Sympathien für mich seien in den letzten Jahren eher größer als kleiner geworden. Erbring den Beweis, indem Du meinen Wünschen nachkommst. Wenn Dir meine Disziplin und Selbstbeherrschung fehlen — überwinde diese Schwäche. Ein jeder hat sie zu überwinden. Deine jugendliche Unbesonnenheit und Leichtlebigkeit hält man heute noch für ver-

zeihlich und liebenswürdig. Doch bist Du erst einmal Kaiser, wird man Dir diese Eigenschaften als Fehler oder sogar als Laster ankreiden. Lies, was Sueton bereits über meine Vorgänger geschrieben hat. Mit welchem Wohlwollen begegnete man Caligula, als er noch nicht Kaiser war! Und was dachte man, als er es so weit gebracht hatte ... Er war geblieben, was er war, und er zahlte den Preis: seinen Tod!
Ich glaube nicht, daß Du täglich an Deine Frau geschrieben hast. Ich glaube nicht, daß Du in jeder Stunde des Tages an sie denkst. Ich glaube, daß es nicht gut ist, wenn Du mit Antinous zusammen bist. Für keinen von uns allen.
Du schließt Deinen Brief mit der Bitte um Nachsicht. Ich werde sie gewähren, wenn Du Dich meiner Freundschaft würdig erweist. Du selbst erinnerst mich in Deinem Schlußsatz daran. Wenn Du wirklich Grammatiker und Rhetoren um Dich versammelt hast, wird es Dir ein leichtes sein, sie alle auf Wagen zu laden und nach Rom zu bringen. Du wirst mich hier nicht mehr antreffen. Morgen ist die Tempelweihe. Übermorgen reise ich ab. Ich nehme die Appische Straße. Es könnte sein, daß wir uns unterwegs begegnen. Es würde mich freuen.

XXXVI

Antinoos an P. Aelius Hadrianus Aug. — Puteoli, 23. Juli
(griechisch)

Dieser Urlaub war wunderwunderschön! Ich wünsche nur, daß Du auch so schöne Tage verbracht hast, als Du so jung warst wie ich. Es gibt kein größeres Göttergeschenk als die Jugend! Wie war ich dumm! Du wirst es nicht glauben, aber es hat viele Stunden gegeben, in denen ich mir schon schrecklich alt vorkam. Aber ich bin doch nicht alt.
Die ersten Tage in Baiae waren etwas langweilig, und ich habe oft an Dich gedacht, denn bei Dir war es nie langweilig. Aber allmählich kümmerten sich die Nachbarn um mich, fast alles junge Leute. Du kannst Dir nicht vorstellen, was in Baiae los ist! Als ich Dich kennenlernte, glaubte ich, ich sei der einzige Junge, der in Luxus und guter Gesellschaft lebt. Aber es gibt ja so viele junge

Leute, die gutgestellt sind und sich ihr Leben einrichten, wie es ihnen gefällt. Du hast mir gesagt, daß die heutige Jugend keine Phantasie besitzt. Aber ich weiß jetzt nicht mehr, ob Du wirklich recht hattest. Verzeih mir dies, bitte. Du hast sicher recht, denn Du irrst Dich nie. Aber Deine Jugend war hart, und unter Trajan gab es nur Krieg an allen Ecken und Enden. Ich bewundere Dich gerade darum, weil Du zur »harten Generation« gehörst. Aber Du willst doch auch, daß es der heutigen Jugend besser geht als Dir damals. Sonst würdest Du doch nicht so sehr für den Frieden sorgen, oder?
Ich habe kaum geschlafen in diesen Tagen, aber ich war nie müde. Wir haben uns über den Liebesbegriff bei Plato unterhalten, und wie oft habe ich dabei an Dich gedacht ... Später gingen wir alle hinaus in die laue Nacht. Hinter dem Haus von Lucius auf der Landseite gibt es eine ziemlich große Wiese mit einem Hain von Steineichen, Oliven und Pinien. Dort führten wir bukolische Schäferspiele im anakreontischen Sinne auf. Einmal mußte ich den Adonis machen, dann wieder den Attis. Ich war immer der Mittelpunkt, obwohl ich es gar nicht wollte. Das Mädchen, das die Aphrodite spielte, hat hinterher geweint, und ich weiß nicht, warum. Einer, der in Lerna in die Dionysos-Mysterien eingeweiht worden ist, hat alles original-griechisch arrangiert. Die Mädchen mußten die Mänaden sein und rannten, in Felle gekleidet und Ruten schwingend, hinter uns her wie verrückt. Wir mußten uns vorher ausziehen, und wenn wir nicht schnell genug liefen, bekamen wir eins über. Menander behauptet aber, daß es in Argos viel wilder zugeht. Trotzdem haben die Mädchen geschrien wie am Spieß, und ganz sicher wollten sie etwas von uns Jungen. Manche verschwanden mit ihnen auch im Gebüsch. Ein Mädchen zeigte mir seine nackte Brust, aber das hat mich erschreckt — sie war so groß ... Ich bin weggelaufen. Vielleicht war es dumm, denn es war an sich ein nettes Mädchen, das sehr gut Griechisch sprach.
Vor gut einer Woche kam Besuch aus Rom, junge Leute, alle in meinem Alter oder ein wenig älter. Es war ungeheuer lustig. Alles schwirrte im Hause herum, zwei, drei waren immer wach, und der Tag und die Nacht waren nicht zu unterscheiden. Es ging alles sehr frei zu, und ganz habe ich mich nicht daran gewöhnen können. Es fällt mir sehr schwer, unangezogen durchs Haus zu laufen, wenn andere zusehen; mich zu waschen, wenn ein anderer hinter mir

steht, und mich ganz zu vergessen, wenn andere dabei sind. Sie haben mich auch tüchtig ausgelacht. Sie lachten überhaupt immerzu, auch wenn sie sich umarmten und küßten. Wahrscheinlich haben sie sich in Wahrheit gar nicht geliebt, denn sie waren manchmal zu viert oder fünft. Ich denke, wenn man sich wirklich liebt, dürfen andere nicht dabei sein, und vor allem kann man nicht dauernd lachen. Du hast nie gelacht, wenn Du mir ein Märchen erzählt hast. Von diesen hat nie einer ein Märchen erzählt.
Und trotzdem hat es mich fast um den Verstand gebracht. Keiner der Gäste hat je erwähnt, daß ich Dein Freund bin. Zuerst hat es mich gekränkt, dann aber habe ich begriffen, daß es Rücksicht auf den Kaiser war. Ich weiß nicht, wohin es noch gekommen wäre. Im Grunde kann ich nur zu zweit glücklich sein – das weiß ich jetzt genau.
Gestern reisten wir ab, um uns die Kämpfe in Puteoli anzusehen. Alle kamen mit. Natürlich war uns die große Loge reserviert worden, von wo aus man die beste Sicht hat. Und nach dem Konzert, beim Einmarsch, verbeugten sich die Kämpfer vor uns. Der Veranstalter bat um die Ehre, daß ich die Spiele eröffnete. Es war mir sehr peinlich. Alle sahen zu mir hin, all die Tausende von Menschen, und ich hatte Angst. Die Bläser hielten mit abgewinkeltem Ellenbogen ihre Instrumente schräg in den Himmel und warteten auf mein Zeichen. Schließlich konnte Lucius es nicht mehr mit ansehen – Lucius war auch da –, lachte, warf das Tuch, die Fechter machten Front zu uns und riefen ihre Formel. Ich mache mir nicht viel aus Spielen, da mir die Menschen leid tun, die man für Geld tötet. Glücklicherweise saßen wir im Schatten, und Lucius hatte dafür gesorgt, daß uns einige Soldaten für unsere Wünsche zur Verfügung standen. Der Aedil hatte uns ein paar Sklaven aus seinem Haushalt zugeteilt. Lucius und Decimus schickten die Soldaten tüchtig herum, wollten Schnee für ihre Getränke, dann Eiswasser für ihre Füße, Früchte und Gebäck. Ich wundere mich, wie viel manche Menschen bei einer solchen Hitze essen können.
Lucius war munter, fast albern und dann wieder von einem komischen Ernst, wenn ein Soldat in strammer Haltung vor ihm stand. Dann schien er mir sehr hochmütig zu sein, und von dieser Seite gefällt Lucius mir gar nicht. Aber wenn er einmal Kaiser werden soll, muß er wohl so sein. Einmal redete ihn jemand sogar mit

dem Titel Caesar an. Er zog einen Mundwinkel nach unten, schwieg aber. In diesem Augenblick war er mir ganz fremd.
Über die Spiele kann ich nicht viel erzählen. Beim Faustkampf gab es einige blutige Köpfe. Aber um diese Zeit wurde ein kleiner Imbiß aufgetragen, darunter Kirschendessert, und das esse ich doch so leidenschaftlich gern. Wunderbar anzusehen war der Schwertertanz, eigentlich mehr ein Ballett als ein Kriegstanz. Der Regisseur ist ein großer Könner und muß in Griechenland gewesen sein, denn sonst hätte er kaum so edle und harmonische Figuren und Positionen erdenken können. Er hatte die hübschesten Jungen aus Kampanien für diesen Tanz zusammengestellt. Einige Male habe ich heimlich meine Beine, meine Hüften und meine Arme mit denen da unten verglichen, und ich wundere mich darüber, daß Du sagst, ich sei der schönste Junge im ganzen Imperium. Die Jungen wurden uns anschließend vorgestellt. Aus der Nähe waren nicht alle so hübsch wie in der Arena, die meisten schwitzten sehr, ganz naß war ihre Haut. Sie hätten vorher baden sollen. Einer fiel mir besonders auf; er hieß Kalos. Wahrscheinlich ein Beiname. Da ich ihn unwillkürlich angelächelt hatte, ich wollte es gar nicht, aber man hat sich nicht immer in der Gewalt, befahl Lucius ihm, sich neben mich zu setzen. Man brachte Tücher, er wurde abgerieben und erhielt eine leuchtendrote Tunika, die ihm sehr gut stand. Wir waren beide sehr verlegen und redeten kaum zusammen, obwohl Kalos Griechisch spricht. Er ist wirklich ein sehr schöner Junge und auch wunderbar gewachsen. Während der ganzen Zeit sah er mich an, als sei ich ein *Gott für ihn.*
Entschuldige, Publius, aber ich muß jetzt abbrechen. Es wird zu Tisch gerufen, und sie warten alle auf mich. Morgen soll es nach Neapolis weitergehen. Die andern toben draußen herum und stecken dauernd den Kopf zur Tür herein, denn ich soll kommen. Lucius will, daß Kalos mich ein Stück begleitet. Wäre Dir das recht? Auf bald.

XXXVII

Initialen, mit einem harten Gegenstand in den Marmor einer Sitzbank vor dem Heiligtum des Neptun in Baiae geritzt:
A. L.
(Beide Buchstaben sind von einem Pfeil durchkreuzt.)

XXXVIII

Claudia Crispina an Julia Balbilla in Rom — Puteoli, 24. Juli

Du hast mir einen guten Rat gegeben — das vorweg: Nie wieder fahre ich nach Antium und werde meine dortige Villa verkaufen! Einschließlich meiner Steinsammlung. Auch das Parfüm ist angekommen. Vielen, vielen Dank; es ist fast alle. Galla Sempronia läßt Dich herzlich grüßen. Natürlich erinnert sie sich an Dich! (Wenn nicht, wäre es ja eine Beleidigung.) Du trugst ein ganz besonders originelles Kleid während jenes Gastmahls beim Präfekten: es war über und über mit Muränen bestickt, erinnert sie sich. Sie wird Dir in Rom einmal ihre Aufwartung machen, aber kaum vor Ende September.
Obwohl unsere Briefe von Geheimnissen strotzen, wirst Du mir dennoch nicht übelnehmen, wenn ich Dir diesen Boten nicht schenke. Es ist kein Vergnügen, das langsame Sterben eines Sklaven zu sehen, selbst dann nicht, wenn er aus Liebe und Anhänglichkeit zu seiner Herrin stirbt.
Gestern war ich mit Galla bei den Spielen. Da Dein berühmter Marcus nach der Pause auftreten sollte, gingen wir erst hin, als das Wasserballett schon begonnen hatte. Ich sah nur den Schluß, muß aber sagen, daß man sich viel Mühe gemacht hat, und es gab viele Momente, in denen ich vergaß, in der Provinz zu sein. Die Mädchen waren ausgesucht schön. Allerdings hat man mehr Wert auf das Gesicht als auf die Figur gelegt, die bei einem Wasserballett ja nicht ganz so unwichtig wäre. Als sich die Mädchen nach Schluß der Darbietung vor die Hauptloge begaben, sah man doch, daß einige ziemlich fett waren, besonders um die Hüften herum. Fast alle hatten dieses kleine heimtückische Bäuchlein, das uns Frauen den Jünglingen gegenüber bei den Bildhauern so sehr ins Hintertreffen geraten läßt. Aber die weichen Bäuche lassen sich erklären: Es handelte sich durchweg um einfache Mädchen, die sich in der Hauptsache von Öl, Bohnen und Brot ernähren und nicht viel für die Figur tun können. Eines von den Mädchen war übrigens naturblond. Ich beneidete sie glühend, denn obwohl meine Haare täglich mit aller Sorgfalt hergerichtet werden — und manchmal brauchen diese faulen Frisierweiber mehr als zwei Stunden dazu —, sieht ein Kenner

doch ziemlich genau, daß mein Blond nicht ganz echt ist, und das ärgert mich einfach.
Nach der Schlußfigur steigen die Mädchen also aus dem Wasser, begeben sich in einer losen Kette, Hand in Hand, hüpfend und lachend – Regieanweisung – vor die Hauptloge, wo sie plötzlich dummernste Gesichter machen – auch Regieanweisung – und sich tief verbeugen. Da sehe ich erst, wer in der Loge sitzt! Kannst Du raten? Du wirst natürlich sofort sagen: Lucius und Antinous. Ja – es stimmt. Und neben dem Bithynier ein hübscher Bengel von vielleicht sechzehn Jahren, Lucius unverschämt grinsend, den Mädchen Kußhändchen zuwerfend, und um die ganze Gruppe herum ein Haufen Soldaten, Sklaven und Jungen. Ganz nett, nicht wahr? So ähnlich wie zu Domitians Zeiten... Außer Antinous, der still dasaß und dauernd einmal Lucius, dann wieder den hübschen Jungen ansah, lachten und riefen sie alle und winkten den Mädchen in der Arena in ziemlich eindeutiger Weise zu. Galla war empört über diese Schamlosigkeit vor aller Augen, während ich nichts daran fand. Denn wenn sich Mädchen in dieser Weise zur Schau stellen, dürfen sie sich nicht wundern, daß man sich laut über ihre körperlichen Vorzüge unterhält.
Die Mädchen verschwanden allerdings bald, und die erhitzten Gemüter in der großen Loge beruhigten sich etwas. Inzwischen war irgendein Verbrecher oder Barbar mit einer Maschine über die Arena hochgezogen worden, während ein Schauspieler aus dem Theater in Puteoli eine Ode auf den Höhenflug des Ikarus vortrug. Er sprach viel zu leise; ich verstand fast nichts, obwohl atemlose Stille im Raum herrschte. Wohl nicht so sehr wegen der Ode, sondern mehr wegen der bevorstehenden Sensation. Man hatte dem kreidebleichen Ikarus echte Schwanenflügel an die Schultern geklebt, und als der Schauspieler zu der Stelle kam, wo die Sonne das Wachs schmilzt, schrie der hochgezogene Kerl plötzlich eklig wie ein abgestochenes Schwein, denn sie hatten ihn fallen lassen, die Flügel brachen ab, die Federn wirbelten durch die Luft, und Ikarus fiel in das Becken, in dem das Wasser nur noch fußhoch stand. Die Reaktion von Antinous war interessant: Er schlug die Hände vors Gesicht und vergrub seinen Kopf in der Schulterbeuge seines jugendlichen Nachbarn. Nun kann ich nicht gerade behaupten, daß mir solche Darbietungen Freude machen – sie sind ziemlich einfalls-

los –, aber man sollte sich als Mann doch etwas mehr zusammennehmen. Man sieht, daß Antinous ein Grieche ist, und keiner wird das Recht bezweifeln, mit dem wir seinerzeit die morschen griechischen Städte unterworfen und unserm Staatswesen eingegliedert haben.

Obwohl nun der Kampf von zweiunddreißig Fechtern, darunter auch Marcus, auf dem Programm stand, war es mir fast noch wichtiger zu beobachten, was die jungen Herren da in ihrer Loge trieben. Es war eine ständige Bewegung, sie saßen nicht eine Minute still, und dauernd kamen und gingen irgendwelche Leute, die etwas brachten oder abholten. Lucius genoß es offensichtlich, Mittelpunkt zu sein, und er tat alles, um es zu bleiben. Er produzierte sich mit souveränen Armbewegungen, sprach einmal laut, dann wieder leise, gab flüchtige Anordnungen, erzählte augenzwinkernd Geschichtchen und beugte sich wie ein Verschwörer zu jenem Knaben, der ganz in Rot gekleidet war und neben dem Bithynier saß. Der allerdings war der Rolle noch nicht so gut gewachsen, plötzlich im Mittelpunkt des Interesses zu stehen, und nicht nur in meinem, das glaube mir. Er schien in Gedanken versunken zu sein, starrte vor sich hin wie ein blinder Hund und bemerkte nichts und niemanden, dann aber lachte er plötzlich und ohne ersichtlichen Grund auf, trank etwas und wiegte seinen Oberkörper hin und her, obwohl weit und breit keine Musik zu hören war. Der rote Knabe ergriff einmal seine Hände und küßte sie, aber der Bithynier mochte das wohl nicht so gern und stieß ihn zurück. Darüber schien der Junge sehr traurig zu sein, denn er lieh sich von Lucius ein Taschentuch und schneuzte sich so heftig und ungeniert, wie man es eben nur in der Provinz tut. Dies war wiederum ein Grund für den Bithynier, seinerseits in eine trübselige Stimmung zu verfallen. Vielleicht war ihm auch aufgegangen, daß der Kaiser bestimmt nicht entzückt sein wird, wenn er dies alles erfährt.

Aber das Publikum brachte mich in die Wirklichkeit zurück. Es klatschte rhythmisch in die Hände und rief im Chor immer wieder: Marcus – Marcus! Ich hatte ihn zwar noch nie gesehen, aber ich erkannte ihn sofort, und ich muß schon sagen, Deine Tochter Julina hat einen ungewöhnlich guten Geschmack. Bei allen Fruchtbarkeitsgöttern, hiesigen wie fremden! Er war gesalbt, hatte sich die Haare auf Beinen und Armen entfernen lassen, und seine Haut glänzte in

der Sonne wie poliertes Kupfer. Den Kopf aufrecht auf einem wunderbaren Hals, der allein schon von den Stiernacken seiner Kollegen abstach, begab er sich mit federnden Schritten wie ein Tänzer vor die Hauptloge. Dort blieb er unbeweglich stehen und wartete, bis sich seine Kameraden neben ihm in militärischer Ordnung aufgebaut hatten, hob seinen Dreizack mit der gestreckten Linken, senkte ihn dann grüßend zur Erde, beschrieb mit dem Netz einen weitausholenden Kreis, so daß das Netz eine Sekunde lang die ganze Arena zu erfüllen schien, und riß es dann nach unten. Dabei sah er unverwandt, und ohne den Kopf zu neigen, zur Loge empor, und zwar Antinous voll ins Gesicht. Lächelnder Stolz, Sicherheit und Verehrung zugleich. Der erschrockene Antinous wurde flammendrot und ließ sich von seinem Nachbarn das Tuch geben, das dieser noch immer nervös in den Händen knüllte. Ich habe ganz und gar nichts übrig für all diese Theatralik, aber es war doch hübsch anzusehen, wie die Kraft der Schönheit ihre Huldigung darbrachte. Das kommt in dieser Vollendung nicht oft vor.
Dann begann der Kampf. Zuerst sah man gar nichts, da alle sechzehn Paare gleichzeitig kämpften, eine Mode, die wohl nicht mehr auszurotten ist, obwohl es Wahnsinn ist; niemand kann mehr die Feinheiten des Einzelkampfes erkennen. Und dann dies gräßliche und endlose Geschrei des Pöbels, das sich noch verstärkte, wenn einer getroffen wurde. Und ich muß Dir sagen, Liebe, es war nicht doll. Provinz... Anfänger... Manche ließen sich förmlich abschlachten, ohne etwas Wesentliches getan zu haben. Dazu war es entsetzlich heiß, und als einem der Fechter gerade vor meinem Sitz die Halsschlagader durchschlagen wurde, wurde ich fast ohnmächtig, obwohl ich glücklicherweise von dem hochaufspritzenden Blut nicht getroffen wurde. Amaryllis mußte mir eine Kompresse machen. Es war ziemlich still geworden in der Arena, denn das Volk hatte nichts mehr zu schreien. Der erste Gang war zu Ende. Die unverletzten Kämpfer hatten sich an den Rand der Arena zurückgezogen, wechselten die Waffen, ließen sich abtrocknen und massieren und kamen sich mächtig wichtig dabei vor. Manche sprachen auch mit den Zuschauern, und alle schworen, daß sie siegen würden, obwohl doch immer nur die Hälfte siegen kann. Die Verwundeten trug man auf Bahren hinaus, und den Toten wurden die Rüstungen heruntergezerrt, bevor man sie hinausschleifte. Auf die

Blutspuren wurde frischer Sand gestreut. Und unser guter Marcus natürlich war unverletzt. Wer hätte daran zweifeln wollen? Er stand in der Nähe der Loge und winkte lächelnd hinauf, während ihn ein paar Leute eifrig abrieben und frisch einölten. Lucius nickte anerkennend mit dem Kopf und biss in einen Apfel.
Dann ging es weiter, leider auch das Geschrei. Obwohl Marcus den ersten Kampf schon hinter sich hatte, wirkte er noch völlig unverbraucht. Er war es, der die Arena beherrschte. Dagegen waren die drei übrigen Paare nur Statisten. Er lief seinem schwerfälligen Gegner, der in vollständiger Rüstung steckte und noch diesen riesigen, mit Reliefarbeiten geschmückten samnitischen Helm trug, einfach davon, blieb plötzlich stehen, ließ den Panzerkerl an sich herankommen und sprang geschickt beiseite, wenn der mit dem Schwert auf ihn losging. Dabei schwang er hohnlachend sein Netz über dem Kopf. Völlig klar, daß er auf seine männliche Schönheit stolz war, und er wandte die Verzögerungstaktik nur an, um sein unglaublich nuancenreiches Muskelspiel zu voller Geltung zu bringen. Es gab keinen Teil seines Körpers – und ich sage keinen, mit deutlicher Absicht, liebe Julia –, der nicht vollkommen durch- und ausgebildet war. Einer Dame neben mir fielen fast die Augen aus dem Kopf, und es entrang sich ihr ein paarmal unbeabsichtigt: »Ist er nicht wonnig? Ist er nicht wonnig?« Marcus genoß dieses Spiel fast noch mehr als das Publikum, das sich für die anderen Fechter sowieso kaum noch interessierte, jedenfalls, soweit es sich um den weiblichen Teil handelte. Und wenn es noch keine blutigen Spiele gäbe, dann sollte man sie solcher Prachtkerle wegen erfinden. Ich bin Dir sehr dankbar, Liebe, daß Du mir diesen Tip gegeben hast. Ich vergaß Lucius und seine Clique völlig über diesem Schauspiel, das all meine Sinne in Anspruch nahm, meine Augen, meinen Geruchssinn und selbst meine Ohren, denn ich hörte manchmal, wie Marcus kurze Melodienfetzen sang, wie es die Neapolitaner tun, wenn sie ihre Geliebte wecken oder sonst ein Gefühl ausdrücken wollen.
Mit dem eigentlichen Kampf will ich Dich gar nicht aufhalten, denn man wußte, Marcus würde ja doch siegen, und damit fehlte die richtige Spannung. Er führte seine Scheingefechte eine Viertelstunde lang, so lange, bis er sicher sein konnte, daß ihn jeder Besucher von hinten und vorne und von der Seite gesehen hatte, und

erst dann ließ er seinen Gegner ganz an sich herankommen. Breitbeinig und unbeweglich stand er da, der andere beugte sich vor, um zuzustoßen, doch da hatte er auch schon das Netz über Kopf und Schultern, so schnell, daß ich es nicht mit den Augen verfolgen konnte. Anstatt Marcus das Schwert durch die Brust zu stoßen, wich der Gepanzerte zurück und versuchte sich zu befreien. Das war ein tödlicher Fehler, denn Marcus hatte nun Gelegenheit, das Netz ganz über den Körper zu streifen und fest zuzuziehen. Die Maus saß in der Falle! Mit einem einzigen Ruck warf er seinen Gegner um, das Publikum johlte vor Begeisterung auf, und Marcus mühte sich damit ab, den schweren Körper vor die Loge zu schleifen, während ihm von einem Jungen ein kurzer Dolch gebracht wurde, damit er dem Gegner den Gnadenstoß versetzen konnte. Aber wie es auch in Rom ist – alle sahen zur »Kaiserloge« hin und warteten auf ein Zeichen. Das Zeichen gab nicht Lucius, wie ich erwartete, da er sich die ganze Zeit über als Festleiter gebärdet hatte, sondern er wies lächelnd auf Antinous. Der Bithynier hob ratlos die Schultern und wußte offenbar nicht, was er zu tun hatte. Da flüsterte ihm der Knabe etwas ins Ohr, und Antinous streckte seinen Daumen nach oben. Alles schrie ekstatisch Beifall, schwenkte die Tücher, der Dicke verhedderte sich immer wieder im Netz, während er versuchte, herauszukriechen, und Marcus wiederholte vor der Loge noch einmal seine Reverenz. Diese wie auch die vorhergehende verstießen absolut gegen die Gepflogenheiten, denn es gibt nur die Begrüßung des gesamten Gladiatorenkorps *vor* Beginn der Kampfhandlungen. Aber es ist schon möglich, daß Lucius dies alles vorher mit dem Veranstalter besprochen hatte. Und um den Spaß auf die Spitze zu treiben, schrie Marcus laut: »Ave Caesar invicte!« Natürlich erhob sich der gesamte Pöbel wie ein Mann von seinen Sitzen und streckte die Arme in Richtung auf die Loge aus. Es war einerseits eindrucksvoll, aber ich fürchte, daß sich der Kaiser hierüber ebensowenig freuen wird wie über alles andere, was sich in der Loge abspielte.

Kurz darauf erschien Marcus selbst in der Loge, kam aber nicht mehr zu Stuhle, da die ganze Gesellschaft bereits im Aufbruch begriffen war. Auch für uns war das Wichtigste vorbei, denn nun wurden Kreuze hereingebracht, an die ein paar Verbrecher geschlagen werden sollten. Viele gehen dann schon nach Hause, während

die andern ihre Familie zusammensuchen oder schnell noch an einem Stand etwas essen. Denn es ist wirklich nicht aufregend und schon gar keine Augenweide, wenn ein Mensch allmählich am Kreuz verendet, während die Musikanten schlecht spielen, weil auch sie endlich nach Hause wollen.
Noch einmal tausend Dank für das wunderbare Parfüm. (Und herzlichen Glückwunsch für Deine Herrin. Du weißt schon, weshalb ...)

XXXIX

Tagebucheintragung des C. Suetonius Tranquillus (ohne Datum)

Die eigentlichen Pflichten des Menschen beginnen erst, wenn er sich dessen bewußt geworden ist, daß die Blüte der Jugend unwiederbringlich dahin ist. Mag der junge Mensch selbst freiwillig Pflichten übernehmen, er kann es doch immer im Bewußtsein tun, daß ihn die Pflichten nicht drücken, da er sie seiner Jugend wegen täglich abstreifen könnte. Wenn wir aber älter werden und uns entschlossen haben, dennoch weiterzuleben, müssen wir die Pflichten tragen, die uns die Götter auferlegten, wenn uns das Leben hinlänglich lebenswert erscheinen soll. Und wenn wir gar glauben, noch lieben zu müssen, wird es uns nicht erspart bleiben, mehr Kummer als Freude auf uns zu nehmen.

XL

Anweisung des Kaiserl. Sekretariats
für Persönliche Angelegenheiten an M. Titus Bulla, Praetor
(streng vertraulich)

Die Zentrale der Geheimen Staatspolizei hat sofort alle Maßnahmen einzuleiten, die eine Klärung der Vorgänge in der Villa des Edlen L. Ceionius Commodus in Baiae in der Zeit zwischen dem 10. und 22. Juli gewährleisten. Das K. S. f. P. A. erwartet ausführliche Berichterstattung, insbesondere auch über die Gewohnheiten und den Umgang des Edlen Antinous. Alle diesbezüglichen Maßnahmen sind unauffällig und unter Wahrung strengster Diskretion durchzuführen.

gez. (Unterschrift unleserlich)
Rom, 25. Juli

XLI

An P. Aelius Hadrianus Aug. Imp. (mit Sonderboten, eilig)

Göttlicher Imperator! Anläßlich der diesjährigen Sommerspiele in Puteoli kam es zu Ereignissen, die ich Dir, Imperator, glaube pflichtschuldigst melden zu müssen. Gestern abend erschien der Ehrenwerte Ti. Rubrius Pansa, Aedil in Puteoli und Veranstalter der Spiele, vor mir, um mir Bericht über den Verlauf der Spiele und insbesondere über die Vorkommnisse am Schluß der Veranstaltung zu erstatten. Für die im folgenden berichteten Ereignisse ist der Aedil nicht verantwortlich zu machen, wie er selbst versicherte und wie ich mir durch glaubhafte Zeugenaussagen habe bestätigen lassen. Pansa glaubte einer Pflicht zu genügen, wenn er dem jüngst vom Senat in Rom ausgezeichneten Edlen L. Ceionius Commodus pro forma die Leitung der Spiele übertrug. Die Darbietungen und Kämpfe verliefen ungestört, da der Edle Lucius und seine Begleitung nicht geruhten, eine Änderung des festgelegten Programms vorzuschlagen. Wenn es zum Schluß der Spiele dennoch zu einer unprotokollarischen Huldigung kam, die ich glaube, Dir, Imperator, melden zu müssen, so mag sie in erster Linie von Marcus, dem Retiarius aus Rom, ausgegangen sein, wurde aber vom Edlen Lucius und seiner Begleitung, wenn schon nicht unterstützt, so doch gebilligt. Besagter Marcus begrüßte nach seinem Sieg vor der Loge den Edlen Lucius mit lauter Stimme und für alle verständlich als Caesar, eine unerlaubte Ovation, die vom Edlen Lucius nicht nur nicht zurückgewiesen, sondern auch vom gesamten im Theater anwesenden Volk durch begeisterte Zustimmung unterstrichen wurde. Es gelang dem Aedil Pansa weder, sich Gehör zu verschaffen, noch den besagten Marcus festzusetzen, da der Gladiator in die Loge gebeten wurde und gleich darauf in Begleitung des Edlen Lucius die Loge verließ.

Sei versichert, Imperator, daß ich diese Meldung zwar ungern schreibe, desungeachtet es aber nach dem Treueid, den ich Dir geschworen, für meine Pflicht halte, sie Dir zu machen.

Quintus Flaminius, Stadtpräfekt
Capua, 24. Juli

XLII

Aus dem Tagebuch der Sabina — Rom, 26. Juli

Nun bin ich doch aufgeregt. Es ist fast so schlimm wie am Tage meiner Hochzeit, denn man hatte mir gesagt, daß es der größte Tag meines Lebens sei. Wochenlang vorher hatte man mir Verhaltensregeln gegeben, mich ermahnt, auf meine Jungfernschaft hingewiesen, unter der ich mir — ich war zwölf Jahre alt — nichts anderes vorstellen konnte als etwas ungeheuer Heiliges, sozusagen Unaussprechbares, wichtiger fast als das Leben und doch weder sichtbar noch faßbar. Ich hatte das Gefühl, als wolle man mich darauf hinweisen, daß ich diesen Schatz, den ich doch nicht sehen und begreifen konnte, meinem künftigen Mann schenken sollte. Mein Verlobter hieß Publius Aelius. Ich hatte ihn kaum gesehen, da man mich dazu angehalten hatte, in seiner Gegenwart meine Augen niederzuschlagen. Das alles versetzte mich begreiflicherweise in die höchste Aufregung: Einem Menschen, den ich nicht gesehen hatte, mußte ich etwas schenken, was ich ebenfalls nicht gesehen hatte. Traditionsbewußt, wie meine Familie war, hatte man den Gedanken weit von sich gewiesen, mich in gewisse Mysterien einzuweihen, die in andern Familien für junge Mädchen gang und gäbe sind. Einem phallischen Symbol in Begleitung der Mutter und der vertrauten Kinderfrauen gegenüberzustehen ist vermutlich weniger schreckerregend, als die Wirklichkeit allein zu »genießen«.
Aber nichts von alledem. Meine damalige Aufregung war umsonst, denn nachdem man uns nach stundenlangen Feierlichkeiten endlich allein gelassen hatte, gab Publius mir einen Kuß auf die Stirn — ich erschauerte — und bat bis zum nächsten Tag um Urlaub. Er war vierundzwanzig, ich zwölf. Er wollte mit seinen Freunden noch ein Gläschen trinken, wie er sagte, und ich schlief beruhigt ein.

Heute abend also werde ich Augusta sein, und ich bin genauso aufgeregt wie damals. Meine Keuschheit verlor ich im dritten Jahr meiner Ehe, und ich erinnere mich kaum noch daran. Heute werde ich dafür mit einem andern Phantom belohnt. Und obwohl ich auch das weder sehen noch greifen kann, zittere ich doch bei dem Gedanken an diese Zeremonie. Gleichzeitig wird der prächtigste Tempel geweiht, der je in Rom gesehen wurde. Ich trage bereits das vorgeschriebene weiße Gewand mit dem breiten Purpurstreifen und warte auf die Boten, die mir melden, daß die Sänfte bereit ist. Ich kann nicht weiterschreiben; ich breche ab.

XLIII

Auszug aus dem Protokoll der Senatssitzung vom 26. Juli

Das Plenum des Hohen Hauses nahm ohne Aussprache mit 375 Stimmen bei 13 Stimmenthaltungen den am Vortage eingebrachten Antrag des Göttlichen Publius Aelius Hadrianus auf Erhebung seiner Gemahlin, der Herrin Vibia Sabina, zur Augusta an. Die Herrin Vibia Sabina erhält das Recht, vom heutigen Tage an Titel und Namen wie folgt zu führen: Diva Vibia Sabina Augusta. Alle mit diesem Titel verbundenen Rechte, die die Göttliche Sabina Augusta dem Rang nach unmittelbar neben den Kaiser stellen, werden vom Rechtsausschuß des Hohen Hauses formuliert und im Amtlichen Bulletin veröffentlicht.
Unmittelbar nach der Abstimmung begaben sich die Mitglieder des Hohen Hauses geschlossen zur feierlichen Weihe des Tempels der Venus und Roma.

XLIV

Amtliches Bulletin – Rom, 26. Juli

Der Senat verlieh der Herrin Vibia Sabina den Titel Diva Vibia Sabina Augusta.
Auf dem Gelände des früheren Atriums der Domus Aurea wurde der Tempel Veneris et Urbis geweiht. Der Tempel bedeckt eine

Fläche von 330 zu 160 Fuß, die Arkaden werden von 150 Granitsäulen getragen, der Fußboden der beiden Atrien besteht aus Marmor, das Dach aus vergoldeten Bronzeziegeln.

Die Weihe wurde vom Göttlichen Publius Aelius Hadrianus Augustus im Beisein seiner Göttlichen Gemahlin Vibia Sabina Augusta vollzogen. Anwesend waren das Priesterkollegium des Tempels, der gesamte Senat, Abordnungen der Stadtverwaltung und der Generalität, der gesamte Kaiserliche Hof, die Vorsteherin des Heiligen Kollegiums der Vesta, Vertreter aller Tempel und amtlich zugelassenen Kulte, die Vorsitzenden aller Handwerkerinnungen und akademischen Disziplinen sowie Vertreter der stadtrömischen Organisationen der Philosophen, Dichter, Schauspieler und Tänzer.

Die Auspizien der Auguren und die Voraussagen der Eingeweidebeschauer lauteten günstig.

Für alle Einwohner der Stadt mit Berechtigungsschein wurde eine Sonderzuteilung von fünf Pfund Getreide und einem halben Maß Öl pro Person gewährt. Spiele und ein Feuerwerk wurden angeordnet.

XLV

Aus dem Tagebuch der Sabina — Rom, 26. Juli

Es ist vorbei. Es war wie ein Traum, und doch war es keiner. Man hat mir das Manuskript des Amtlichen Bulletins gezeigt, das noch heute nacht vervielfältigt wird. Draußen krachen die Böller, und die Nacht ist durch das Feuerwerk hell erleuchtet. Der Kaiser hat Wagenrennen und Spiele veranstalten lassen, vierundzwanzig Elefanten sind durch die Stadt getrieben worden, das Volk ist außer Rand und Band und zieht lärmend, singend und trinkend durch die Straßen. Obwohl hundert Prätorianer uns den Weg freihielten, hatten wir Mühe, nach Schluß der Zeremonie das kurze Stück vom Flavischen Theater bis zum Palatin unbelästigt zurückzulegen. Was ich zuerst als leichte Zurücksetzung empfinden mußte, daß mich der Kaiser nämlich nicht neben sich im offenen Wagen sitzen ließ, um die Huldigungen des Volkes entgegenzunehmen, betrachte ich jetzt als weise Voraussicht: Mir wäre es schwergefallen, die notwendige

würdige Haltung zu bewahren, denn ich war mehrfach den Tränen nahe.
Ich trage das Diadem, und ich trage es noch, obwohl es schon spät am Abend ist. Das große Festmahl wurde abgesagt, da der Kaiser noch eine Menge abschließender Regelungen vor seiner morgigen Abreise zu treffen hat, die er um einen Tag vorverlegt hat. Die Stenographen kommen und gehen, wie Julia berichtet. Aber ich hoffe trotzdem noch auf einen kurzen Besuch von ihm. Deshalb sitze ich auch noch im Staatskleid da, denn er hatte vorhin kaum Gelegenheit, mich zu bewundern, da er von seinen Pflichten zu sehr in Anspruch genommen wurde. Er erschien mir ohnehin nervöser und zerstreuter als erklärlich. Obwohl er die Rede ablas, versprach er sich einige Male und vergaß später des öfteren, für die Begrüßungsworte zu danken, die die verschiedenen Sprecher der Korporationen an ihn richteten. Manchmal schien er zu vergessen, wo er sich befand, und als er mich ein einziges Mal anblickte, beunruhigte er mich tief: Sein Lächeln war so traurig und abwesend, daß ich fürchte, er hat nicht einmal an mich gedacht, während er mich ansah. Wenn er jetzt käme, würde er mir vielleicht alles erzählen, was ihn bedrückt, und es würde ihm leichter.
Julia kommt. Ich unterbreche ...
Es ist Mitternacht. Draußen tobt sich das Volk noch immer aus. Julia hat mich verlassen, das heißt, ich habe sie fortgeschickt, weil ich glaube, es ist besser, wenn Publius mich allein findet. Das Diadem drückt; ich habe es abgenommen und auch die goldenen Schuhe gegen leichte Sandalen vertauscht. Ich bemühe mich mit aller Kraft, meine Hochstimmung nicht erlahmen zu lassen, weil ich weiß, nur in diesem Zustand dem Kaiser helfen zu können. Denn er hat mich geliebt. Ich täusche mich nicht, und wenn seine Liebe auch erst eine Woche alt sein sollte. Ich bin eine Frau und habe lange genug gelitten, um echte von vorgetäuschter Liebe unterscheiden zu können. Ich wünsche, daß er mich auch heute, morgen und später liebt, aus welchen Gründen auch immer. Die Blüten der Liebe sind zu pflücken, nicht ihre Wurzeln auszugraben.
Wenn er jetzt kommt, werde ich ihn fragen, ob ich ihn nach Sizilien begleiten darf. Ich werde ihm sagen, daß Rom in seiner Abwesenheit entsetzlich ist. Ich werde ihm auch sagen, daß ich Sueton gräßlich finde, denn er ist nie verzweifelt, nur ängstlich; nie himmel-

hoch jauchzend, nur gerührt; nie primitiv, nur langweilig. Publius wird begreifen, daß dies eine Liebeserklärung an ihn ist. Julia steckt schon wieder den Kopf zur Tür herein ...
Dieses Mal blieb sie über eine Stunde. Sie bestand darauf, daß ich Wein trank, und sie fand auch eine Begründung: Der Wein belebt das sinnliche Verlangen, und wenn sich das Verlangen nicht stillen läßt, braucht man nichts weiter zu tun, als mit dem Trinken fortzufahren; dann löst sich das Verlangen in allgemeine Glückseligkeit auf, die uns wie ein Nebel umwogt und alle Wünsche unangreifbar macht. Auch in den Tavernen sitzen sie jetzt und lassen sich volllaufen, um zu vergessen, daß sie zwar frei, aber arm sind, schloß sie ihre Tröstung ab und ließ mit Honig gesüßten Falerner bringen. Jetzt, da ich dies schreibe, spüre ich seine Wirkung. Meine Gedanken sind zwar klar, doch ehe ich sie noch zu Papier bringe, wollen sie davonfliegen. Julia sagte, ich solle mich nicht grämen, wenn der Kaiser vorerst einmal ohne mich abreise. Alles stünde doch gut, und wenn der Kaiser erst einmal die ganze Tragweite dessen begriffen habe, was sich mit Sicherheit zusammenbraue, würde er mich sofort holen, so sicher, wie es Götter gibt. Ich sagte, daß viele Menschen an der Existenz der Götter zweifelten, aber sie meinte, daß alle Tempel noch stünden, daß wir gerade erst heute wieder einen geweiht hätten und daß nur die Menschen verzweifeln müßten, die sich ihre selbstgemachten Götter aus dem Herzen rissen. Ich solle mich hinlegen und auf den Kaiser warten. Dann ging sie und ließ mir den halb ausgetrunkenen Wein.
Sie hat wohl recht. Ich sollte mich hinlegen. Ich habe alle Dienerinnen zu Bett geschickt. Niemand berichtet mir mehr, was der Kaiser tut. Wenn es mir gelingen sollte einzuschlafen, würde ich nicht bemerken, wie meine Vorfreude auf den herrlichen Ausklang eines herrlichen Tages eines jämmerlichen Todes stirbt.

XLVI

Billett, durch Palastboten zugestellt — in der gleichen Nacht

Dein Publius hatte einen schweren Tag, Sabina. Seine Gedanken waren nicht immer erfreulich. Aber er hatte die feste Absicht, Dir

Lebewohl zu sagen. Er wollte sehen, ob Du Dich über die neue Würde freust. Aber versteh und entschuldige den armen Publius, der nicht mehr weiß, ob er sein Leben in allen Dingen richtig geordnet hat. Er weiß es nicht und will Dir nicht zumuten, seine grausamen Zweifel mit ihm zu teilen. Er wird sie allein klären müssen. Denn es ist die Eigenschaft echter Zweifel, daß man sie nur allein klären kann. Dich macht ein Liebhaber nicht froh, dessen Tiefstimmung noch die Schwermut dessen übersteigt, dem sie von der Natur mitgegeben wurde. Ich möchte nicht, daß sich unsere Schmerzen verdoppeln. Ich möchte unser Glück vervielfachen, Sabina.
Komm morgen nicht zum Wagen. Du würdest mich kaum in einer besseren Stimmung vorfinden. Ich möchte, daß Du mich als heiter lächelnden Freund und Mann in Erinnerung behältst. Sobald es die Umstände erlauben, werde ich Dich bitten, mir zu folgen. Aber jetzt geht es nicht. Versteh mich und verzeih mir bitte. In der Weise, die Du verdient hast, liebe ich Dich.

SIZILIEN

I

Publius Aelius Hadrianus an Antinous – Capua, 30. Juli

Deinen langen Brief vom dreiundzwanzigsten erhielt ich, als ich von der Tempelweihe zurückkam. Ich habe mich natürlich sehr gefreut, daß Du mir so ausführlich schriebst. Ich hatte mir von Anfang an vorgenommen, Dich ganz Deinen Zerstreuungen zu überlassen. Daher suchte ich in Deinem Bericht auch nicht nach Hinweisen, die mich eifersüchtig machen konnten. Heute fürchte ich schon mehr, daß ich Grund zur Sorge habe. Daher erzähle ich Dir jetzt lieber von der Tempelweihe.
In diesem Jahr war sie mein letzter offizieller Akt in der Hauptstadt. Erinnerst Du Dich daran, daß ich Dir schon in den ersten Monaten unserer Bekanntschaft von meinem Plan erzählte, einen Doppeltempel der Venus und Roma zu bauen? Die Idee war alt, doch wie sie auszuführen war, wußte ich noch nicht. Ein Tempel des Mars und der Roma hätte viel eher unserer Tradition entsprochen. Mars und Roma kennen und fürchten alle. Aber ich wollte, daß unsere ewige Roma nicht mehr gefürchtet, sondern endlich geliebt werde. Ich bin sicher, daß Liebe im Menschen mehr Positives bewirkt als Furcht. Mag Mars die Welt bewegen – Venus tut es in höherem Maße. Daher sollte Roma mit der Venus ein gemeinsames Haus haben. Und dabei hatte Venus mir persönlich nicht gerade übermäßig viel Wohltaten erwiesen, bevor ich Dich kennenlernte.
Bei der Einweihung verlas ich eine ziemlich lange Festrede. Meine Sekretäre haben so lange daran gearbeitet, bis auch der letzte Rest von Lebendigkeit herausgepreßt war. Während ich vorlas, dachte ich über das Märchen nach, das ich Dir erzählen wollte. Aber plötzlich brandete der Jubel der Massen zu mir auf. Ich muß wohl etwas vorgelesen haben, was ihnen gefiel, und die Idee, die ich gerade gehabt hatte, verflüchtigte sich. Dann: Glückwünsche von allen Seiten, ausschließlich von Vertretern irgendwelcher Korporationen,

die nie begreifen werden, daß ihre Ergebenheitsadressen auch nicht den geringsten Eindruck machen, da sie in zu großer Menge und in zu ähnlichen Worten vorgetragen werden. Sie bewirken höchstens, daß man sich für wichtiger und unersetzlicher hält, als es der Fall ist. Wochenlang bereiten sie sich auf ihre jämmerlichen Worte vor, und was sie ernten, ist Verachtung, bestenfalls Mitleid. Ich belohnte sie und das übrige Volk mit Wagenrennen, Spielen und dergleichen.
Nun zu Deinem Brief. Es ist Dein gutes Recht, der heutigen Jugend ebensoviel Phantasie zuzusprechen wie der unsern. Aber verwechselst Du nicht Phantasie mit Vitalität? Jugend besitzt Vitalität und wird sie immer besitzen. Aber unter Phantasie verstehe ich schöpferische Kraft. Ich bin nicht sicher, ob jede Generation die gleiche schöpferische Kraft besitzt. Ich halte es für möglich, daß die schöpferischen Kräfte der Jugend in langen Friedenszeiten nicht freigesetzt werden, da ihr der Druck von außen fehlt. Spiele um Adonis und Attis sind nicht schöpferisch, sondern nur Ausdruck spielerischer Lebenslust. Als ich las, Du habest den Attis darstellen müssen, erschrak ich. Aber ich bin nicht sicher, ob Du Dir über die Bedeutung dieser Symbolhandlung klar warst. Attis war nicht nur schön – er wurde auch kastriert.
Wie mir berichtet wird, hast Du die Möglichkeiten genutzt, die Dir geboten wurden. Und es hat an Leuten nicht gefehlt, die Dich darin unterstützten. Zweifellos habt ihr die Grenzen überschritten, die die Achtung vor dem Kaiser vorschreiben. *Dir* werde ich daraus keinen Vorwurf machen, denn Du bist jung und unerfahren. Du kannst nicht wissen, daß man nicht nur mit mir, sondern auch mit Dir ein Spiel treibt, das wahrscheinlich ganz andern Zwecken dient, als Dich zu unterhalten.
Ich hatte Dir im voraus alles erlaubt. Zwei Dinge wollte ich prüfen: meine Fähigkeit zu einer altruistischen Handlung und Deine innere Kraft, Versuchungen zu widerstehen. Auch wenn ich nicht dabei bin, sollst Du der bleiben, den ich lieben gelernt habe. Ich flehe zu den Göttern, daß ich Deine Kraft nicht überschätzt habe. Es ist nichts dabei, wenn Dir ein Mädchen seine nackte Brust zeigt. Das bedeutet keine bindende Verpflichtung für Dich. Es ist ihre Brust, und sie kann damit machen, was sie will. Außerdem – jedes Mädchen hat Brüste. Es hat euch gefallen, euch eurer körperlichen Schönheit zu erfreuen. Aber Du wirst wissen, daß ein Körper einen

Teil seiner Schönheit mit jedem Mal einbüßt, da es nicht liebenden Händen erlaubt ist, ihn zu berühren. Sinnliche Liebe ist eines der schönsten Göttergeschenke. Doch sie wird zum Laster, wenn sie nicht durch die Hingabe des Geliebten geläutert wird.

Leider verschiebt sich meine Abreise noch etwas, da ich einiges Unerfreuliche zu regeln habe. Dennoch und trotz allem freue ich mich, Dich bald wiederzusehen. Ich bin sicher, daß Du die beiden jungen Leute, deren Bekanntschaft Du in Puteoli machtest, inzwischen entlassen hast. Ich möchte Dich allein, glücklicher und heiterer vorfinden, als Du es zuletzt in Rom warst.

II

Bericht 16 der Geheimen Staatspolizei, Sektion Capua

Entsprechend den Allgemeinen Anweisungen der Zentrale Rom über die Vorkehrungen zur Gewährleistung von Sicherheit und Ordnung im Imperium sowie der Sonderanweisung des Kaiserlichen Sekretariates für Persönliche Angelegenheiten vom 25. d. M. wurden ein Türhüter und ein Mundschenk aus der Villa des Edlen L. Ceionius Commodus in Baiae festgenommen und über die Ereignisse in jener Villa in der Zeit zwischen dem 10. und 22. d. M. befragt. Die Befragung erbrachte folgende Tatbestände:

Vom 10. bis zum 13. d. M. hielt sich der Edle Antinous allein in der Villa auf, nahm Bäder im Meer, schlief viel und besichtigte die Schwefelbäder in Puteoli. Am 14. traf D. Terentius, genannt Cicero, in Begleitung von vier jungen Männern und am 17. der Edle L. Ceionius selbst aus Rom in der Villa ein. Am Abend des letztgenannten Tages fand ein Fest zu Ehren des heimgekehrten Hausherrn unter Mitwirkung von Rezitatoren, Zwergen, einem Gladiatorenpaar aus der Capuensischen Fechterschule und einigen Tänzerinnen statt. (Die Namen der anwesenden Gäste und der beteiligten Artisten sind diesem Bericht als Anlage beigefügt.) Der Hausherr und der Edle Antinous zogen sich in den frühen Morgenstunden noch vor Beendigung des Festes zurück. Der Edle Lucius hatte Befehl erteilt, sie bis zur Mittagsstunde nicht zu stören. Im Laufe des 18. d. M. kamen weder der Edle Lucius noch der Edle

Antinous den beiden Zeugen zu Gesicht, doch nach ihren mit Vorbehalt glaubwürdigen Aussagen, die durch weitere Vernehmungen der beteiligten Dienerschaft bestätigt werden könnten, fanden am späten Abend unter Mitwirkung einer Anzahl von freigeborenen Mädchen griechische Schäferspiele im Freien statt, die nicht in allen Einzelheiten beobachtet werden konnten, da sie sich weit auseinanderzogen und sich in den Büschen verloren. Soweit die spärlichen Zeugenaussagen diesen Schluß zulassen, kam es dabei zu Praktiken, deren Ausübung durch frühere Kaiserliche Erlasse bzw. Senatsbeschlüsse nachdrücklich untersagt und unter Strafe gestellt wurde. Im übrigen konnte beobachtet werden, daß die etwa 15 Gäste der Villa die üblichen Tageszeiten nicht einhielten, dergestalt, daß immer einige wach waren und die Dienerschaft zu den verschiedensten Obliegenheiten heranzogen, wozu unter anderem die ständige Unterhaltung des Feuers in der Küche und in den Bädern zählte. Auf besondere Anordnung des Edlen Lucius blieben die Vorhänge in den beiden Speiseräumen und in den Schlafkammern ständig geschlossen. Die in den fraglichen Tagen ungewöhnlich milde Witterung erlaubte es den Gästen, auf Kleidung fast oder ganz zu verzichten. Auf eindringliche Befragung, wobei die Folter angedroht werden mußte, gab der Mundschenk zu, daß er in der Nacht vom 18. auf den 19. d. M. eisgekühlten Wein, frisches Obst und eine für gewöhnlich im Tablinum befindliche Plastik des Priapus in das Schlafzimmer des Edlen Lucius zu bringen hatte, der in Gesellschaft des Edlen Antinous war. Am 19. fand eine Bootsfahrt nach Neapolis statt, an der die beiden Zeugen nicht teilnahmen. Die Gesellschaft kehrte erst am 20. zurück. Am Abend des gleichen Tages fand ein Symposion statt, zu dem Personen weiblichen Geschlechts, auch Sklavinnen, nicht zugelassen waren. Der Inhalt der Gespräche ist der hiesigen Behörde weitgehend unbekannt geblieben, da sie in griechischer Sprache geführt wurden und die Zeugen dieser Sprache nicht mächtig sind. Das Gespräch, das anfangs ernst, zeitweilig sogar hitzig und mit Leidenschaft geführt wurde, gestaltete sich unter dem Einfluß der voranschreitenden Zeit und des reichlich genossenen Weines gelockerter und unkonzentrierter. Es kam zu Gelächter, albernen Späßen und Zärtlichkeiten, die anfangs im Hinblick auf die Dienerschaft mit Zurückhaltung, später frei und ungezwungen ausgetauscht wurden. Es ist den beiden Zeugen aufgefallen, und sie bestätigten es mehrfach unabhängig voneinander, daß der Edle Antinous der Mittelpunkt des Symposions und des Interesses der Gäste war. Am Morgen des 22. d. M. reiste der größte Teil der Gäste ab, um sich zu den diesjährigen Sommerspielen nach Puteoli zu begeben. Die Edlen Lucius und Antinous folgten einen Tag später. Capua, 30. Juli

III

P. Aelius Hadrianus an Vibia Sabina in Rom —
Capua, 30. Juli

Obwohl es auch hier Ärger gibt und ich mich noch immer nicht in rechter Urlaubsstimmung fühle, möchte ich nicht versäumen, Dir einen kleinen Gruß zu senden, liebe Vibia. Ich möchte Dir vor allem für die Nachsicht danken, mit der Du mich während meines Aufenthaltes in der Hauptstadt belohnt hast. Ich hoffe, daß Du Dich in Deiner neuen Würde glücklich fühlst. Ein anderer, Empfindlicherer als ich hätte Gaius Suetonius längst vom Hofe verbannt. Aber ich möchte Dich nicht seiner geistreichen Konversation berauben. Vielleicht erscheint Dir dadurch meine Abwesenheit leichter tragbar. Ich vertraue Dir, wie ich Dir seit dreißig Jahren vertraut habe. Es wird Dich interessieren, daß mein Gesundheitszustand ausgezeichnet ist. Ich brauchte gestern kein Schlafmittel zu nehmen, und ich trinke keinen Wein, da mir die Gesellschaft fehlt. Wahrscheinlich werde ich meine Reiseroute ändern und in Puteoli ein Schiff nehmen. Ich schreibe Dir, sobald ich wieder eine freie Minute habe.

IV

P. Aelius Hadrianus Caes. Aug. Imp. an den Präfekten
Q. Flaminius — dringend und geheim — Capua, 30. Juli
am späten Abend

Ich begebe mich jetzt in die Villa des Edlen Lucius Ceionius nach Baiae. Sorge dafür, daß sofort zwanzig bewaffnete Reiter dorthin in Marsch gesetzt werden. Sie werden die Villa des Edlen

Lucius unauffällig umstellen. Du haftest mit Deinem Kopf dafür, daß die Maßnahme vier Stunden nach Mitternacht durchgeführt ist. Ohne meine schriftliche Erlaubnis darf niemand die Villa verlassen, bis ich selbst die Villa verlassen habe. Du erwartest mich zwei Stunden nach Sonnenaufgang im Hafen von Puteoli, wo ich mich zur Weiterreise einschiffen werde.

V

P. Aelius Hadrianus Caes. Aug. Imp. an Vibia Sabina Augusta in Rom — Neapolis, 1. August

Du wirst die Güte haben, liebe Sabina, dem Senat folgende Erklärung im Wortlaut zuzuleiten und für die Veröffentlichung im Amtlichen Bulletin zu sorgen: »Auf seiner Reise nach Sizilien gelang es dem Göttlichen Publius Aelius Hadrianus persönlich, eine gegen seine staatspolitischen Pläne und damit gegen die Fortdauer des Friedens im Reiche angezettelte Verschwörung aufzudecken. Die Gefährlichkeit und staatsbedrohende Wirkung dieser Konspiration war nicht etwa deshalb zu unterschätzen, weil es sich bei den Verschwörern um Männer handelt, die sich im politischen Leben bisher noch kaum einen Namen machten. Dem entschlossenen und schnellen Handeln des Göttlichen Publius Aelius ist es zu danken, daß der Anschlag im Keim erstickt und daher Gewähr gegeben ist, den auf den gegenwärtigen Zuständen beruhenden Frieden des Imperiums zu wahren. Die Verschwörer unter Führung des Decimus Terentius, genannt Cicero, wurden verhaftet und in die Hauptstadt verbracht.«

Mach Dir bitte deshalb keine Sorgen, liebe Sabina. Die offizielle Verlautbarung klingt schlimmer, als es in Wirklichkeit war. Ich wußte längst, daß es eine Clique gibt, die sich zum Ziel setzt, meinen Entschluß zu beschleunigen, Lucius zu adoptieren. Aber noch bin ich gesund und setze selbst die Termine. Nach den jüngsten Vorfällen im Theater von Puteoli und in der Villa von Lucius scheint es weniger denn je an der Zeit, Lucius die erwünschte Würde bereits in Kürze zu verleihen. Mein Vertrauen in ihn ist erschüttert. Ich habe ihn in dieser Aktion weitgehend geschont. Und ich hoffe, daß er die Gelegenheit nutzt, mein Vertrauen zurückzugewinnen, das ich ihm so gern entgegenbringen möchte.

Heute nacht reise ich mit dem Schiff weiter nach Messana. Das Meer ist blank wie ein Spiegel. Die Reise wird lange dauern. Ich werde also genug Stunden haben, um über alles Vergangene nachzudenken, und dazu gehören auch die Nächte, in denen wir beieinander waren.

VI

L. Ceionius an Avidia Plautia in Rom — Baiae, 1. August

In aller Eile nur diese wenigen Zeilen. Sie werden Dich bestimmt früher erreichen als die häßlichen und unwahren Gerüchte über mich. Gestern in den frühesten Morgenstunden machte mir der Kaiser den versprochenen Besuch. Ich hatte das ganze Haus von oben bis unten blitzblank reinigen lassen. Du hättest Deine Freude daran gehabt, Avidia. Blumen waren da, Falerner war da, den der Kaiser am liebsten trinkt. Es sollte alles so sein wie früher einmal, als ich Dich noch nicht kannte und der Kaiser mein Freund war. Ob er es jetzt noch ist, weiß ich nicht. Benommen hat er sich ganz und gar nicht so. Dir kann ich es ja sagen: Er führte sich wie ein beleidigter alter Mann auf. Meine Freunde, die alle mit mir die halbe Nacht auf ihn gewartet hatten, sah er kaum an. Er wollte nicht König sein, lachte nicht über die Witze, die wir erzählten, und schickte sogar die jungen Leute weg, die ihm etwas vortanzen sollten. Irgend etwas war ihm über die Leber gelaufen. Er saß rum und vergiftete die Stimmung.

Als Decimus gesprächsweise sagte, ein Mann in reiferen Jahren genieße viel mehr Achtung und sei höher angesehen als ein junger, sah der Kaiser ihn mit einem merkwürdigen Blick an und sagte: »Ich wünsche dir, mein Sohn, daß du dies glückliche Alter erreichst.« Zwei Stunden später waren er und meine andern Freunde verhaftet! Das geschah, während ich mit dem Kaiser eine Unterredung unter vier Augen hatte. Mein Haus muß von Anfang an umstellt gewesen sein, und der Kaiser war zu feige, um die Verhaftung in

meiner Gegenwart vornehmen zu lassen. Deshalb mußte ich mich die ganze Nacht hindurch mit ihm unterhalten. Er war mir anscheinend böse, daß ich Besuch hier hatte. Ich verstehe ihn nicht. Er wird eben alt und sieht in allen Ereignissen, an denen er nicht mitwirkt, einen persönlichen Angriff gegen sich. Ich jedenfalls bin nicht alt, und woran ich glaube, ist einzig und allein die Zukunft.
Ich schreibe Dir dies nur, damit Du Dir keine Sorgen machst, Kindchen, denn die kannst Du jetzt nicht gebrauchen. Und mach Dir keine Gedanken übers Geld. Ich habe den Kaiser um 20 000 Sesterzen angepumpt. Er hat zwar ein völlig verstörtes Gesicht gemacht, aber die Anweisung unterschrieben.
Mir ist dies Haus verleidet. Morgen reise ich ab. Vielleicht bin ich eher in Rom als dieser Brief. Schlaf wohl, meine kleine Avidia.

VII

L. Ceionius an Antinous in Tauromenium — Baiae, 1. August

Eben vor meiner Abreise bekomme ich Deinen Brief. O mein Herz — was waren das für Tage! Du hast mir buchstäblich das Mark aus den Knochen gesogen, aber ich werde diese Tage und Nächte nie vergessen. Nur hätten wir manchmal daran denken müssen, daß wir beide unter dem besonderen »Schutz« von Bart-Publius stehen. Ich verstehe nicht, was er für ein Theater macht... Er hat uns doch beide, jedenfalls, wenn er will. Was gibt ihm das Recht, uns unsere unschuldigen Vergnügungen zu mißgönnen? Kann ich dafür, wenn Du mich wie rasend liebst? Ja — kannst Du selbst dafür? Doch wohl nicht. Wenn überhaupt jemand etwas dafür kann, dann wohl höchstens die Götter. Aber Publius ist kein Gott und hat nicht das Recht, den Willen der Götter zu durchkreuzen. Wenn er das wirklich tut, werden die Götter ihn mehr bestrafen als er uns, so hart die Strafe auch ist, die er über uns verhängt.
Jedenfalls hat er sich unmöglich benommen. Wenn ich in bezug auf einen älteren Mann unmöglich sage, meine ich lächerlich. Er änderte plötzlich seine Reiseroute und kam gestern, mitten in der Nacht, zu mir. Einmal war es schon rachsüchtig, Decimus und die andern verhaften und wegschleppen zu lassen. An-

geblich wegen einer Verschwörung. Decimus war so dämlich und hat im Club eine Erklärung von unsern Freunden unterzeichnen lassen, in der sie sich mit ihrem Blut verschwören, meine Adoption zu beschleunigen. Dieser Idiot ... Er hat den Wisch in seiner Wohnung liegen lassen, wo er natürlich von der Polente gefunden wurde. Nun hat er die Quittung, und ich kann sehen, wie ich die Burschen wieder heraushaue. Aber unter uns gesagt, mein Kleiner – deshalb sind sie in Wahrheit nicht verhaftet worden. Die Erklärung war nur ein guter Vorwand, Dich und auch mich zu bestrafen, weil wir uns mit den Jungs zu gut amüsiert haben. Ich will Dir sagen, was es war: Eifersucht, nichts als pure und gemeine Eifersucht! Er hat sich wohl denken können, daß wir hier nicht bloß Oden an den Mond gesungen haben. Es machte ihn nur rasend, daß er selbst nicht dabeisein konnte. Ich kenne doch die alten Herren ...
Mit dieser Verhaftung wollte Bart-Publius vor allem Dir einen Schreck einjagen. Mir konnte er nichts tun, aber Dich wird er jetzt noch mehr isolieren als bisher. Du wirst mir öfter schreiben müssen, wenn Du etwas auf dem Herzen hast, was Du ihm nicht sagen willst. Einverstanden? Du bist damit ja nicht ausgefüllt, immer nur an ihn zu denken und seine bescheidenen Freuden zu teilen. Er braucht nur Erholung und Entspannung nach einem Arbeitstag. Er kann oder will nicht sehen, daß ein junger Mensch vor allem Freiheit braucht, wenn er sich entwickeln soll. Gestern, während unserer vierstündigen Unterredung, kam er mir vor wie ein boshaftes altes Weib, das niemandem mehr gönnt, als es sich selbst noch zutrauen kann. Er weiß gar nicht mehr, daß es Stunden gibt, die man nicht »plant«, und daß sie die schönsten sind. Selbst wenn er behauptet, glücklich zu sein und alles vergessen zu haben, weiß er doch genau, wie er in diese Situation gekommen ist und welche Folgen sie für ihn und seinen Partner haben wird. Für ihn ist auch das angebliche Vergessen ein vorbedachtes Glied in der Kette seiner Taten und Erinnerungen, während es für uns Junge das Leben selbst ist. So ehrenvoll es ist, Freund des Kaisers zu sein – ein Vergnügen ist es nicht.
Ich muß jetzt nach Rom zurück zu meiner Frau. Durch die Eheschließung hat sie das Recht erworben, mich gelegentlich zu sehen. Sie will von mir hören, daß ich stolz darauf bin, in ihr die Mutter meines künftigen Sohnes zu sehen. Da ich weiß, daß Du nicht eifer-

süchtig bist, sage ich Dir: Ich bin stolz darauf! Eine Frau ist kein Mann, und ich danke der Natur, weil sie es so eingerichtet hat, daß wir in beiden etwas anderes lieben können.
Einen Rat will ich Dir noch geben: Schicke Kalos und Marcus sofort weg, wenn sie noch bei Dir sind. Nicht, daß ich sie Dir mißgönnte, im Gegenteil – sie heilen Dich von Deinen Komplexen. Aber wenn Publius sie bei Dir findet, läßt er sie womöglich in seinem augenblicklichen hysterischen Zustand verhaften oder sogar hinrichten.
Gib diesen Brief meinem Boten gleich wieder zurück. Deine nächsten Briefe schicke bitte an meine römische Anschrift.

VIII

An Quintus Flaminius, Stadtpräfekt von Capua (geheim)

P. Aelius Hadrianus Caes. Imp. ordnet hiermit folgendes an:
Die beiden Reisebegleiter des Edlen Antinous, der sich auf dem Wege nach Tauromenium (Sizilien) befindet, sind ständig unauffällig zu überwachen. Es handelt sich um einen vermutlich in Cumae wohnhaften Knaben namens Kalos und um den Retiarius Marcus aus Rom. Die Überwachung wird vom Stadtpräfekten persönlich als Kommandant einer ihm als geeignet erscheinenden Anzahl seiner Leute geleitet. Die Handlungen und Wege beider Personen sind Tag und Nacht zu kontrollieren. Bei Aufenthalten in Privathäusern sind die Eingänge zu überwachen. Sollten sich Kalos oder Marcus oder beide von der Gesellschaft des Edlen Antinous trennen, sind sie/er vorläufig festzunehmen und nach Messana (Sizilien) zu bringen. Die Festnahme hat ohne Gewaltanwendung zu erfolgen; während des Transportes ist den/dem Gefangenen jeder Schutz und jeder Wunsch zu gewähren. Über die gemachten Beobachtungen bzw. getroffenen Maßnahmen wird ein schriftlicher Bericht durch Sonderkurier nach Tauromenium erwartet. Höchste Eile ist geboten, da die Reisegesellschaft bereits einen Vorsprung hat.

Gegeben am 31. Juli in Puteoli

IX

*P. Aelius Hadrianus an L. Ceionius Commodus in Rom —
Auf See, 2. August*

Dieser Brief geht an Deine römische Anschrift. Ich nehme an, daß Du meiner Bitte entsprochen hast und zu Deiner Frau zurückgekehrt bist. Dich wird kaum interessieren, daß ich eine ruhige Überfahrt bei fast völliger Windstille habe. Der Zweck meines Schreibens ist ein anderer: Ich kenne Deinen Fehler nur allzu gut, bei längeren Gesprächen nur halb hinzuhören und damit die Kernpunkte einer Unterhaltung nicht zu erfassen. Deshalb werde ich den Inhalt unserer nächtlichen Unterredung in Baiae noch einmal kurz umreißen.

Ich bin nicht der allwissende und jenseits jeder Kritik stehende Kaiser. Ich besitze die gleichen Gefühle, die Ihr mir nicht mehr zugestehen wollt, da Ihr offenbar der Meinung seid, ein Mann meines Alters dürfe keine Gefühle mehr haben. Falls er sie habe, müsse er sie unterdrücken, um ständig in den Augen seiner Umwelt als so eine Art von unerreichbarem Gott dazustehen. Nur aus dieser Tatsache erklärt sich mein Besuch in Baiae. Wenn ich wirklich ein Gott wäre, hätte ich Dich nicht zu besuchen brauchen. Ich hätte den Befehl zur Verhaftung Deiner Freunde auch in meinem Amtszimmer in Capua geben können, während Du mir Deine Aufwartung machtest. Aber ich wollte Dir eine Chance geben. So kam ich in Dein eigenes Haus und begab mich mitten unter die, die ich am allerwenigsten zu sehen wünschte.

Aber Ihr begriffet nicht, worum es ging. Ich hatte Angst vor der schrecklichen Wahrheit. Nichts zeigt besser die Unwürdigkeit Deiner Freunde, als daß sie mich mit trivialen Gladiatorenwitzen und sogar mit Tänzern ablenken wollten. Merktet Ihr denn nicht, daß sich mein Herz in Aufruhr befand? Oder hieltet Ihr mich gar für so dumm, daß Ihr annahmt, ich wüßte nicht, was sich während meines Aufenthaltes in Rom in Baiae und Puteoli zugetragen hatte? Meine Gutmütigkeit aber siegte wieder über meine berechtigte Absicht, Euch auf der Stelle zu bestrafen.

Ich sehe schon, wie Du jetzt lächelst, Lucius ... Du glaubst Dich meiner Zuneigung so sicher, daß Du Dir dieses Lächeln erlauben kannst. Was sagtest Du mir doch, nachdem wir die Gesellschaft verlassen hatten und in Dein Zimmer gegangen waren? Erinnerst Du Dich? »Publius – wir werden immer Freunde bleiben. Ich weiß nicht nur, daß Du es mir versprochen hast; ich weiß auch, daß Du gar nicht anders kannst.« Was sollte denn das heißen? Meinst Du, ein Mann meines Alters hänge so sehr an seinen Erinnerungen, daß er nicht mehr fähig ist, sich durch einen groben Schnitt für den Rest seines Lebens davon zu trennen? Hältst Du mich womöglich schon für so alt, daß ich lieber eine zehnmal verratene Freundschaft pflege, ehe ich mich dem Nichts ausliefere?

Ich warf Dir vor, Du seiest nur nach Rom gekommen, um Deine Adoption zu erzwingen. Ich wußte nicht, daß Du Dich vorher schon mit Antinous verabredet hattest. Wärest Du bei der Wahrheit geblieben ... Ich wäre nicht erfreut gewesen, aber vielleicht hätte ich Dich verstanden. Doch was sagtest Du? »Ich bin aus freien Stücken nach Rom gekommen. Ich hatte das Gefühl, Du brauchtest jemanden, der Dich trösten kann.« Von Antinous sagtest Du nichts. Ich war vollkommen arglos. Mein Mißtrauen erwachte erst, als Du so plötzlich abreistest. In diesem Augenblick fielen mir allerdings auch die Vorkommnisse im Club wieder ein.

Weißt Du, mein lieber Lucius – ich bin kein Jüngling mehr. Worten stehe ich sehr skeptisch gegenüber. Nur das, was sich vor meinen eigenen Augen und Ohren abspielt, ist real für mich. Alles, was sonst noch gesprochen oder geschrieben wird, kann Wirklichkeit werden, muß es aber nicht. Meine Erfahrung sagt mir, daß das meiste *nicht* wahr ist. Man braucht nicht unbedingt zu lügen, um die Unwahrheit zu sagen. Man braucht nur das, was man sagt, aus dem Zusammenhang zwischen Vergangenheit und Zukunft zu reißen. Man braucht nur einem augenblicklichen Wunsch oder Gefühl nachzugeben, und schon lügt man nicht und spricht doch nicht die Wahrheit. Das war im gleichen Augenblick klar, als Du die Chance verspieltest, die Dinge nachträglich ins rechte Licht zu rücken. Du bliebst bei der einmal vorgefaßten Unwahrheit, und darum ließ ich Deine Freunde verhaften.

Ich sah, wie Du blaß wurdest, als der Tumult im Hause losbrach und Q. Flaminius eintrat und Vollzug meldete. Du hast sogar Wein verschüttet, was Dir noch nie geschehen ist, solange wir uns kennen. Und wir kennen uns lange, Lucius. Dann fragte ich Dich rund-

heraus nach Antinous. Du sagtest, er sei in dieser Woche förmlich aufgelebt und ein ganz anderer geworden. Du ahnst vielleicht, welchen Schmerz Du mir mit dieser leicht hingeworfenen Bemerkung zufügtest. Aber da es nun schon einmal schmerzte, fragte ich weiter: ob Ihr beide die Nächte miteinander verbracht habt. Du wichest aus: So könne man es nicht sagen; Antinous sei immer lustig und kein Spielverderber gewesen.
Ich trank, denn ich fühlte, daß ich blaß war. Dann zog ich den Polizeibericht aus dem Gürtel. Das war überflüssig, denn es gab Dir nur die Möglichkeit, mich zu allem auch noch zu beschimpfen: Ich sei krankhaft eifersüchtig, mische mich in fremde Angelegenheiten und halte mich nicht für zu schade, für meine privaten Verdächtigungen die Dienste der Geheimpolizei in Anspruch zu nehmen. Du sprangst hoch, liefst im Zimmer herum, schlugst die Fäuste gegen die Stirn und schriest ein paarmal: »Oh – ich Idiot! Ich Idiot! Solchem Menschen habe ich Vertrauen geschenkt! Einen solchen Menschen habe ich Freund genannt! Für einen solchen Menschen war ich bereit, zu heiraten und ein neues Leben zu beginnen! Ein Mensch, der sich nicht schämt, seine eigenen Begierden andern vorzuwerfen!«
Es gelang Dir vorzüglich, mich ins Unrecht zu setzen. Du nutztest meinen Schmerz aus, versuchtest, mich zu einem Ausbruch hinzureißen, den ich nicht wieder gutmachen könnte. Ich sah die Schule der Rhetoren, die ich Dir schickte. Jeder Zuhörer auf dem Forum hätte Dir in diesem Augenblick geglaubt, und ich wäre vielleicht als der Geschlagene abgezogen, wenn ich geantwortet hätte. Doch ich ließ Dich weitertoben. Es gibt keine bessere Möglichkeit, einen einmal begangenen Fehler zu korrigieren, als zu warten, bis der aufs äußerste gereizte Gegner nunmehr selbst zu weit geht.
Und Du fuhrst fort, ich zitiere Dich: »Jawohl, wenn du es schon hören willst, und die Götter wissen, warum — ich habe mit Antinous geschlafen! Einige Male sogar, falls es dich beruhigt! Bei Gelegenheit hätte ich es dir selbst erzählt, denn ich bin dir gegenüber immer ehrlich gewesen. Aber du zogst es ja vor, uns bespitzeln zu lassen. Nun gut, wenn es dir Freude macht, einen amtlichen Bericht über unsern Beischlaf zu haben — ich kann dir nur sagen, es war wunderbar. Ich habe nie gewußt, was in deinem kleinen Antinous alles steckt. Aber er liebt mich eben. Wahrscheinlich hat er in sei-

nem Leben noch nie so geliebt, seine Liebe war so groß wie einst die meine zu dir. Ja – die Zeiten ändern sich, mein großer Publius! Aber ich weiß nicht, ob unser Verhältnis jetzt noch so bleiben kann, wie es war. Ich habe an dich gedacht – jawohl! Ich habe Antinous an die Treue erinnert, die wir dir beide schuldig sind. Aber er war es, der mich begehrte, der mich bedrängte, mich von den andern fortzog und den ich getötet hätte, wenn ich kühl geblieben wäre. Wir hatten beide Wein getrunken, viel zuviel Wein ... Auch ich bin nur ein Mann, und ein junger dazu. Ich hätte dich in dieser Lage sehen wollen, Publius ... Was geschah vor der berühmten Senatserklärung auf dem Palatin, als Du mir verbotest, zu meiner Frau zu gehen? Sollte ich grausamer sein als du? Sind wir drei nicht alle miteinander verbunden? Hast du nicht einmal gesagt, daß wir Geist deines Geistes sind? Hast du vergessen, daß echte Freundschaft keine Grenzen kennt? Hast du nicht selbst gesagt, daß man dem Liebenden der Geliebte sein muß, wenn man ihn nicht töten will? Sollte ich Antinous die Zärtlichkeit verweigern, nach der er verlangte und die aus ihm einen andern Menschen machte? Weißt du nicht, daß eine Jugend wertlos ist, die man nicht liebt?«

Ja, Lucius, so sprachst Du. Ich ließ Dich ausreden, und jedes Wort saß tief. Ich sah gar nicht mehr Dich – ich sah nur noch Antinous. Einen Antinous, der sich an Dich drängt, der in einer einzigen Nacht Dir seine ganze Seele und alle Geheimnisse seines Körpers anbietet. Ich sah ihn so, wie ich ihn noch nie gesehen habe und wohl auch nie sehen werde. Und ich war so grenzenlos traurig über das, was ich nie besaß und nie besitzen werde, daß ich am liebsten wortlos aufgestanden und hinausgegangen wäre. Nicht, um mich zu töten, sondern nur, um die Ruhe zu finden, die ich brauchte, um mich mit dem Zusammenbruch meiner Ideale abzufinden. Statt dessen blieb ich sitzen. Es waren nicht Deine Worte, die mich hielten. An sie glaubte ich damals so wenig wie heute. Es war die Leidenschaft, mit der Du in überzeugender Weise eine scheinbare Wahrheit verkünden konntest und deren nur jemand fähig ist, der im Vollbesitz seiner unanfechtbaren Jugend ist. Die Gewißheit ewiger Jugend, die nur ein wirklich junger und in dieser Hinsicht unreifer Mann haben kann, gibt ihm die nötige Überlegenheit über den Älteren. Und das, obwohl der Ältere dem Jungen sichtbar vor Augen führt, daß wir alle unsere Jugend verlieren. Die Unfähigkeit

des Jungen, die erste kleine Falte in den Augenwinkeln und das erste weiße Haar in die Zukunft zu projizieren, gibt ihm die Sicherheit, die den Charme der Jugend ausmacht.
Ich wußte, daß Du nicht die Wahrheit sprachst. Aber ich hatte Dir nichts mehr zu sagen. Selbst wenn ich bewiesen hätte, daß Du der Verführer warst... Was hätte ich ändern können! Ich hätte mich sofort von Dir trennen müssen. Aber was tatest Du, noch bevor ich einen Entschluß faßte? Du warfst Dich rückwärts aufs Ruhebett und batest mich, in dieser und auch in den folgenden Nächten bei Dir zu bleiben! Du ließest frischen Schnee, anderen Wein, Honig und Wasser bringen und beschworst alte Erinnerungen. Und Du machtest mir Vorschläge, die sich auf unsere gemeinsame Zukunft bezogen und in denen Antinous keine Rolle spielte. Du brachtest es fertig, in einer Weise zu lächeln, die ich an Dir schon seit fast zehn Jahren nicht mehr bemerkt hatte. Du umschlangst und küßtest mich. Aber Deine Lippen waren kalt und trocken, Lucius. Das wußtest Du nicht. Deine Augen schienen zu lächeln, aber es waren gar nicht die Augen, die lächelten – es war die Gesichtshaut um die Augen herum, die sich in kleine Fältchen legte. So lächeln die Damen in Gesellschaft, um nicht frühzeitig zu altern. Und ich – ich dachte daran, daß Du mich vielleicht sofort in den Tiber werfen würdest, wenn ich erst tot und Du Kaiser wärst...
Ich freue mich, daß ich noch vor Morgengrauen fortging und den kurzen Schlaf auf dem Schiff Deiner falschen Lüsternheit vorzog. Ich habe Dir beim Abschied Geld gegeben. Ich schätze es nicht, daß Menschen Schulden haben, die im Zusammenhang mit meinem Namen genannt werden. Aber ich erwarte, daß ich die Summe zum Jahresende zurückerhalte, wenn die Zinszahlungen fällig sind. Außerdem erwarte ich, daß Du keine Briefe mit Antinous wechselst. Du kannst ihm am 21. November schreiben. Es ist sein Geburtstag. Schicke den Glückwunsch mit der für mich bestimmten Kurierpost. Ich hoffe, Du tust mir den Gefallen und grüßt Avidia von mir. Sie jedenfalls schätze ich.

X

Julia Balbilla an Claudia Crispina in Puteoli —
Rom, 2. August

Ich danke Dir für Deine wahnsinnig aufregenden Neuigkeiten, liebste Freundin, die ich in Teilen der Augusta mitgeteilt habe, was Du mir sicher verzeihen wirst. Denn wir sind jetzt Augusta! und ein kleines Lichtchen fiel auch auf mich, da ich mich jetzt »Edle Herrin« anreden lassen darf, und zwar seit der Tempelweihe, die, wie ich vorausgesagt habe, mit Sabinas Ehrung verbunden war. Aber was nützen alle schönen Titel, wenn der Kaiser abgereist ist und wir kaum in Gesellschaft gehen, weil die Stadt um diese Jahreszeit wie ausgestorben ist und wir hier oben wie Vestalinnen leben, jedenfalls wie Vestalinnen, die sich so verhalten, wie es Vorschrift ist, nämlich keusch. Aber leider sind wir keine Vestalinnen, und die schönen Titel verkürzen uns die Nächte nicht, höchstens Tranquillus, aber der redet auch nur. Und dem Kaiser wird es auch nicht viel besser ergehen, denn eines kann ich Dir mit ziemlicher Sicherheit sagen, liebste Claudilla: Zwischen ihm und dem Bithynier steht es nicht mehr so wie noch vor einem Jahr, denn der Kaiser hat einige Male mit meiner Herrin über den Jungen gesprochen, was er früher nie tat, und das allein muß schon einen Grund haben. Und nun schreibst Du auch noch, daß Lucius und Antinous sich öffentlich gezeigt haben, noch dazu in der Kaiserloge, offenbar doch recht intim, wenn ich Dich richtig verstanden habe? Genügt das nicht, um meine Vermutung zu bestätigen, die ich schon in meinem letzten Brief andeutete? Ja — man muß nur ein bißchen nachdenken, und das Beste hieran ist noch, daß ich meine Herrin noch nie so jung gesehen habe wie in den Tagen vor des Kaisers Abreise, was wiederum beweist, daß man sofort jung wird, wenn man nur glücklich ist, so daß ich fast sagen möchte, die jungen Leute sehen nur deshalb so jung aus, weil sie sich immer glücklich fühlen, und wir sind alt oder — älter, weil wir zu viel nachdenken.

Meine bedauernswerte Herrin ... Denn es war ein kurzes Glück, und der Kaiser hat es nicht einmal der Mühe für wert gefunden, sie nach ihrer Erhöhung noch einmal zu besuchen, sondern schickte ihr nur ein kleines Zettelchen und wird sich bestimmt mit seinem Liebling treffen, und wenn sich dieser Liebling auch noch so unmöglich benommen hat. Wahrscheinlich gibt es noch einen fürchterlichen Krach deswegen, und in diesem Falle hättest Du gar nicht so geheimnisvoll tun sollen, liebe Claudia, denn die Ehrung von Lucius als Caesar haben ja immerhin 80 000 Augen gesehen und auch den Bithynier mit seinen neuen Freunden. Nun bin ich wirklich gespannt, ob der Kaiser Lucius bestrafen wird, der ja doch bestimmt die treibende Kraft war, denn der Bithynier ist ein unbedarfter Junge, der sich geistig kaum entwickelt hat, seit wir ihn bei uns haben, und der mehr in Träumen als in der Wirklichkeit lebt (was in seiner Situation nicht einmal das Schlechteste ist).

Aber vorläufig scheint Lucius nichts geschehen zu sein, denn ich machte heute früh seiner Frau, der armen Avidia, meine Aufwartung, und sie erzählte mir, daß er zuversichtliche und vergnügte Briefe schreibt wie eh und je und daß er bald nach Rom kommt, um sich um sie zu kümmern, was ich ihr von Herzen gönne, denn sie liebt ihn unbändig und verzeiht ihm immer alles, was er auch tut. Und da spiele ich jetzt ausdrücklich auf seine Beziehungen zu einer bewußten Person an, obwohl schon der Gedanke allein Hochverrat sein kann, was auch meine Herrin andeutete, denn seitdem der Kaiser die Organisation der Polizei so »großartig« ausgebaut hat, kann man gar nicht vorsichtig genug sein. Glaube mir, liebste Claudilla, wenn ich höchstpersönlich zum Sklavenhändler gehe und mir eine neue Friseuse oder Badewärterin aussuche und sie vom Fleck weg kaufe, ohne ihr noch einmal Gelegenheit zu geben, mit irgend jemandem zu sprechen, so weiß ich doch nicht, ob sie nicht im Dienst der Geheimpolizei steht oder spätestens in zwei Wochen von ihr bezahlt sein wird. So weit sind wir also schon gekommen, und schließlich kann ich mir nicht alle zwei Wochen neues Personal kaufen, denn die Preise für Sklaven steigen ununterbrochen, und zwar soll es daran liegen, daß jetzt kaum Kriege stattfinden und es also keinen Nachschub gibt, aber ich denke eher, es liegt daran, daß die Leute immer reicher werden und das Bedürfnis nach Luxus in einem Maße steigt, das ich in meiner Jugend noch für unvorstellbar hielt.

Ich schweife wieder einmal ab ... entschuldige. Dabei fällt mir übrigens ein, daß ich bei L. Cotilius Severus vor zwei Jahren kein mit Muränen besticktes Kleid trug, sondern das war eine gräßliche Per-

son mit Salznäpfen über den Brustknochen und rotblond gefärbtem Haar, ich komme jetzt nicht auf den Namen, aber besonders das Haar machte sie zum Abschießen häßlich. Was mich angeht – ich trug ein golddurchwirktes Seidenkleid, für das ich nach und nach mit allen Änderungen schließlich rund ein Talent bezahlt habe, und jetzt hängt es da, und wir gehen nicht aus, obwohl ich es bald wieder anziehen könnte, denn allmählich wird niemand mehr wissen, daß ich es schon einmal getragen habe. Ich bedanke mich also für Gallas Grüße, und sie muß mich unbedingt besuchen, wenn wir im Herbst noch in Rom sind, obwohl wir nichts sehnlicher wünschen, als möglichst bald vom Kaiser nachgeholt zu werden, denn es ist furchtbar langweilig hier. Gelegentlich gehen wir ins Theater, aber die besten Schauspieler sind überall in der Provinz auf Gastspiel, und Premieren finden überhaupt nicht statt. Die Blätter an den Bäumen sind schon ganz matt, da es nicht regnet, und ständig liegt über der ganzen Stadt eine dichte Staubwolke, die niemals aufreißt, weil es auch windstill ist, die Straßen sind mit Touristen vollgestopft, die sich überall hinschieben und alles besichtigen, was nicht gerade aus Holz gebaut ist, so daß man sich als Fremder in der eigenen Stadt vorkommt, was gar nicht nötig wäre, denn wir könnten ja auch für ein paar Tage aufs Land gehen, aber wahrscheinlich hofft die Augusta noch immer, wenn schon nicht auf die Rückkehr des Kaisers, so doch wenigstens auf Briefe, möglichst täglich.
Morgen haben wir übrigens C. Suetonius Tranquillus zu Tisch, nachdem er ein paar Tage lang wie vom Erdboden verschwunden war, so daß wir glaubten, der Kaiser habe ihn tatsächlich auf seine Güter geschickt, wie es ja immer so schön heißt, obwohl Tranquillus gar keine hat, glaube ich.
Neuerdings kann ich schlecht schlafen, und die Ärzte meinen, ich sei noch zu jung und ich habe nicht die meiner wirklichen Jugend angemessene Beschäftigung, aber wenn Du zum Arzt gehst, liebste Claudilla, vergiß nie, daß *wir* es sind, die sie bezahlen, denn sie verkaufen Gesundheit wie andere Salat, und hast Du schon einmal einen Salathändler erlebt, der seine Kohlköpfe nicht für die frischesten und gesündesten der Welt gehalten hätte? Mag Sueton auch alt geworden sein, er wird die Herrin auf andere Gedanken bringen, und es steht außer jedem Zweifel, daß er ein Mann ist, und Du weißt recht gut, was ich damit meine, liebste Freundin.

Ich habe Julina von Deinem letzten Brief erzählt, weil ich nicht wagte, ihn ihr vorzulesen, besonders wegen dieser freien Stelle nicht, wo Du über die körperlichen Vorzüge von Marcus sprichst, aber als ich ihr sagte, daß Marcus gesund und unverletzt ist, genügte es schon, sie in Tränen ausbrechen zu lassen, und sie zog sich anschließend in ihr Zimmer zurück. Wäre ich selbst noch so jung wie sie, würde ich sagen, es sei die ganz große Liebe, aber heute weiß ich, daß es etwas ganz anderes ist, denn Julina ist noch unberührt, da ich immer sehr achtgegeben habe. Aber sie soll noch etwas warten, und vor allen Dingen möchte ich nicht, daß sie Marcus heiratet, und deshalb habe ich mir auch nicht verkneifen können, ihr mitzuteilen, daß ihr geliebter Marcus im Anschluß an den Kampf in die Loge des Lucius und Antinous gebeten wurde und mit ihnen auch fortging, wobei ich hinzufügte, daß die jungen Männer auch die Nacht zusammen verbracht haben. Durch diese sehr hintergründige Andeutung wollte ich ihre Leidenschaft abkühlen, aber was denkst Du, was sie mir geantwortet und mir damit gezeigt hat, daß sie vielleicht doch weiter ist, als ich dachte? Sie sagte: »Was sollen die armen Burschen denn auch anderes tun, wenn sie kein Mädchen haben, das sie wirklich lieben?« Na, ich kann Dir sagen, Claudia, ich war nicht gerade untröstlich, als meine Julina sich nach diesem Ausspruch in ihr Zimmer zurückzog, um dort zu weinen oder ihr Tagebuch vollzukritzeln, denn was hätte ich darauf noch antworten können?
Schreib bald oder besser – komm.
Postscriptum.
Ich habe ein Gedicht über die Frauen geschrieben, deren Schicksal es ist, allen Kummer der Menschen auf sich zu nehmen, da die Natur sie dazu bestimmt hat, sich hinzugeben, und weil selbst ihre glänzendsten Eroberungen nur dazu führen, erst recht vom Willen der Männer abhängig zu werden. Ich schrieb wie immer im äolischen Dialekt, den ich sehr schätze, und habe in diesem Gedicht das sapphische Versmaß verwandt, das schon vom Rhythmus her meine Gedanken am besten zum Ausdruck bringt. Ich würde Dir gern eine Abschrift schicken, liebste Claudilla, aber ich muß Dir doch einige mündliche Erklärungen geben, weil einige sehr seltene Ausdrücke darin vorkommen. Ich bin gespannt, wie Sueton das Gedicht beurteilt.

XI

Aus dem Tagebuch der Sabina — Rom, 4. August

In diesem Jahre werde ich zweiundvierzig. Wie es heißt, macht die Entwicklung in allen durch sieben teilbaren Jahren einen Sprung. Als ich vierzehn war, entdeckte ich, daß mein Mann die Fähigkeit und körperlichen Voraussetzungen besaß, Glücksgefühle oder besser — Lustgefühle in mir zu wecken. (Das wird häufig verwechselt.) Er selbst war noch so jung, daß mir nicht zu Bewußtsein kam, wie unwesentlich die körperlichen Merkmale sind, wenn es darum geht, den Unterschied zwischen Mann und Frau zu erklären. Damals schienen mir noch die physischen Besonderheiten das Wesentliche zu sein.

Erst mit einundzwanzig fand ich heraus, daß ein Mann eine gänzlich andere Art zu denken als die Frau hat. Wenn ich eine Beobachtung machte oder einen Gedanken aussprach, knüpfte er regelmäßig eine andere Schlußfolgerung daran als ich. Um ganz banal zu sein: sagte ich, das Wetter sei schön, so dachte ich daran, daß man eine Ausfahrt unternehmen, vielleicht auch ins Theater gehen könne. Er bestätigte zwar meine Beobachtung, dachte jedoch daran, daß es lange nicht geregnet habe und es wohl nötig sei, einige staatliche Getreidespeicher zu öffnen, um den Weizenpreis unten zu halten. Wurde uns von Bekannten ein Kind vorgestellt, das sich durch Schönheit auszeichnete, fand er das Kind zwar auch hübsch, überlegte jedoch im gleichen Augenblick, zu welcher Laufbahn es sich wohl eigne, und versuchte, anhand der Lebensgeschichten der Familienmitglieder herauszufinden, ob dieser Junge ein Künstler, Militär oder Politiker werden könne; bei kleinen Mädchen allerdings begnügte er sich damit, dem Kind übers Haar zu streichen, und gab keinen Kommentar ab.

Mit achtundzwanzig machte ich eine neue Entdeckung: Ich fühlte mich nicht mehr jung. Ich bemerkte, daß die jungen Töchter unserer Freunde eine andere Sprache redeten als ich, und als ich sie nachzuahmen versuchte, sah man mich erstaunt an. Ich stellte fest, daß ich für meine tägliche Toilette wesentlich mehr Zeit brauchte, und es fiel mir auf, daß die Männer öfter als je versicherten, ich sei schön und geistreich. Also — so folgerte ich — kommt es den Männern nur auf die Schönheit der Frau an, die ihr Kapital ist, das sie zwar nicht mehren kann, das sie aber so lange wie möglich erhalten muß. Also sind wir gezwungen, möglichst viele Männer kennenzulernen, um uns immer wieder bestätigen zu lassen, daß wir schön sind. Denn vom eigenen Mann erhalten wir diese Bestätigung nur noch in jenen seltenen Augenblicken, in denen seine Begehrlichkeit aufflammt. Ich durfte von Glück sagen, daß sich mein Mann nicht von mir scheiden ließ, wie es so viele Männer tun, die ihre erste Frau nicht mehr begehren. Wenn Publius dennoch bei mir blieb – und ich denke, er wird sich nie von mir scheiden lassen –, so habe ich es dem Umstand zu »verdanken«, daß sich seine Begehrlichkeit zwar auch in zunehmendem Maße auf andere, aber eben nicht auf Frauen richtete.

Mit fünfunddreißig hatte ich mich endgültig damit abgefunden, daß die Frau noch geboren werden muß, die einem Mann in hoher Position all das geben kann, was er braucht. Er war nun Kaiser und achtete immer darauf, daß meine Stellung als seine Frau unantastbar und über jeden Zweifel erhaben blieb. Ich muß Julia ewig dankbar sein, daß sie mich von unserm unabänderlichen Schicksal als Frauen überzeugte, das darin besteht, männliche Hoffnungen zu unterstützen, männliche Wünsche zu erfüllen und männlichen Zorn zu besänftigen, wenn wir einigermaßen ruhig und womöglich glücklich leben wollen. Und darüber hinaus hatte ich mir sogar angewöhnt, über die Taktlosigkeiten hinwegzuhören, die darin bestanden, seinen Seelenkummer auszubreiten, wenn er sich wieder einmal enttäuscht glaubte. Es waren sieben harte Jahre, Jahre, in denen ich begann, Gedichte zu schreiben, die mir wenigstens ein kleines eigenes Fleckchen in meinem Leben sicherten. In dieser Zeit lernte der Kaiser Lucius kennen, damals noch fast ein Knabe, aber schon mit allen Anzeichen für seinen Hang zur übertriebenen Eleganz und für äußere Wirkung. Es gab Situationen, die an die Grenze des Erträglichen reichten, und die Folge waren dutzendweise mehr oder minder deutliche Anträge von den jungen Lebemännern der römischen Gesellschaft, die sich sicher glaubten, da der Kaiser meist auf Reisen war. Sie nahmen meine unbestrittene Schönheit zum Vorwand, meine Nähe zu suchen und Vorteile für ihre Karriere herauszuschlagen.

Aber manche rühmten auch meinen Verstand und meine gewählte

Art zu sprechen. Mit anderen Worten — man ging langsam dazu über, auch männliche Eigenschaften an mir festzustellen. Vor allem Tranquillus war es, der immer wieder davon sprach und es mich schließlich selbst glauben ließ. Aber war es ein Wunder, daß ich nicht nur fühlte und litt, sondern auch reflektierte? Hatte ich nicht mit Recht damit begonnen, jede meiner Gesten und Worte im voraus auf ihre Wirkung hin zu planen? War ich nicht nur noch freundlich, wo ich rechnen durfte, Dank dafür zu ernten? Gab ich nicht nur noch, wo ich auf eine Gegenleistung hoffte? Lächelte ich nicht nur noch, wo das Lächeln angebracht war? Hatte ich die Unbefangenheit endgültig verloren, einfach nur zu geben, ohne nach dem Lohn zu fragen ...?

Ja — ich hatte. Endgültig klar darüber wurde ich mir, als der Kaiser diesen Bithynier kennenlernte, dem er so viel an Herz schenkte, daß es für ein Dutzend Frauen ausgereicht hätte. Für mich blieb nichts. Wenn er mich früher noch ins Vertrauen gezogen, mir seinen Kummer und seine Enttäuschungen gebeichtet hatte, so unterblieb das nun auch. Er wähnte sich ja glücklich...!
Ich war »an seiner Seite«, ich bewegte mich in den vorgeschriebenen Bahnen, die eine noch immer intakte Ehe vortäuschen sollten, aber ich war nur noch eine Figur, die sich in nichts von einem treuen General, einem tüchtigen Stadtpräfekten oder einem Beamten unterschied, der gegen gute Bezahlung seine Pflicht tut. Und wie all diese, begann ich, den Kaiser nur noch als Kaiser und nicht als Mann und Gatten zu betrachten. Julia warf mir einige Male vor, ich ließe es an Einfühlungsvermögen und Liebe fehlen. Bei den Göttern — welche Liebe sollte ich denn noch aufbringen! Sollte ich lieben wie ein Säulenheiliger, der hungernd auf einem Turm sitzt und an die nächste Mahlzeit denkt, oder wie die Christen, die in den Himmel starren und dort etwas zu lieben vermeinen, was sie nicht sehen und nie sehen werden? Ich kann und werde mich nicht damit abfinden, daß es Liebe geben soll, die nicht eines Tages belohnt wird, und zwar hier auf Erden und zu meinen Lebzeiten. Ich fühle mich nicht schuldig, wenn behauptet wird, ich sei kalt und herzlos. Es müßte nicht sein. Mag Julia auch tausendmal behaupten, eine Frau könne mehr ertragen, als man denkt — ich meine, es gibt eine Grenze. Und sie liegt genau dort, wo die Frau klar erkennt, daß ihr ganzes Leben nur Entsagung und unbelohnte Hingabe sein soll.

Einige Tage lang war der Kaiser so zu mir, wie er sein ganzes Leben hätte sein müssen. Ich schloß die Augen und forschte nicht nach dem Grund, obwohl es leicht gewesen wäre, ihn zu erkennen. Ich wollte ihn nicht wissen, weil ich hoffen wollte.
Aber ich öffnete die Augen sehr bald, denn der Kaiser reiste ab und sprach nicht einmal andeutungsweise von einem Wiedersehen. Er hat mich zwar zur Augusta erhoben, aber er hielt es nicht mehr für nötig, mich im Anschluß daran noch einmal zu besuchen. Er nahm wohl an, daß mich mein neuer Titel in Zukunft genügend beschäftigen werde, um mich von allen anderen Gedanken abzulenken. In den ersten Tagen nach seiner Abreise war ich wie vor den Kopf geschlagen und ließ willig und stumm Julias Tröstungsversuche über mich ergehen. Sie erzählte von ihrem eigenen Kummer, der darin besteht, daß ihre Tochter einen Gladiator liebt. Keiner Frau in unserm Alter erginge es anders: wir hätten alle unser Päckchen zu tragen. Aber ich könne mich immerhin mit dem Gedanken trösten, Kaiserin zu sein und alle Hilfsmittel und Reichtümer des Imperiums zur Verfügung zu haben. Ich brauche nur den Wunsch auszusprechen und könne alles erlangen, was das Leben schön mache: Bequemlichkeit, Luxus, Reisen, geistreiche Menschen ... es gäbe keine Grenze nach oben und – nach unten. Als ich schließlich einwandte, daß ich gehofft hatte, gelegentlich, auch in reiferen Jahren, geliebt zu werden, sagte Julia, daß sich diese Hoffnung an den wenigsten Menschen erfülle. Ich solle dankbar sein, daß mir das Schicksal Reichtum und eine hohe Stellung beschert habe, denn so würde es mir sehr leichtfallen, mich über meine unerfüllbaren Hoffnungen hinwegzutrösten. Ich solle bedenken, daß die meisten Frauen nicht nur vor den Trümmern ihrer Hoffnungen stünden, sondern zudem auch noch arm seien.
Für Frauen, die nicht denken gelernt haben, mag dieser Trost genügen. Sie ziehen sich schön an, lassen sich bewundern und stürzen sich von einem Vergnügen ins andere; wenn diese Vergnügungen nur scharf genug gewürzt sind, eignen sie sich anscheinend vortrefflich dazu, einem weniger differenzierten Gemüt die Freuden des Daseins vorzuspiegeln. Mir genügen sie nicht. Die meisten Männer meiner Freundinnen sind bereits impotent, und je seniler sie werden, um so mehr scheinen die Frauen aufzublühen.
Zwei Wochen werde ich noch warten. Ich werde mir berichten las-

sen, ob es dem Kaiser auch dieses Mal wieder gelingt, sich geliebt zu glauben, indem er dem Bengel mit schönen Worten zusetzt und ihn durch Zerstreuungen und Versprechungen aller Art daran hindert, sich einen Gleichaltrigen zu suchen, der ihm das Leben von einer Seite aufschließt, die zu ihm paßt. Es hat zwischen den beiden Verstimmungen gegeben — soviel ist sicher. Zwei Wochen warte ich also noch. Aber ich fühle jetzt schon, daß ich kein Mitleid mehr empfinden kann. Und das Mitleid wäre die letzte Möglichkeit gewesen, dem Kaiser wenigstens ein Gefühl entgegenzubringen. Ich habe Lucius mitgeteilt, daß der Kaiser unter Umständen auch den Bithynier adoptieren würde. Ich weiß ziemlich genau, wie Lucius diese Nachricht aufnehmen wird, obwohl ich selbst nicht daran glaube. Er wird nicht so dumm sein, nun seinerseits dem Kaiser wieder Liebe vorzuheucheln. Wirkliche Liebe richtet sich immer auf eine Person und macht für alle andern blind. Um eine Liebe zu töten, gibt es nur einen Weg: Der Geliebte selbst muß es sein, der sich vom Liebenden abwendet. Es nützt nichts, beide voneinander zu trennen, es nützt nicht einmal etwas, den Liebenden tausend andern Versuchungen auszusetzen. Der Liebende wird immer lieben, solange noch der Schatten einer Hoffnung besteht, wiedergeliebt zu werden. Ich selbst bin das Beispiel für diese meine Behauptung. Es kommt also darauf an, diese Hoffnung für alle Zeiten und unwiderruflich zu zerstören. Und das kann nur geschehen, wenn sich der Geliebte einem andern zuwendet, wenn ihn selbst die *Erinnerung* an seine frühere Liebe quält, wenn er nicht mehr wahrhaben möchte, was ihn einmal glücklich machte oder glücklich zu machen schien, mit andern Worten — wenn der Geliebte mit dem Blick auf die Zukunft seine Vergangenheit auszulöschen trachtet. Kurz — Antinous muß sich in einen andern verlieben.

Julia will erfahren haben, daß der Bengel dem Kaiser in Baiae und Puteoli untreu geworden sei. Ich bin heute nicht mehr geneigt, alles zu glauben, was sie mir erzählt, oft nur im Bestreben, mich zu trösten. Zwar besitzt sie einen praktischen Verstand und hat aus Bruchstücken von Nachrichten schon mehrere Male die Wahrheit zusammengesetzt, aber ebenso oft ist ihr schon die Phantasie durchgegangen. Sollte der Bithynier irgendeinem Lustknaben in die Hände gefallen sein — wenn schon... Es liegt doch auf der Hand, daß sie sich wie Schmeißfliegen um ihn geschart haben, als der

Kaiser nicht anwesend war. Darauf kommt es nicht an. Er muß sich verliebt haben, und nicht nur das ... Er muß lieben und *vergessen*. Er ist noch jung genug, um Erinnerungen begraben zu können, das grausamste Geschenk, das uns die Götter machten. Einzig die Primitiven, die nicht in der Hand der Götter sind, genießen das Glück, jeden Tag für sich zu sehen und nicht als Folge des vorausgegangenen und als Voraussetzung für den nächsten. Zwar ist der Bithynier simpel, aber nicht primitiv in diesem Sinne. Er muß von einer neuen Liebe befallen werden oder er muß sich, da er einsieht, daß es für ihn keinen Ausweg gibt – töten! Wenn das geschieht, werde ich sicher nicht die *Liebe* des Kaisers gewinnen, aber ich werde ihn vielleicht trösten können, und ich werde die Gewißheit haben, daß es niemanden mehr auf der Welt gibt, der mir etwas nimmt, was ich wenigstens theoretisch haben könnte.

XII

Vibia Sabina Augusta an P. Aelius Hadrianus Caes. Aug. Imp. in Tauromenium – Tibur, 5. August

Über Deine beiden Briefe habe ich mich sehr gefreut, denn sie beweisen mir Dein fortdauerndes Vertrauen. Die Erklärung habe ich dem Senat zugeleitet, der sie auf einer außerordentlichen Sitzung diskutieren und im Amtlichen Bulletin veröffentlichen wird. In allen Tempeln werden Dankgottesdienste abgehalten. Das offizielle Rom begibt sich heute zum Iupiter Capitolinus. Bitte – schilt mich nicht, wenn ich dieser Veranstaltung ferngeblieben bin. Ich glaube, Deinen Wünschen eher zu entsprechen, wenn ich den Göttern hier, in der Stille, in Deinem künftigen Haus, für Deine Errettung danke, denn ich bin der Mensch, der Dir vor diesem Anschlag am nächsten war...
Wenn Du gestattest, werde ich die Verhafteten im Gefängnis besuchen. Es interessiert mich nicht nur, wie Menschen aussehen, die es wagen, Deinem Willen vorzugreifen, ich hoffe auch Dinge zu erfahren, die im Gerichtssaal nie vorgebracht werden, Dir aber sehr nützlich sein könnten. Sollten irgendwelche Ressentiments im Spiele gewesen sein, so werde ich sie als Frau am ehesten erfahren.

Und noch etwas – ich möchte Dich vor vorschnellem Handeln bewahren: Beurteile Lucius nicht zu hart. Er hätte es vielleicht verdient, denn er hat es zu einer Entwicklung kommen lassen, die er verhindern konnte. Aber Du kennst ihn ja besser als ich – er gehört nicht zu den Menschen, die schon den Anfängen wehren. Darin liegt, wenn Du so willst, sogar ein wahrhaft nobler Charakterzug. Denn auch wir vertrauen auf die angeborene Trägheit der einfachen Menschen, die aus lauter Bequemlichkeit oft die Fäden nicht aufgreifen, die sie bei einiger Beharrlichkeit an ein höheres Ziel führen könnten. Du weißt doch – die meisten Pläne bleiben aus diesem Grunde in den Anfängen stecken, und es lohnt sich nicht, zu ihrer Abwehr irgendwelche Maßnahmen zu ergreifen. Und schließlich – sind es nicht gerade diese gewisse Nonchalance und das großzügige Denken, die Dir Lucius sympathisch machten und Dich bewogen, ihn als Nachfolger für geeignet zu halten? Die Festigkeit und das Verantwortungsbewußtsein werden mit den Jahren kommen.

Du bist möglicherweise nicht meiner Meinung. Und dennoch bitte ich Dich, die Überlegungen einer Frau zu durchdenken, die Du sicher nicht ohne Grund in eine Stellung gehoben hast, welche ihr das Recht zuerkennt, auch in Fragen der inneren Politik eine Ansicht zu haben. Du darfst davon überzeugt sein, daß ich nie ein Wort über Deine außenpolitischen Maßnahmen verlieren werde; denn davon verstehe ich nichts. Aber in der eben besprochenen Frage geht es um Deine persönlichen Angelegenheiten, und Du wirst mir nicht böse sein, wenn ich diese auch zu meinen erkläre.

Du bist bei guter Gesundheit, und das ist das Wichtigste. Ich bin sicher, daß sich Deine Gesundheit in Tauromenium noch festigt, wenn Du alle Aufregungen und heftigen Auseinandersetzungen meidest und dafür häufig Spaziergänge machst, möglichst allein.

Sei überzeugt, daß ich in Gedanken immer bei Dir bin und mir nichts sehnlicher wünsche, als Dich so bald wie möglich wiederzusehen.

XIII

Bericht der Geheimen Staatspolizei, Sektion Messana

Auf Grund der im Auftrage des Göttlichen P. Aelius Hadrianus Caes. Aug. etc. erteilten Weisung des Q. Flaminius, Stadtpräfekten zu Capua, an die hiesige Dienststelle wurden am Mittag des gestrigen Tages die beiden Subjekte: Marcus, Retiarius aus Rom, und Kalos, Knabe aus Cumae, festgenommen, als sie sich von der Reisegesellschaft des Edlen Antinous, Beauftragten des Imperators, trennten und ein kleines Gasthaus zum Zwecke des Übernachtens aufzusuchen im Begriff waren. Besagte leisteten keinen Widerstand, wurden in zwei Einzelzimmern der hiesigen Präfektur weisungsgemäß in ehrenvoller Haft untergebracht und erbaten Schreibtäfelchen, um dem hiesigen Polizeipräfekten ein Gesuch um Haftverschonung unter Berufung auf den Edlen Antinous zu unterbreiten. Die berichterstattende Dienststelle glaubte, dieser Bitte willfahren zu können. Die zu erwartenden Gesuche werden bis zu einer entsprechenden Anordnung des Q. Flaminius bzw. der Zentrale in Rom zu den Akten gelegt. Messana, 9. August

XIV

*Avidia Plautia an P. Aelius Hadrianus Caes. Aug. Imp. —
Rom, 6. August*

Entschuldige die Freiheit, daß ich mich an Dich wende. Du hast mir während Deines Aufenthaltes in Rom zu verstehen gegeben, daß Du mich schätzest. Auf jeden Fall hast Du großes Mitgefühl an den Tag gelegt. Dafür werde ich Dir bis an mein Lebensende dankbar sein. Vielleicht erklärt dies meine Kühnheit. Du weißt, daß ich meinen Mann liebe, daß er der einzige Mann auf der Welt ist, den ich geliebt habe und den ich lieben werde, was immer auch kommen mag. Ich trage sein Kind unterm Herzen. Es wurde in Liebe empfangen, und wenn mir auch sonst nichts auf der Welt bliebe, so wäre ich noch immer glücklich, wenn ich nur das Kind und meinen Mann behalten dürfte. Lucius war sehr niedergeschlagen, als er

zum zweitenmal aus Baiae zurückkehrte. Er hat mir so gut wie nichts erzählt. Er schloß sich in sein Zimmer ein und bat, nicht gestört zu werden, da er über sich und sein künftiges Leben nachdenken müsse. Mir war sehr weh ums Herz, aber ich bin nicht in ihn gedrungen. Er mußte mit Ereignissen fertig werden, an denen er sich offenbar den größten Teil der Schuld beimißt. Was es auch gewesen sein mag — ich glaube an ihn, und ich weiß, daß er keine Handlungen wiederholt, die er bereut und die Dich vielleicht gekränkt haben könnten. Wenn es Lucius auch schwerfällt, andern seine Fehler einzugestehen, so bereut er sie doch. Er schämte sich und mochte mir nicht in die Augen sehen. Seit zwei Tagen hat er so gut wie nichts gegessen, er empfängt keine Besucher und schrieb mir nur einmal einen Zettel. Auf dem stand: »Wenn ich mich nur dem Kaiser zu Füßen werfen dürfte... dann wäre alles gut!« Du kannst Dir vorstellen, Augustus, wie es in meinem Innern aussieht, und aus dieser Verzweiflung nahm ich den Mut, Dir zu schreiben. Tue, was Du für richtig hältst, denn Dein Blick reicht weiter als der meine, und ich bin nur eine liebende Frau. Aber ich wünsche mir so sehr, daß Du auch ein wenig an mich denkst, wenn Du Deine Entscheidungen triffst. Lucius weiß nichts von diesem Brief und wird auch nie etwas davon erfahren.
Ich neige mich vor Dir und Deiner Güte.

XV

P. Aelius Hadrianus Caes. Aug. Imp. an den Präfekten
Q. Flaminius in Messana — Tauromenium, 12. August

Du verstärkst Dein Kommando mit den zehn besten Leuten der Garnison in Messana. Mit diesen Leuten begibst Du Dich sofort nach Tauromenium. Den schriftlichen Befehl an den dortigen Kommandanten findest Du als Anlage, ebenso den Befehl an den hiesigen Platzkommandanten, der Dir sämtliche Militär- und Polizeipersonen in Tauromenium zu unterstellen hat. Ich wünsche, daß Deine Leute unauffällig, in Zivilkleidern, in den hiesigen Gasthäusern einquartiert werden. Sie müssen jederzeit für Dich erreichbar sein. Du meldest Dich sofort (in Zivil) nach Deiner Ankunft in der

Kaiserlichen Villa in der Nähe des Theaters. Die beiden Gefangenen Kalos und Marcus sind nach Tauromenium zu überführen. Während des Transportes dürfen sie mit niemandem sprechen. Sie werden in einer vom Platzkommandanten bezeichneten Villa am Meer untergebracht. Du haftest dafür, daß sie die Villa nicht verlassen, bevor ich nicht den schriftlichen Befehl dazu gebe.

XVI

Aus Hadrians Reisetagebuch – Tauromenium, 12. August

Am einunddreißigsten Abreise in Puteoli. Niedergedrückte Stimmung. Alle Vorfreude vergangen. Vorher lange Unterhaltung mit Lucius. Ging äußerlich als Sieger hervor, erfuhr aber, daß ein Kaiser keine Macht über Herzen hat. Oder über das, was wir als Herz bezeichnen. Seereise ohne Störungen. Unterwegs mehrfach gebadet. Vergaß beim Schwimmen alles. Gut, daß A. noch nicht dabei war. Fand so besser zu mir zurück.
Am siebten Ankunft in Messana. Quartierte mich in der Präfektur ein. Lehnte es ab, die üblichen Ehrenabordnungen zu empfangen. Hatte mich zwar äußerlich erholt, war aber immer noch zerstreut. Arbeitete fast den ganzen Tag über. Am Abend des gleichen Tages Meldung der Hafenbehörde, daß ein Boot mit A. eingelaufen sei. Hat irgendwo die Landreise unterbrochen und ein Schiff genommen. Er war noch immer in Begleitung. Schickte den Boten ohne Weisung weg. War noch immer unentschlossen. Gegen Mitternacht ließ ich Kallisthenes rufen, den dortigen Astrologen. Klarer Himmel. Ich lehnte ad-hoc-Voraussage ab. Wollte seine Berechnungen sehen. Kallisthenes mußte sie erst aufstellen. Ruhte indessen, schlief aber nicht. Nach Ablauf von zwei Stunden sagte Kallisthenes mir für die nächsten Wochen unschätzbare und unerhörte Ereignisse voraus. Weitere Zukunft: gleichbleibend guter Gesundheitszustand und Beisammensein mit Freunden und Familienmitgliedern. Hätte ich selbst wissen können. War enttäuscht. Kallisthenes auch; er hatte auf die Berechnung seines Honorars offenbar mehr Sorgfalt verwendet als auf die Berechnung meiner Zukunft. Überlegte lange, ob ich zum Boot hinuntergehen sollte, legte mir auch den

Mantel um, fürchtete aber, mich lächerlich zu machen. Trank etwas Wein und schlief irgendwann, noch angezogen, ein.
Nächster Tag bewölkt. Wind vom Meer kühler als sonst. Ging mittags im Kapuzenmantel, der mich unkenntlich macht, zum Hafen hinunter. Ohne Begleitung. Auf dem Boot niemand mehr außer ein paar Matrosen. Beide jungen Leute befehlsgemäß verhaftet. A. auf dem Wege nach Tauromenium. Mir war elend. Hatte Lust, alle Pläne zu ändern und sofort nach Alexandria zu reisen. Dafür vorgesehene Galeere jedoch noch auf Werft in Misenum.
Am neunten Reise im Wagen nach Tauromenium. Hatte A. fünf Wochen nicht mehr gesehen. Ließ oft halten und inspizierte Straßenzustand, fast zwanzigmal. Einige Meilen vor Tauromenium zerriß die Wolkendecke und gab Gipfel des Aetna frei. Blumen begannen zu duften. Wir fuhren langsam die Höhe zur Stadt hinauf. Es wurde dunkel. Niemand durfte reden. Thrasyll legte mir ein goldenes Kettchen um den Hals. Es trägt einen Karneol, in den der Kopf von A. geschnitten ist. Hatte lange gezögert, ehe ich mir das Kettchen umlegen ließ.
Das Tor war hell erleuchtet. Magistrat, Amtsdiener, Korporationen, Soldaten, Menschen, Fackeln. Hätte mir einen ruhigeren Einzug gewünscht. Fast die gesamte Bevölkerung versammelt, großer Jubel. Junge Mädchen mit Blumen in Haar und Händen. Burschen klatschten rhythmisch in die Hände. Mütter reichten mir kleine Knaben in den Wagen. Meine Hände wurden geküßt und abgeleckt. Tuben bliesen gellend und mißtönend. Kam mir vor wie in der Arena. Amtierender Praetor gebot Ruhe. Begann einen Panegyrikus in griechischer Sprache: »O Sonne, die uns scheint, wenn Helios uns verlassen, der Flatterhafte, der nur den Tag uns schenkt, indes Du auch die Nacht erleuchtest...« Und so weiter. Fackeln qualmten. Lächelte pflichtschuldig. Eine Mutter warf mir ihren kleinen Jungen in den Schoß. Der Junge war unten feucht. Streichelte seine Locken. Ein Knabe fiel von einem Baum. Großes Geschrei. Benutzte die Verwirrung und fuhr weiter. Straßen voller Menschen. Soldaten hatten Mühe, Platz zu schaffen. Hatte verboten zu schlagen. Thrasyll handelte dagegen, schlug mit der Peitsche nach rechts und links und verschwand. Kurz darauf war er wieder da. Flüsterte mir zu, daß A. sich im Theater befinde. Ich beschloß, zur Villa zu fahren.

Hundert Fuß vor dem Eingang ließ ich doch halten, sprang aus dem Wagen und ging ins Theater. Es war menschenleer. Auf dem obersten Rang, im Schatten einer Säule, unter dem Standbild des Dionysos, saß A. Schritt langsam die Ränge hinauf. A. stand auf. Umarmten uns schweigend. Noch immer allein. A. legte mir den Finger auf die Lippen. Ich befestigte das Gegenstück der Kette an seinem Hals. Der Karneol trägt mein Bild. A. küßte meinen Mund. Er war trotz des kühlen Abends sehr leicht gekleidet. Ich sagte: »Du wirst dich erkälten.« — Er antwortete: »Mir gefällt es so. Die Götter werden mich sterben lassen, wann es ihnen gefällt.« A. wird im Herbst zwanzig Jahre alt...

In Rom hatte ich von einem andern Wiedersehen geträumt. So treffen sich zwei Menschen, die einander nicht aus dem Wege gehen können. Ich fürchtete den Geruch von Lucius und einem Dutzend anderer im Chiton von A. Leute kamen mit Fackeln. Das Wiedersehen war zu Ende.

Beim Abendessen etwa fünfzig Personen. Speisesaal mit weißen Rosen geschmückt. Wurde zum König bestimmt und befahl sofort zu trinken. Keine Gespräche von Bedeutu   Durchschnittliche Provinziale, glotzten mich an und lächelte   löde. A. saß mir gegenüber. Ich sah ihn jedesmal an, wenn   ank. Ich trug eine Tunika mit rundem Ausschnitt. Küßte einige Male die Gemme, redete A. aber nicht an. Die Gäste, durch mein Trinken angespornt, betranken sich schnell. Der amtierende Praetor versuchte, eine Rede zu halten. Seine Lippen zitterten, und er wackelte mit dem Kopf. Abstoßender Anblick. Nach Art der Betrunkenen hielt er sich am Tischrand fest. Seine Rede war ohne jeden Zusammenhang, halb griechisch, halb lateinisch.

Mich widerte es an, ich stand auf und ging hinaus. Darauf lähmende Stille, wie Crito mir später erzählte. Einige erhoben sich, andere überschütteten den Praetor mit Vorwürfen. A. blickte auf die Tür, hinter der ich verschwunden war, und begann krampfhaft zu lachen. Manche fielen in dies Lachen ein. Dann preßte A. beide Fäuste vors Gesicht und schluchzte. Thrasyll hob ihn hoch und brachte ihn zu mir. Zorn, Schmerz und Enttäuschungen der letzten Wochen hatten sich in mir angestaut und forderten jetzt ihren Preis: Thrasyll mußte A. in sein eigenes Zimmer bringen. Dann sang Thrasyll mir stundenlang afrikanische Lieder vor, bis ich vor Müdigkeit einschlief.

Zum Mittagessen erschien A. nicht. Ließ ihn überall suchen. Ging selbst ins Theater. Unterhielt mich mit den Schauspielern, die für die nächste Vorstellung probten. A. wurde schließlich am Meer entdeckt. Er hatte ein Bad genommen, saß auf einem Felsen und blickte bewegungslos in die Sonne. Er war allein. Der Platz ist dem Neptun geweiht und wird von den Einheimischen gemieden. Er weigerte sich heraufzukommen. Er hatte beim Schwimmen die Kette verloren und wollte ohne sie nicht zurückkehren. Ich schickte Ausrufer in die Stadt und versprach dem Finder der Kette eine hohe Belohnung.

A. erschien erst zum Abendessen. Sehr niedergeschlagen; die Posten hatten ihn daran gehindert, noch einmal nach der Kette zu tauchen. Er trug eine weiße hochgeschlossene Chlamys, die seinen Hals bedeckte. Ich war müde und abgespannt. Löste während des Essens meine Kette vom Hals und übergab sie Thrasyll. Er schob die Kette in sein Lendentuch. A. versuchte mich zu umarmen. Ich bat ihn, das Essen nicht zu stören. Das Lächeln von A. verunglückte. Ich war wütend, traurig und voller Zweifel. Daher sagte ich: »Liebe ist eine Tortur, wenn sie auf Gefühlen beruht, die zuvor unsern Kopf passiert haben. Darum werde ich es in Zukunft halten wie Lucius und viele andere: Sie nehmen das, was sie für Liebe halten, dort, wo es sich findet. Was ich andern zubillige, muß auch für mich gelten. Und so soll es auch mit dir sein, Antinous.« Ich dachte an Thrasyll und kam mir verlogen vor. Obwohl ich mich rechtfertigte, glaubte ich selbst nicht an meine Worte. A. wurde rot, er verstand mich. Er atmete kurz und sah mich in einem Gemisch von Entsetzen und Ungläubigkeit an. Thrasyll grinste unverschämt. Ich schrie den Schwarzen unbeherrscht an und sagte im Hinausgehen zu A.: »Wir werden sicher sehr schöne Tage in Tauromenium haben.« Mir war fast schlecht, als ich draußen war.

A. blieb zurück, starrte eine Weile vor sich hin, hob plötzlich sein Glas und warf es nach Thrasyll. Das kostbare phönizische Glas zersprang auf dem Boden. Thrasyll lachte laut, zog meine Kette heraus, hob sie triumphierend hoch und stopfte sie dann um so tiefer in sein Lendentuch. A. befahl den anwesenden Sklaven, Thrasyll sofort hinauszuschaffen. Niemand gehorcht ihm. Er wirft sich zu Boden, wälzt sich wie jemand, der von der Heiligen Krankheit befallen ist, auf dem Marmor herum und schlägt seine Stirn auf den Boden.

Crito stürzt hinzu und hebt ihn auf. Die Stirnhaut ist aufgeplatzt und blutet stark. Großer Tumult. Der Arzt stillt die Blutung und erklärt die Wunde für unbedeutend. Während dieser Prozedur verhält A. sich ruhig und zieht einige Male den Schleim in der Nase hoch. Kaum hat die Blutung aufgehört, machte er sich los, reißt sich sämtliche Kleider vom Leibe und stürzte in diesem Zustand vor meine Tür. Der Vorhang ist zugezogen. Ich höre ihn draußen rufen, wäre fast hinausgelaufen. Der Posten hält A. fest, indem er seine Hüften mit beiden Händen umspannt. A. beißt den Soldaten in die Hand. Der schlägt ihm mit der flachen Hand aufs nackte Gesäß und kitzelt ihn in den Weichen. A. bricht in ein hysterisches Gelächter aus, das sich ständig überschlägt. Man holt einen Stuhl, wirft A. den zerrissenen Chiton über und hält ihn fest. Eine Zeitlang verhält er sich still. In jeder Minute muß ich mich von neuem entscheiden, ob ich nachgeben soll oder nicht. Als Thrasyll unter einem Vorwand mein Zimmer betritt, versucht A., sich mit seinen spitzen Nägeln die Adern zu öffnen. Man dreht ihm die Arme auf den Rücken, und er schreit laut und anhaltend. Ich kann es nicht mehr aushalten; ich ziehe den Vorhang zurück. Das Gesicht von A. ist vor Wut und Scham dunkel, hart und ausdrucksstark. Ich habe schreckliches Mitleid mit ihm. Man läßt ihn los. Die Kleiderfetzen fallen zu Boden. Er folgt mir. Ich ziehe den Vorhang vor...
Nachdem Zeus den Ganymed geraubt hatte, war er einen Tag lang stolz wie ein Pfau auf seinen Sieg über die Jugend. Er ging im Himmel umher und sprach mit niemandem. Am zweiten Tag rühmte er vor sich selbst seine Kraft und blies sich gewaltig auf. Am dritten Tag bemerkte er, daß Ganymed seine Zärtlichkeiten belohnte, und war glücklich. Am vierten Tag vergaß Zeus, daß die Welt sich ständig fortbewegt und verändert, selbst auf dem Olymp, wo die Leidenschaften ebenfalls neue Ziele suchen, damit das Leben nicht erstirbt. Am fünften Tag glaubte selbst der höchste aller Götter, daß er dessen für alle Zeiten sicher sein konnte, was ihm entgegengebracht wurde und was er Liebe nannte. Am sechsten Tag vergaß er vollends, daß Ganymed nur ein Knabe war, der ihn niemals verstehen konnte, und verfiel am siebten Tag endlich dem Irrtum, sein Glück zur Gewohnheit machen zu können. Am achten Tag weinte Ganymed zum erstenmal und suchte am neunten Hilfe und tätigen Trost bei Hermes, der jung ist und der Moral ver-

ständnislos gegenübersteht. Am zehnten Tag wurde Ganymed von Zeus verprügelt, und am elften taten sie beide so, als sei nichts geschehen. Doch am zwölften Tag besann Zeus sich darauf, daß ihm nicht nur der Himmel, sondern auch die Erde gehörte. Er stieg wütend und verzweifelt hinab, verwüstete sie, sein Eigentum, durch Unwetter und Erdbeben, watete durch die Strudel der Gießbäche, stieg über geborstene Hauswände und fand Trost, indem er sich das Leid der Sterblichen zu Herzen gehen ließ. Drei Wochen blieb er auf der Erde. Als er zurückkehrte, war der Himmel blau, das Land begann in neuer Pracht zu blühen, und alles schien schöner zu werden als zuvor.
Dieses Märchen erzählte ich A. in jener Nacht. Mittags gab das Marcellus-Theater als erstes Stück seines Gastspieles die ›Frösche‹ von Aristophanes. Gegen die Sonne waren Planen ausgespannt. Es war heiß. A. und ich waren unaufmerksam. Hatten uns unendlich viel zu erzählen. Flüsterten wie unartige Schuljungen während der Dialoge auf der Bühne. Lachten viel zu laut. Stießen uns an, wischten uns gegenseitig den Schweiß von der Stirn. Zum Schluß bewegte ich die Falten meiner Toga. Erstaunlicher Beifall brach los. Die Menschen schauten nicht auf die Szene, sondern auf uns. Anschließend Wagenfahrt nach Naxos. Auf der Spitze des Aetna ein roter Punkt. Bewegte sich ganz langsam talabwärts. Lava ... Ich will den Berg besteigen. Ich habe keine Angst vor dem Sterben mehr.

XVII

Aus dem Tagebuch der Sabina — Rom, 12. August

Seit einer Woche kein Brief mehr von Publius. Der Termin von zwei Wochen, den ich mir setzte, ist bald überschritten, und ich werde ihn nicht verlängern. Es gab eine Zeit, in der ich nicht wagte, Tranquillus zu Tisch zu bitten, wenn der Kaiser nicht gleichzeitig mein Gast war. Es gab sogar eine Zeit, während der ich mir sehr genau darüber klar war, daß Tranquillus viel öfter trocken als amüsant ist, und es gab eigentlich nicht viele Perioden, in denen ich nach der Gewohnheit fast aller meiner Geschlechtsgenossinnen übersah, daß Tranquillus seine körperlichen Nachteile nur noch mit

Mühe durch seinen Intellekt vergessen läßt. Ich erinnere mich auch daran, welche Gerüchte seit Jahren in der Stadt umlaufen, und weiß, was man an die Wände der Wirtshäuser und Bedürfnisanstalten schmiert. Wir hier auf dem Palatin haben dazu geschwiegen: Der eine wollte es nicht wahrhaben, der andere fürchtete, durch ein Dementi oder gar durch Verhaftungen den Gerüchten den Schein der Wahrheit zu geben. Wir korrespondieren nicht mit der Plebs, in welcher Form auch immer.

Nun aber glaube ich ein Recht darauf zu haben, meine Abende nicht nur mit Julia allein zu verbringen. Tranquillus hat es gelernt, die Dinge von einer Warte aus zu betrachten, zu der niemand mehr hinaufsteigt und von der er nicht herabsteigen will. Julia ist praktisch und besitzt die unschätzbare Gabe, nur die Dinge ernst zu nehmen, die in ihrer Reichweite sind. Dennoch verstehen sich beide ausgezeichnet, und hinzu kommt, daß Tranquillus noch immer in der umständlichsten Weise um mich wirbt.

Vor einigen Tagen erkundigte ich mich; gegen Decimus Terentius Cicero und seine Freunde ist bisher noch keine förmliche Anklage erhoben worden. Das ist ein weiterer Beweis für mich, daß der Kaiser jetzt nichts anderes im Kopf hat als den bithynischen Bengel, der wieder peitschenknallend durch die Gärten läuft, seinen Kopf in einem Leopardenfell vergräbt und sich so unnahbar und zarthäutig benimmt wie die Papyri an der Quelle der Arethusa in Syracusae.

Man hat die Gefangenen nicht im Mamertinischen Gefängnis untergebracht, wo sie auch ohne Verfahren allmählich zu Tode siechen würden. Sie sind in einer alten Feuerwache aus Augustus' Zeiten eingesperrt. Sie scheinen sich gewisser Freiheiten zu erfreuen, denn ich wurde ohne weiteres vorgelassen, obwohl ich mich nicht als Augusta auswies. Es sind fünf. Sie erhoben sich sofort, als wir eintraten, obwohl Julia und ich tief verschleiert waren. Ein Prätorianer blieb an der Tür stehen. Sie waren zwar etwas blaß, doch nicht abgemagert. Im übrigen machten sie alle fünf den Eindruck von jungen, nicht ganz ungebildeten Leuten: frisch, ein bißchen frech und doch zurückhaltend, nicht ohne Witz und mit Augen, die ständig nach Gefallen, Vorteilen oder Mitleid suchen, je nach Gegebenheit. Und im Grunde hängt das ja auch alles zusammen.

Der Raum war nicht sehr groß, fast kahl und erfüllt vom Geruch junger Männer, deren Körperdurchblutung kräftig ist. Jemand hatte eine Venus in blauem Kleid an die Wand gemalt, und die zwei oder drei obszönen Kritzeleien versuchten sie wenigstens zu Anfang mit ihren Rücken vor mir zu verbergen. Man bot uns eine der harten Pritschen zum Sitzen an. Ich setzte mich nicht gern, da ich Ungeziefer fürchtete, doch es kam mir darauf an, eine ungezwungene Atmosphäre herzustellen, und nach einigen Minuten schickte ich sogar den Prätorianer hinaus.

Dann ließ ich Früchte bringen, und obwohl die Gefangenen sicher seit Tagen keine mehr erhalten hatten, rührten sie sie doch nicht an, lachten, schlugen sich scherzhaft auf die Bäuche und erklärten, sie würden so reichlich verpflegt, daß ihnen das Obst sicher nicht bekommen würde. Ihre Offenheit und Sicherheit waren erstaunlich. Möglicherweise waren sie sich nicht klar darüber, in welcher Gefahr sie sich befanden, oder sie konnten sich, wie es nur jungen Leuten möglich ist, einfach darüber hinwegsetzen. Sie warteten das, was auf sie zukam, ab und vertrauten ihrer Geistesgegenwart. Daß sie ein gewisses Recht darauf hatten, ersah ich aus der Ablehnung der Früchte; sie kannten mich ja nicht und sahen in mir einen Spitzel. Für alle Fälle ließ ich mir von Decimus einen Apfel anbieten, und Julia aß auch einen. Sie sollten sehen, daß das Obst nicht vergiftet war. (Es war auch nicht vergiftet.)

Um ihr Vertrauen zu gewinnen, begann ich das Gespräch mit der Frage nach ihren Eltern. Sie gaben freimütig Auskunft. Alle stammten aus gutsituierten, wenn auch nicht gerade überragend vermögenden Häusern. Einer der Väter ist Ritter, alle haben eine vernünftige Schulbildung genossen, und keiner war dabei, der sich nicht durch einen Sklaven hätte zur Schule bringen lassen. Nur Decimus macht in gewisser Weise eine Ausnahme. Er kennt seine Eltern nicht, jedenfalls nicht seinen Vater. Seine Mutter lebt in Florentia; er hat sie seit Jahren nicht mehr gesehen und wohnt bei einem Onkel in Rom, der ihn verwöhnt, ihm kürzlich sogar Wagen und Pferde gekauft hat und ihm jede Freiheit gewährt, wenn er sich nur gelegentlich einmal für eine Nacht in dessen Villa auf dem Aventin sehen läßt. Ich drang nicht weiter in Decimus, da ich auch ohne Fragen sah, daß dieser junge Mann aus seiner Freiheit den größten Nutzen gezogen hatte; er war nicht nur ein guter Kenner der Thermen, der besten Theaterplätze, der extravaganten Clubs, der

Tavernen und der Seebäder, in denen man die interessantesten und wichtigsten Leute trifft – er sprach sogar einigermaßen gut Griechisch, und sein Latein war akzentfrei und von einer Wortfülle, wie man sie bei den jungen Leuten unserer Zeit sonst nie antrifft. Normalerweise bemühen sie sich geradezu darum, mit einem Minimum von Vokabeln auszukommen, vermutlich, um eine modische Härte und Brutalität vorzutäuschen, der sie körperlich gar nicht gewachsen wären.

Während unserer Unterhaltung schielte Julia unentwegt auf die bewußten Wandzeichnungen, aber einer der jungen Männer war so witzig, daß er absichtlich immer hin- und herrutschte, so daß sie sich fast den Hals abdrehen mußte. Für sie war es einfach gruselig und prickelnd, denn dies waren doch die jungen Leute, die ihrer Meinung nach mit dem Bithynier in Baiae Orgien gefeiert haben. Die übrigen begannen schon zu grinsen.

Ich fragte also jetzt unmittelbar, warum sie eigentlich eingesperrt seien. Sie hoben alle gleichzeitig die Schultern und ließen das Kinn fallen. Wie gut sie aufeinander eingespielt waren ... Decimus sagte, auf des Kaisers Befehl könne es nicht geschehen sein, denn der Kaiser sei gerecht und lasse keine Unschuldigen verhaften; es wäre wohl so wie immer gewesen, daß untergeordnete Organe ihre Existenzberechtigung nachweisen und sich gleichzeitig beim Kaiser beliebt machen wollten. Er mußte lügen, da er ja noch immer nicht wußte, wer ich war. Aber sein belustigter Blick sagte mir: Du weißt doch viel besser Bescheid; warum fragst du so überflüssiges Zeug?

Also sagte ich: »Gut, bleiben wir ehrlich. Der Kaiser selbst hat euch verhaften lassen, weil er in euch Vaterlandsverräter sieht.« – Überraschenderweise lachte Decimus jetzt laut auf und rief: »Sehe ich wie ein Vaterlandsverräter aus? Dazu sollte ich doch wohl erst wissen, was das Vaterland ist!« – »Das Reich – das Imperium«, sagte ich. – »Ein Imperium ist kein Vaterland. Hundert Völker, hundert Sprachen, hundert Religionen ... Ist das zum Aussuchen? Was davon gehört mir? Wem bin ich verpflichtet? Bei so viel Göttern ist es schwer, den richtigen zu finden, und wer wundert sich, wenn man sich schließlich für gar keinen entschließen kann? Ich spreche Lateinisch. Bin ich darum ein Römer? Mein Vater wurde in Gallien geboren, sagt man. Bin ich vielleicht ein Gallier? Ist das Vaterland das Land des Vaters? Oder ist es das Land dessen, den man liebt? Man hat es mir nie gesagt. Außerdem ist meine Liebe zum Onkel sehr flüchtig, und auch das nur, weil sie materiell belohnt wird. Das allerdings ist greifbar, und daran habe ich mich lange gehalten, aber schließlich füllte es mein Leben nicht aus, wie du begreifst, Herrin. Ich wünsche dir, daß du noch nicht alle Genüsse des Lebens ausgekostet hast. Jede Gewohnheit ist schrecklich, aber am schlimmsten die Gewohnheit, sich jedes Vergnügen leisten zu können. Aber ich bin jung, und diese hier« — er beschrieb mit dem Arm einen Halbkreis über seine Freunde — »sahen in mir so etwas wie einen Führer. Wir rasten mit unsern Wagen durch das nächtliche Rom, fuhren Rennen im Zirkus, waren Stammgast in den Lupanaren, tranken, bis wir den Wein nicht mehr halten konnten, nahmen einsamen Spaziergängern ihre Geldbeutel ab und warfen sie in den Tiber, umgaben uns mit Schmarotzern, weil es Spaß macht zu sehen, was andere Leute für Geld alles tun, und du kannst dir nicht vorstellen, Herrin, was alles... Ich erspare es dir.«

Nun aber schaltete sich Julia ein, deren Neugier immer geweckt wird, wenn man ihr etwas vorenthalten will, was ihre Sinne kitzelt. Das ist übrigens ein Zug von ihr, der sie ein wenig vulgär macht und sie daran hindert, jemals ganz zu den wirklich noblen Leuten gezählt zu werden. Ich hatte Wein bringen lassen, sie tranken davon, und ihre Gesichter röteten sich. Decimus grinste ein wenig, während er Julia ansah, dann aber wandte er sich wieder mir zu, und sein Gesicht wurde ernst. »Es wird dir recht sein, Herrin, wenn ich dieser Bitte nicht entspreche. Ich möchte sagen, daß mir dieses Leben bald nicht mehr gefiel. Da es keine Sache und keine Idee gab, der wir uns verpflichten konnten — die sogenannten Erwachsenen hatten außer alten Kriegserlebnissen und verstaubten Heldentaten nichts Derartiges anzubieten —, suchten wir einen Menschen, der es uns wert schien, ihm nachzueifern, und dem wir uns zur Verfügung stellen konnten für den Fall, daß er uns brauchen sollte. Wir fanden einen solchen Menschen.« Ich fragte nach dem Namen. Er blickte mich erstaunt an und sagte, ich werde es doch wohl wissen, denn ich hätte nie das Gefängnis betreten können, wenn ich nicht eine hochgestellte Persönlichkeit wäre. Ich wisse vermutlich mehr als er selbst. Das letzte sagte er mit ironischem Unterton, seine Mundwinkel zuckten, und er kniff die Augen zusammen. Ohne weitere Umschweife sagte ich, daß ich Lucius Ceionius sehr gut kenne und sehr glücklich darüber sei, daß man ihn im Senat als künftigen Caesar akklamiert habe. Um so weniger verstünde ich allerdings die Vorkommnisse im Jugendclub und – in Baiae.

Einen Augenblick lang war Decimus betroffen. »Die Ereignisse im Club, Herrin, haben vielleicht zur Akklamation geführt, denn sie geschahen *vorher*. Und in Baiae ... Bacchus weiß, daß wir uns von den Anstrengungen erholen mußten ... Aber du, Herrin, du weißt alles. Also bist du die Augusta.« – Julia hob erschrocken den Kopf, während ich unbewegt blieb, da ich diese Frage vorausgesehen hatte. »Um so unverständlicher, den Entschlüssen des Kaisers vorgreifen zu wollen«, wich ich aus. – »Lucius brauchte einen Treuebeweis, und den gaben wir ihm mit unserm Blut. Und wir sind bereit, es auch weiterhin zu tun. Daß er dankbar sein kann, bewies er dadurch, daß er uns nach Baiae schickte, wo wir seinen Gast unterhalten sollten.« – »Wer war dieser Gast?« fragte ich. – »Auch das wirst du wissen, Herrin. Ich werde den Namen auch auf der Folter nicht verraten.« – Ich streckte ihm meine Hand hin und versprach ihm, daß weder für ihn noch für seine Freunde die Folter in Frage käme. Er solle erzählen, und ich würde ihm dann sagen, welche Aussagen er vor Gericht machen müsse, falls es überhaupt zu einem Verfahren käme.

»Der Gast war etwa in unserm Alter, vielleicht etwas jünger«, sagte Decimus. »Aber er war unerfahren, kannte das Leben nicht und errötete, wenn er einen von uns unbekleidet sah. Vielleicht ist er früher sogar einmal in seiner einfachen und anspruchslosen Art glücklich gewesen. Aber am Glimmen seiner anfangs verschämten Augen sah man, daß ihm dieses sogenannte Glück längst nichts mehr bedeutete. Er schlief, aber ein einziger Kuß konnte ihn wecken. Entschuldige diesen lyrischen Vergleich, Herrin. Ich könnte auch sagen: Er brauchte starken Wein. Er neigte zum Träumen und zu plötzlicher Abwesenheit. Lucius erklärte es mit geistiger Unterdrückung, unter der er sehr lange zu leiden hatte. Im Grunde sei er so jung und lustig wie wir, und wir würden uns verdient machen, wenn wir seine Komplexe lösten. Nun – wir haben es versucht. Ich will nicht sagen, daß es uns vollkommen glückte. Dazu war die Zeit zu kurz. Aber wir brachten ihm das Tanzen bei, wir zeigten ihm

Spiele, die er nicht kannte, und wir bewiesen ihm, daß nicht alles herzzerwühlende Liebe sein muß, was uns glücklich macht. Er war zwar kein gleichwertiger Partner, aber er bemühte sich doch wenigstens darum, nicht als stupider Bauernlümmel dazustehen. Wir demonstrierten ihm zum Beispiel, daß Schamlosigkeit nichts bedeutet, wenn man sie nicht ernst nimmt, wie es im Leben überhaupt entscheidend ist, nichts ernst zu nehmen, wenn man einigermaßen gut durchkommen will. Verzeih mir, Herrin, wenn ich so ehrlich bin; aber du hast mich gefragt, und dies ist eben meine Antwort.
Wahrscheinlich begriff er uns, aber meist schaute er uns nur zu, und man sah ihm an, daß er jetzt an etwas anderes, weniger Lustiges, aber für ihn doch Wichtiges dachte. Er wog in Gedanken offenbar dies und jenes gegeneinander ab. Aber er blühte allmählich auf und verlor viel von seiner Befangenheit. Auch Lucius war heiterer und verrückter als gewöhnlich, und wer sich in wen verliebt hat, wage ich nicht zu entscheiden. Den Höhepunkt jedenfalls bildeten die Sommerspiele in Puteoli, wo Lucius wie ein Kaiser gefeiert wurde und uns mit den schönsten jungen Menschen der Gegend bekannt machte. In der folgenden Nacht reiste unser Gast leider ab, und daher weiß ich nicht, wie es weiterging.«
Decimus trank. Er war nicht mehr ganz nüchtern. Auch die andern tranken, lachten immer häufiger und aßen endlich von den Früchten. Julias Augen glitzerten in einem Gemisch von Abscheu und Neugier. Wenn es nach ihr gegangen wäre, hätten wir die ganze Nacht im Gefängnis sitzen können, und ich bin sicher, daß wir allmählich alle Einzelheiten dieser unglaublichen Vorgänge in Baiae erfahren hätten. Aber ich wußte bereits genug. Ich stand also auf, und die jungen Leute erhoben sich ebenfalls. Ich bedankte mich für ihren Freimut und erklärte, daß mein Einfluß groß genug sei, sie vor dem Ärgsten zu schützen; außerdem werde ich mich mit Lucius in Verbindung setzen, der gewiß einiges zu ihrer Erleichterung tun könne.
Draußen sagte Julia, daß wir viel wüßten, aber nicht genug, um dem Kaiser ein genaues Bild der Vorgänge zu geben. Ich antwortete, daß ich dem Kaiser vermutlich gar nichts erzählen werde. — »Ja — wenn dir daran liegt, daß der Bithynier Kaiser wird? Du bist nicht nur zwölf Jahre jünger als der Kaiser, sondern auch weit gesünder. Du wirst ihn bestimmt überleben. Aber ich glaube nicht,

daß Antinous dich liebt. Du hast dich immer abweisend gegen ihn verhalten und dich nie um seine Gunst bemüht.« — »Ich bitte dich, Julia«, sagte ich entrüstet. — »Nein — du könntest seine Mutter sein. Er hat seine leibliche Mutter seit Jahren nicht gesehen, und es wäre leicht für dich gewesen, für ihn eine neue Mutter zu werden. Er braucht doch eine. Und es wäre nicht dein Schaden gewesen, falls er einmal den Titel Augustus trägt. Ich an deiner Stelle hätte es getan. Denn so garstig ist er ja wieder nicht.« — »Hör auf«, sagte ich und wurde böse, obwohl der Abend mit den jungen Leuten eine befreite Stimmung in mir ausgelöst hatte.
In der Nacht fielen mir Julias Worte wieder ein. Ich dachte an Lucius, ich wog seine Vorzüge gegen seine reichlich vorhandenen Nachteile ab und stellte mir vor, welches mein eigenes Schicksal sein würde, wenn er einmal Kaiser wäre. Ich mag Lucius ebensowenig wie Antinous, aber obwohl er leichtfertig ist, weiß er doch genau, was er will, und wird nichts tun, was seinen Zielen schadet. Er ist verschwenderisch, ohne sittliche Maximen, manchmal auch taktlos; aber er lebt nach außen und wäre daher kaum einer Handlung fähig, die einer verworrenen Seele entspringt. Die aber und die dazugehörige Sprunghaftigkeit hat der Bithynier. Der Gedanke, mich enger an Lucius anzuschließen, gefällt mir nicht sehr, aber ich halte ihn für den besseren von zwei schlechten. Und außerdem scheint Lucius seinen Freunden gegenüber dankbar zu sein.

XVIII

(Im Sonderumschlag — mit der Kurierpost)

Publius an seine liebe Sabina — Tauromenium, 14. August

Dein Brief vom fünften erreichte mich erst heute. Ich beantworte ihn sofort, da der Kurier noch heute nach Rom geht. Er soll den Seeweg nehmen, der in der Regel kürzer ist. Noch ist das Wetter erträglich und die Schiffahrt möglich.
Ich bin also heil und gesund angekommen. Ich fühle mich besser als je. Ich lache über all das Gerede, daß einem Mann in meinen Jahren die ersten Zweifel an seiner Schaffenskraft kommen. Ich erinnere

mich noch an den Tag, an dem Suetonius vor mir stand: Er bekannte mit kläglich verzogenem Gesicht, daß er sich nun durchaus nicht mehr als Jüngling fühle und Angst vor dem Alter habe. Das Alter raube uns so viel Genüsse, die einem jungen Menschen ohne Mühe in den Schoß fielen ... (Das Wort Schoß hat er womöglich wörtlich gemeint.) Das war vor fünfzehn Jahren, er war damals jünger als ich heute. Ich hoffe, er hat diese seine Erkenntnisse so weit verdaut, daß er Dir ein einigermaßen passabler Gesellschafter sein kann. Es wäre mir allerdings angenehm gewesen, wenn Du zum Dankgottesdienst anläßlich meiner glücklichen Errettung aus schwerer Gefahr beim Tempel des Iupiter Capitolinus erschienen wärest. Aber schließlich kenne ich Deine Abneigung gegen die unechten Gefühle der sogenannten guten Gesellschaft. Aber meinst Du nicht auch, daß die Augusta nicht nur Privatperson ist, sondern, wenn schon geheuchelt wird, allem den Glanz des Offiziellen aufsetzen sollte? Ich habe gar nichts dagegen, wenn Dir Menschen lästig sind, denen es an eigener Persönlichkeit mangelt. Aber nimm ihnen durch die Zurschaustellung Deiner Verachtung nicht die Möglichkeit, vor jemandem im Staube zu kriechen, der mehr Substanz als sie hat; und Du hast diese Substanz, Sabina.
Was nun Lucius angeht ... Ich wünsche sehr, daß er in seinem Haus bei seiner Frau etwas zu sich kommt. Ich vertraue auf seine Einsicht. Aber ich kann ihm nicht ersparen, eine Zeitlang sein Leben ändern zu müssen. Ich sähe es höchst ungern, wenn er die Stadt verließe. Sag es ihm, falls Du ihn siehst. Ich werde ihm ebenfalls schreiben. Falls er Dir irgend etwas erzählt — glaub nur die Hälfte.
Erschrick nicht — wir haben den Aetna bestiegen! Alle Schranzen rieten davon ab. Aber sie konnten als einzige Begründung nur vorbringen, es sei noch nie ein Mensch bis zum Gipfel vorgedrungen. »Dann werde also ich der erste sein«, sagte ich. Wir fuhren mit dem Wagen nach Naxos und übernachteten dort. Am nächsten Morgen begann der Aufstieg, zuerst mit Wagen, dann mit Pferden. Wir flohen sozusagen vor der Hitze. Sehr bald brauchten wir sogar unsere Mäntel, um nicht frieren zu müssen. Die Vegetation wurde immer dürftiger. Immer öfter war der Boden von erkalteter Lava und Aschefeldern bedeckt. Wir sahen Bäume, die es nur in den Alpen gibt. Am letzten Haus, etwa in halber Höhe des Berges, hielt man Esel für uns bereit. Die Pferde kamen auf dem weglosen, stei-

len und steinigen Boden nicht mehr voran. Unter uns lag die ganze Herrlichkeit eines sonnigen und fruchtbaren Landes. Ich kann die Einwohner verstehen, wenn sie sich nicht auf diesen Berg begeben, der sie und ihre Heimat ständig bedroht. Aber sie werden auch nie wissen, wie nah man den Göttern ist, wenn man den Mut findet, über die von Menschen gesteckten Grenzen vorzustoßen.

Ich kann Dir nicht alle Einzelheiten beschreiben, Sabina. Ich bin ein schlechter Schilderer von Landschaften. Wenn wir in einer großartigen und bis dahin unbekannten Landschaft stehen, ergreifen uns völlig neue Gefühle. Welcher Art aber diese Gefühle sind, ist schwer zu sagen. Jedes pflanzliche Leben war nun erstorben. Die Esel sanken in Asche ein. Links und rechts erhoben sich kleinere Vulkane. Es ging ein rauher Wind. Schließlich kamen wir nicht mehr weiter. Die Esel weigerten sich, noch einen Schritt zu tun. Es roch trocken und staubig. Meine Begleiter fürchteten in jedem Augenblick den Ausbruch eines dieser kleinen Vulkane, die ich für erloschen halte. Ihre Furcht machte mir Spaß. Ich muß Dir gestehen, Sabina, daß ich in diesen Stunden nicht die geringste Angst vor dem Tode hatte. Ich war dem Himmel näher, als ich es je gewesen. Und was mich auf der Erde erwartete, würde doch nichts anderes sein als die Fortsetzung der gleichen Plackerei, der gleichen Unsicherheit, der gleichen enttäuschten Hoffnungen.

Ich befahl, den Proviant auszupacken. Ich aß mit größtem Appetit, obwohl es wirklich nach Asche und wahrscheinlich auch ein wenig nach Schwefel roch. Die andern brachten keinen Bissen hinunter, obwohl sie ebenfalls Hunger haben mußten. Als wir endlich spät in der Nacht und todmüde wieder in Tauromenium anlangten, wurde noch in aller Eile ein Dankgottesdienst von der dortigen Priesterschaft in Gang gesetzt. Ich fiel fast um vor Müdigkeit. Doch ich mußte ausharren, bis alle vorgeschriebenen Zeremonien abgespult waren, und sogar noch einige Worte des Dankes stammeln.

Wann ich weiterreise, weiß ich noch nicht. Jedenfalls werde ich mich von hier aus unmittelbar nach Alexandria einschiffen. Meine Ägyptenreise trägt dienstlichen Charakter. Ich werde also nicht umhinkönnen, meine Begleitung zu vergrößern. Ich werde nicht nur zu arbeiten haben – und brauche daher die ganze Horde von Sekretären –, ich werde auch einen großen Teil meiner häuslichen Umgebung um mich haben müssen. Darüber aber später.

XIX

*L. Ceionius an P. Aelius Hadrianus Caes. Aug. in Tauromenium —
Rom, 9. August*

Deinen Brief vom zweiten erhielt ich gestern abend. Ich war so erschüttert, daß ich unfähig war, ihn sofort zu beantworten. Ich setzte mich auf mein Pferd und ritt wie ein Wahnsinniger nach Tibur. Entschuldige, wenn ich die Stadt gegen Deinen Wunsch verließ. Aber ich mußte Ruhe finden, um Dich ganz zu verstehen. Ich habe Avidia von Dir gegrüßt, ihr aber nichts vom Inhalt Deines Briefes erzählt. Ich habe keine Angst vor der Wahrheit oder bin gar feige. Doch ich wollte ihr weitere Aufregungen ersparen, an denen ich nur ganz allein schuld bin.

In Baiae hast Du mir den Herrn gezeigt. In der Nacht war ich mächtig wütend auf Dich, aber Du wirst es vielleicht begreifen. Denn jetzt verstehe ich auch Dich. Denn warum hast Du mich so hart angefaßt? Warum hast Du meine Gastfreundschaft verletzt, indem Du meine Freunde verhaften ließest? Warum hast Du meine geheimen Gedanken bloßgelegt und mir gezeigt, was schlecht an mir ist? Jetzt weiß ich es, Publius: Du liebst mich noch! Du warst so hart zu mir, weil ich in Deinem Leben noch eine Rolle spiele. Wäre es anders, hättest Du mich bestraft und Dich nie wieder um mich gekümmert. Und das wäre für mich viel schlimmer gewesen als alles andere.

Auch ich habe Dich noch immer gern, Publius. In einer andern Art vielleicht als früher, dafür aber tiefer. Ich fühle mich Dir eng verbunden und verstehe Dich besser als früher. Und einen Vorwurf kann ich mir gewiß nicht ersparen: daß ich Dir von meinem Verhältnis zu Antinous erzählt habe. Hättest Du mich nicht mitten in der Nacht überfallen und mich durch die Verhaftung meiner Freunde um die Besonnenheit gebracht — ich hätte es Dir verschwiegen. Nicht, um Dich zu belügen, sondern nur, um Dich nicht mit einer Sache zu belasten, die ohne jede Konsequenz ist und bleiben wird. Du hast mich eben gereizt, und so wollte ich Dir zeigen, daß auch andere Menschen gewissen Versuchungen ausgesetzt sind. Andrerseits wußtest Du ja schon einiges, und so war es gut, daß ich Dir sagen konnte, wer der Verführer war.

Aber schweigen wir endlich davon. Die Sache ist unangenehm, wäre vielleicht zu vermeiden gewesen, hat sich nun aber einmal zugetragen. Mittlerweile wirst Du Dich überzeugt haben, daß Du in einer bestimmten Beziehung nur einen Freund hast, nämlich Antinous. Wir haben viel von Dir gesprochen, und nie hat er ein abfälliges Wort über Dich gesagt; im Gegenteil. Er sagte, er verdanke Dir alles, was er sei. Er will lieber sterben, bevor er Dir im Herzen untreu wird. Und daran glaube ich genauso, wie ich daran glaube, daß wir beide immer Freunde bleiben, Publius. Ich habe es Dir in jener Nacht schon gesagt, in der »Nacht der Bekenntnisse«, die unser Verhältnis ein für allemal geklärt hat. Und außerdem — Antinous mußte einmal mit Gleichaltrigen zusammensein, und Du wirst Dich inzwischen davon überzeugt haben, daß seine Seele keinen Schaden davon genommen hat. Wahrscheinlich hat er nur gewonnen.

Beurteile meinen Freimut nicht falsch. Ich bin im Grunde noch immer nicht über die berechtigten Vorwürfe hinweg, die Du mir machtest. Aber erinnerst Du Dich noch an unser Gespräch über Liebe und Freundschaft? Und weißt Du jetzt, wen ich liebe und wer mein Freund ist? Meine Frau und Du — Ihr seid der Mittelpunkt meines Lebens.

Sei nicht böse, wenn ich Dir das Darlehen im Augenblick noch nicht zurückzahlen kann. Wir haben viele Anschaffungen des Kleinen wegen und müssen bald auch ein Kindermädchen kaufen. Gute Kindermädchen sind teuer, und noch weiß ich nicht, woher ich das Geld nehmen soll. Aber kommt Zeit, kommt Rat. Ich würde mich unsagbar freuen, bald wieder von Dir zu hören.

XX

Bericht 10.63 der Geheimen Staatspolizei
über den Jugendclub »Scharfe Lanze«

Am gestrigen Abend versammelten sich etwa zwölf jüngere Personen männlichen Geschlechts im sogenannten Blauen Salon, zu dem nur Stammgäste des Clubs Zutritt haben. Unser Vertrauensmann konnte sich nicht unverdächtig Eingang verschaffen. Die unten ge-

schilderten Vorgänge entstammen dem Bericht eines Teilnehmers, dem eine hohe Belohnung in Aussicht gestellt wurde. Der Wahrheitsgehalt des Folgenden ist entsprechend zu werten:
Die erwähnten Personen lagen im Kreise um einen Pokuliertisch. Den Tafelbesatz bildete eine etwa zwei Ellen hohe, mit Chiton und Chlamys bekleidete Statuette des Edlen Antinous. Eine Stunde nach Beginn des Gelages erschien der Edle L. Ceionius, lebhaft und freundschaftlich von den Anwesenden begrüßt. Es ergab sich keine Unterhaltung über ein bestimmtes Thema. Der Name des Edlen Antinous wurde mehrfach erwähnt, jedoch weniger im abfälligen Sinne als in einer Art gutmütigen Spotts. Kurz nach Mitternacht befahl der Edle Lucius das Trankopfer. Räucherschalen wurden gebracht. Der Raum füllte sich wegen der vielen Becken und der verhältnismäßig geringen Weite sehr schnell mit dicken, die Sicht stark beeinträchtigenden Schwaden. Die Anwesenden erhoben sich, boten der Statuette ihre Pokale dar und tranken sie bis auf den vorgeschriebenen *Rest für die Götter* aus. Jemand sagte: »Und nun wollen wir sehen, wie schön du bist, und wir wollen spüren, wie gut du schmeckst.« Nach diesen Worten wandte sich der Edle Lucius ab und einem der Bedienten an der Tür zu. *Die Pokale wurden von neuem gefüllt.* Unter Gelächter, Ausrufen des Entzückens und delikaten Trinksprüchen wurde die Statuette entkleidet. Nach ihrer völligen Entkleidung leerte jeder der Anwesenden den *Weinrest* seines Bechers auf deren Haupt. Der Edle Lucius wandte sich der Gesellschaft wieder zu. Die Statuette wurde nunmehr mit einem Messer in mehrere Teile zerlegt, wobei man bestrebt war, den anatomischen Gegebenheiten Rechnung zu tragen. Es gab einen vorübergehenden Streit über die Zuteilung der einzelnen Körperteile. Dem Edlen Lucius wurde ohne Widerspruch das Lendenstück überreicht. Die Nase ging verloren und konnte nicht wiedergefunden werden. Im weiteren Verlauf des Gelages wurden fast alle Körperteile der Statuette von den Anwesenden verspeist. Nach Aussage des Zeugen bestand ihre Masse in einer Art Zuckermischung.

gez. M. Titus Bulla, Praetor
Rom, 10. August

XXI

*Julia Balbilla an Claudia Crispina in Puteoli —
Rom, 14. August*

Du schreibst nicht, liebste Freundin, und da gibt es eigentlich nur zwei Gründe, wovon ich Dir den besseren wünsche, nämlich den, daß Du glücklich bist, und wenn ich glücklich sage, verstehe ich darunter ein ganz bestimmtes Glück, das mit männlichen Avancen in ursächlichem Zusammenhang steht, denn von Liebe will ich nicht gern reden, weil es in unserm Munde, dessen Zähne schon nicht mehr ganz einwandfrei sind, etwas unglaubwürdig klingt. Und ... aber das wollte ich im Grunde gar nicht sagen, denn auch Freundinnen sollten nicht zu ehrlich zueinander sein ... Doch bevor ich fortfahre, möchte ich Dir noch mitteilen, daß ich den Boten angewiesen habe, Dir diesen Brief persönlich auszuhändigen und, falls Du nicht mehr in Puteoli sein solltest, Dir auf jeden Fall nachzureisen, wo Du auch bist. Sollte er sich dabei über Gebühr lange herumgetrieben haben, bestrafe ihn dennoch nicht und überlasse das mir, denn ich habe ihn Dir auch nur geschickt, um seine Fähigkeiten zu prüfen und ihn Dir auf diese Weise vorzustellen, denn er ist sehr hübsch und hat mich eine ganze Stange Geld gekostet, obwohl es ein Gelegenheitskauf war. Ich gehe nämlich ziemlich oft in die Gegend der Saepta, weil man dort manchmal anständige und geschmackvolle Sachen findet, denn es ist nicht leicht, etwas wirklich Nettes zu entdecken, wenn man Ansprüche stellt. Jener Bote wurde mir von einem renommierten Händler angeboten, der noch nie schlechte Ware hatte, und eine Gelegenheit war es insofern, als ihm der Bursche gerade vor einer halben Stunde von Vipsana Quintilla wütend zurückgebracht worden war. Du kennst diese Vipsana wohl nicht, denn sie wird allgemein für verrückt gehalten, und man lädt sie nur ein, wenn es schon gar nicht zu umgehen ist. Sie züchtet nicht nur Mäuse (!) und ertränkt die weiblichen Tiere, sondern sie behauptet auch, in direkter Linie von Dionysos und irgendeiner wilden Baumnymphe abzustammen, was nicht weiter schlimm wäre, denn wir stammen schließlich alle von irgendeinem Gott ab, jedenfalls wir von der guten Gesellschaft, aber sie benimmt sich auch danach und lebt wie eine Mänade, und bei aller moralischen Freiheit, die ich gern andern Leuten zugestehe, treibt sie es doch zu weit. Immerhin gibt sie selbst zu, bereits vierzig zu sein, und das heißt, daß sie die Fünfzig überschritten hat. Also — sie hatte sich am Vortag den hübschen Burschen gekauft, um irgendwelche gräßlichen Dinge mit ihm anzustellen, denn sie weiß schon längst nicht mehr, was sie alles tun muß, um ihre Sinne aufzuputschen. Kurz — bei diesen Praktiken verlor der arme Kerl fast den Verstand, und in seiner höchsten Verzweiflung hat er doch tatsächlich versucht, sich zu entmannen, was nun wiederum Vipsana zuviel war, so daß sie ihn zum Händler zurückschleppte und einen andern Burschen dafür verlangte. Ich weiß nicht, ob sie einen bekommen hat, aber ich erwarb den Jungen relativ billig, da der Händler noch keine Zeit gehabt hatte, sich davon zu überzeugen, ob ihm etwas Ernsthaftes geschehen war. (Er ist vollkommen intakt — ich habe ihn zu Hause sofort untersucht.) Wenn er also wirklich gebummelt haben sollte, schicke ihn unversehrt zurück.

Aber nun bin ich wirklich vollkommen vom Thema abgewichen, und ich habe Dir doch eine Menge zu erzählen. Obwohl der Kaiser nicht hier ist, reicht sein Arm doch überallhin, und darin bewundere ich ihn ja, wenn ich auch andrerseits ständig in der Furcht lebe, er könne auf diese Weise etwas erfahren, was er nun ganz bestimmt nicht erfahren darf, zum Beispiel — und dies ist nur ein weiterer Beweis meines Vertrauens zu Dir, liebste Claudilla — daß sich zwischen unsern beiden »Lieblingen« etwas Ernsthaftes zugetragen hat, was den Kaiser eigentlich veranlassen müßte, beide in die Steinbrüche zu schicken. Das wäre nicht das Schlechteste, dann würden wir hier nämlich alle etwas freier atmen, und zwar in jeder Beziehung, und vielleicht würden dann die Dinge endlich wieder an den Platz kommen, auf den sie gehören. Meine Herrin hat kürzlich einen wichtigen Besuch in einem Gefängnis gemacht — ich darf Dir nicht sagen, bei wem und wo —, aber sie hat die Bestätigung für eine Vermutung bekommen, die ich Dir schon im letzten Brief andeutete. Wieder einmal sieht man daraus, daß nichts geschehen kann, von dem man nicht erfährt, und auch der Kaiser wird es schließlich erfahren, und wenn er dann die beiden — wir wissen, von wem wir sprechen — fallen läßt, dann muß er sich doch notgedrungen wieder enger an Sabina anschließen, nicht wahr? Denn er braucht nämlich immer jemanden, mit dem er sprechen und dem

er sein Herz ausschütten kann. Andrerseits muß Tranquillus dann ernsthaft seine Verbannung befürchten, zumindest den Verlust seiner einträglichen Pfründe hier auf dem Palatin. Bei den Göttern ... ich mag gar nicht darüber nachdenken, welchen Wirbel es dann noch geben kann!
Bevor ich von meinem Besuch bei der armen Avidia berichte, muß ich Dich aber noch etwas fragen, bevor ich es vergesse: Hast Du eigentlich etwas von Marcus gehört, denn er ist nach den Sommerspielen in Puteoli nicht wieder nach Rom zurückgekehrt? Ich habe schon Erkundigungen bei seiner Agentur und auch beim Flavischen Theater einziehen lassen, aber niemand weiß etwas, und das ist doch irgendwie unheimlich, nicht wahr? Meinetwegen kann er tun, was er will, aber meine Tochter fragt täglich nach ihm, und gestern kam sie in Tränen aufgelöst zu mir und erklärte, sie werde nie wieder einen Mann anschauen — wie viele hat sie schon angeschaut? — und ich könnte sehen, wie ich sie unter die Haube brächte, wenn ich nicht herausbekäme, wo Marcus sei. Am liebsten wollte ich sagen, er sei tot, denn dann würde sie vielleicht aufhören, an ihn zu denken, aber ich weiß nicht, was man mit einer solchen Grausamkeit zerstört, und die Folgen sind erst recht unausdenkbar, wenn er plötzlich wiederauftaucht. Erkundige Dich doch bitte nach ihm.
Also — ich habe Avidia besucht, das heißt, Lucius auch, denn er ist jetzt wieder in der Stadt, und ich ließ mich natürlich in der Sänfte hintragen, denn das Recht auf eine Sänfte habe ich jetzt ganz bestimmt, nachdem ich den Titel Edle Herrin führen darf, und schließlich benutzen ganz andere Frauen aus niedrigerem Stande Sänften und kümmern sich einen Deut darum, daß es ihnen im Grunde nicht erlaubt ist, aber der Kaiser ist nicht in der Stadt, und gleich glaubt jeder machen zu können, was er will. Avidia ist eine zarte und sehr hübsche Person, aber nicht gerade mutig, obwohl sie sich sehr zusammennimmt, und sie ist blaß, was nicht allein von ihrem Zustand kommen kann. Sie macht sich nämlich schwere Sorgen um Lucius, das hatte ich bald heraus, ohne besondere Kniffe anwenden zu müssen, weil ich es ihr einfach auf den Kopf zusagte, worauf sie mich aus ihren grauen klaren Augen erschrocken ansah und sofort in Tränen ausbrach. Sie trug übrigens ein sehr hübsches herabfallendes Gewand nach griechischem Geschmack ohne Gürtel, so daß fast nichts zu sehen ist, wenn sie sich geschickt bewegt. Lu-

cius, den ich später auch noch sprach, macht sich viel weniger Gedanken über sein Schicksal als seine eigene Frau, und er muß auch etwas wissen oder vorhaben, was ihm diese Überlegenheit gibt, aber es war leider nichts aus ihm herauszubringen, statt dessen erzählte er Witze, und zwar mit todernstem Gesicht, so daß man die Pointe nicht sofort erfaßte. So fragte er zum Beispiel, warum Poppäa, die zweite Frau von Nero, in der Milch von Eselinnen gebadet habe, und wir waren natürlich der Meinung, um ihre Schönheit zu erhalten. Die Antwort ist aber: Weil Esel keine Milch geben. Beim Abschied rief er mir zu: »Wir sehen uns ja wohl bald, in Alexandria, was, Julia?«
Also will er dem Kaiser wieder nachreisen, und er hat es auch seiner Frau erzählt, denn sie fragte mich, was man dazu tun könne, um Lucius wieder in Ansehen zu setzen, und sie gestand mir, daß sie kürzlich einen Brief an den Kaiser geschrieben habe, der sie sehr schätzt. Ich sagte ihr, sie solle so viel Mut zeigen wie ihr Mann, dann käme schon alles wieder in Ordnung, und nach längerem Reden hatte ich sie so getröstet, daß sie mir aus Dankbarkeit einen ganz entzückenden Ring schenkte, der aus zwei goldenen ineinander verflochtenen Schlangen gebildet wird, deren Köpfe sich in der Mitte treffen und einen Smaragd tragen. Ich war gerührt und wollte den Ring nicht annehmen, doch sie drängte ihn mir förmlich auf und ließ sich dafür von mir das Versprechen geben, sie so oft wie möglich zu besuchen, das ich um so lieber gab, als sie eine wirklich ganz reizende, wenn auch etwas naive Frau ist und mir zudem noch einen besonderen Vertrauensbeweis lieferte, denn schon beim Abschied fragte sie mich flüsternd, was sie mit den Briefen machen solle, die von Zeit zu Zeit von einem Boten abgegeben würden, der immer sofort verschwinde, ohne sich sprechen zu lassen. Die Briefe tragen keinen Absender, sind an Lucius adressiert und werden von ihm sozusagen im verschlossenen Zimmer gelesen und dann sofort in die große Truhe im Atrium eingeschlossen, wo er seine wichtigen Papiere und das Geld verwahrt. Sie befürchtet natürlich, daß es sich um Liebesbriefe einer Frau handelt, aber da sie noch einen zweiten Schlüssel zur Truhe besitzt, was Lucius gar nicht mehr weiß, ist es doch ein leichtes für sie, einmal nachzuschauen, denn, so sagte ich, sie müsse sich entscheiden, was sie mehr belastet: die Ungewißheit oder eine vielleicht unangenehme Wahr-

heit. Das ist eine Temperamentsfrage, aber was mich angeht, so ziehe ich immer die Gewißheit vor, selbst wenn sie schrecklich ist, denn dann habe ich immer noch die Möglichkeit, etwas dagegen zu unternehmen.

Sie schwankte zwar noch, aber ich glaube, sie wird meinem gutgemeinten Rat folgen, denn Lucius erzählt ihr doch nicht alles, und die arme Frau ist von Natur aus ängstlich und muß sich einer vertrauenswürdigen Person mitteilen. Ich glaube schon, daß ich diese Person bin.

XXII

An P. Aelius Hadrianus Aug. Imp.

Göttlicher Imperator! Deiner Weisung vom 12. d. M. entsprechend sind insgesamt 28 Soldaten und 15 Polizeibeamte in Zivil in verschiedenen Häusern der Stadt Tauromenium untergebracht und meinem Befehl unterstellt worden. Zwei von ihnen wurden im Haus des Marcus und Kalos und zehn andere zu Deinem persönlichen Schutz in drei der Kaiserlichen Villa benachbarten Häusern einquartiert. Die Stimmung der Truppe ist gut, wovon ich mich durch einen täglichen Rundgang von Unterkunft zu Unterkunft zu überzeugen pflege. Es wurde den eingeteilten Leuten untersagt, mit Dritten über ihren Auftrag zu sprechen. Es ist damit gewährleistet, daß die noch immer in großer Zahl, hauptsächlich aus Rom und Syracusae anreisenden Touristen nicht in ihrer Ferienstimmung gestört werden. Die Zusammenrottungen, die sich bei Deinen Spaziergängen um Dich bilden, Imperator, bitte ich nicht als Bedrohung Deiner Person, sondern im Gegenteil als Ausfluß Deiner Volkstümlichkeit und großer Verehrung anzusehen. Dennoch werden sich, Deinem Wunsch entsprechend, ständig drei meiner Leute in Deiner Nähe aufhalten.

Quintus Flaminius, Stadtpräfekt
Tauromenium, 16. August

XXIII

Aus Hadrians Reisetagebuch — Tauromenium, 16. August

Von Naxos aus den Aetna bestiegen: Antinous, Crito, Thrasyll, Q. Flaminius, zwei Soldaten, Sklaven, Treiber. Ausgezeichnetes Wetter. Keine Schwierigkeiten. Auf halber Höhe ließen wir die Pferde und nahmen Esel. A. fror und wollte dort auf mich warten. Redete ihm nicht zu, obwohl das ein Fehler ist. Er war blasser als gewöhnlich. Er kann stundenlang in der Sonne sitzen — sein Gesicht verliert niemals die Farbe parischen Marmors. Oben kühl und windig. Konnte Messana sehen. Kleines Frühstück. Später A. abgeholt. Er hatte geschlafen, war freundlich. »Nicht böse sein, Publius. Du hast gesagt, meine Ureltern stammten aus Arkadien. Dort betet man die Götter nicht auf Bergen an.« Ich versicherte ihm, daß *er* mein Gott sei. Er war wie immer verlegen und schüttelte den Kopf. Aber ich könnte es jede Stunde wiederholen.

In Tauromenium Dankgottesdienst und Post aus Rom. Ein ganzer Packen. Mit allen möglichen Kleinigkeiten kommen sie an und wagen nicht, Entscheidungen zu fällen. Auch Sabina ist mir da keine Hilfe. War todmüde und ging gleich ins Bett. A. stieß mich einige Male an. Streichelte ihm den Rücken und schlief darüber ein.

Den ganzen Tag über sah ich A. nicht. Er war bei den Proben im Theater, aß mit den Schauspielern, war dann am Meer. Ich ruhte nach Tisch, später arbeitete ich. Die beiden Sklaven aus der Villa des Lucius in Baiae, die Zeugen dieser Orgien wurden und wissen, daß Lucius mit A. geschlafen hat, wurden vom Kaiserlichen Haushalt angekauft. Sie werden in Ketten nach Nikomedien verfrachtet und dort auf meinem Gut als Landarbeiter angestellt. Unterschrieb einen Befehl in Sachen D. Terentius. Brief an Sabina. Bericht von Q. Flaminius über Kalos und Marcus. Sie haben zugenommen, obwohl sie täglich unter Aufsicht schwimmen. Anweisung an das Pontifikalamt wegen der heiligen Gänse, die nicht schnattern wollen. (Blödsinn!) Einige Befehle an Legaten und Befehlshaber, Beförderungen und Orden. Irgendwo zeichnen sich doch immer irgendwelche Leute aus, obwohl wir keinen Krieg haben. Aber man soll die Menschen nicht dafür büßen lassen, daß sie keine Gelegenheit hatten, sich im Kriege auszuzeichnen.

A. kam herein. Lächelte mich an. Setzte sich auf eine Bank, spielte mit seinem Hund und sah mir bei der Arbeit zu. Ich diktierte weiter. Es tat mir leid. Irgend etwas tat mir leid. Aber es gibt Arbeiten, die man nicht aufschieben kann, wenn man sich spätere, freundlichere Stunden nicht durch schlechtes Gewissen vergiften will. Ich beneide und hasse die jungen Leute, weil sie dieses Gefühl noch nicht kennen. Der Hund bellte. A. schlug ihm auf die Schnauze. Dann ließ er sich etwas zu essen bringen. Er stocherte im Teller herum und sah mich dabei an. Ich arbeitete weiter. A. warf den Rest dem Hund vor. Dann stand er auf, ging umher, reckte und streckte sich, zog die Tunika unterm Gürtel glatt, zog Griffel und Schreibtafel heraus, schrieb aber nichts. Der Hund bellte wieder. Dieses Mal schlug A. ihn nicht und jagte mit ihm um mich und den Sekretär herum. Crito war auch anwesend und wartete auf ein Zeichen meiner Mißbilligung. Ich kam mir schwach vor. Aber ich diktierte weiter, stand auf, um meine Unruhe zu verbergen. Die kapitolinischen Gänse ärgerten mich. Ließ einen Aktenvermerk für ein späteres Edikt machen: Leblose Dinge, Eingeweide, Exkremente und Tiere sollten in Zukunft nicht mehr dazu benutzt werden, über Glück und Unheil zu befinden. In diesem Augenblick geriet mir der Hund zwischen die Beine, ich trat nach ihm, verfehlte ihn und stolperte. Crito fing mich auf. A. lachte laut und lief dem Hund in den Garten nach. Seinen Bogen hatte er achtlos auf die Bank geworfen, die Pfeile waren aus dem Köcher gefallen und lagen überall im Raum herum. Niemand wagte, sie aufzuheben.

Ich traf A. im Peristyl. Eine Hand ließ er ins Goldfischbecken hängen, die andere leckte ihm der Hund. Der Mond stand im letzten Viertel. A. hatte seinen Gürtel verloren. Seine Tunika hing lose herab. Seine Haare kräuselten sich in der Stirn. Er hatte sich seit Stunden nicht mehr gekämmt. Er sprach zu dem Hund: »Ich werde auch groß. Du bist groß. Du bist ein großer Hund. Du weißt schon, was du wissen mußt. Und ich? Wie findest du mich? Ich weiß nichts. Ich weiß nicht, ob man will, daß ich wissen soll.«

»Du hast dich verändert«, sagte ich. Der Hund sah mich und lief fort.

»Das weiß ich nicht. Nicht einmal das weiß ich.«

»Voriges Jahr um diese Zeit waren wir auf der Akropolis. Die Sonne war gerade aufgegangen. Du lehntest an einer Säule des

Niketempels. Dort, wo der Felsen senkrecht abstürzt. Himmel, Säule und du waren eins. Du warst so schön, daß ich nicht wagte, dich zu berühren.«
»Sag das nicht immer, Publius.«
»Ich werde es immer wieder sagen. Außerdem warst du glücklich damals. Damals warst du glücklich.«
»Ja, ja. Ich war zum erstenmal im Leben auf der Akropolis. Ich war ganz benommen.«
»Ich dachte, du warst glücklich, mit mir da oben allein zu sein. Die Begleiter mußten dort warten, wo sie uns nicht sehen konnten.«
»Du erinnerst dich an diese Kleinigkeiten?«
»Ich erinnere mich an alle Kleinigkeiten, die mir wichtig sind. Nicht, was groß ist, ist immer auch wichtig. Ich kenne jedes Haar an deinem Körper.«
»Und mich — mich kennst du auch?«
»Ich glaube schon.« Ich log. Er sah mich an und wartete auf Erklärungen. Ich hatte gelogen, weil ich mir nicht eingestehen wollte, daß ich ihn ganz und gar nicht kenne und dies Nichtkennen vielleicht der Grund meiner Schwäche für ihn ist. Denn es wäre viel selbstverständlicher gewesen, nicht D. Terentius, Kalos, Marcus, und wie sie alle heißen, einzusperren und zu bestrafen, sondern ihn. Es gibt nur eine Strafe für ihn — die dauernde Trennung von mir. Er würde begreifen, was er verliert, aber ich würde vor Sehnsucht krank werden. Das weiß er, und er weiß auch, daß er viel mehr Aussichten als ich hat, sich über den Verlust eines Freundes zu trösten.
Er sagte: »Du denkst zuviel an die Vergangenheit, Publius.« Er wies mit seinem Arm, auf dem sich die ersten dunklen Härchen zeigen, auf den Mond und sagte: »Ist es nicht hübsch hier? Der Mond ist wie ich.«
»Wie meinst du das?«
»Er ist nicht immer da. Meine Vergangenheit ist kürzer als deine. Ich kann mit der meinen nichts anfangen.«
»Sind sechs Jahre nicht genug? Du — sie könnten ein Leben füllen!«
A. verbarg mit beiden Händen die leere Stelle auf seiner Brust.
»Bist du dessen so sicher?«
Bist du dessen so sicher... eine Phrase, die ich ihm beigebracht habe. Er sagt, was ich ihm beigebracht habe. Und doch bekommen

die Worte in seinem Munde einen ganz andern Sinn. Manchmal scheinen sie sich geradezu gegen mich zu richten. Zwei Leute kamen mit Fackeln. Ich jagte sie weg, auch Thrasyll, der sich mit einem großen Fächer an die Tür gestellt hatte. Was wäre zum Beispiel, wenn ich mir mit Thrasyll ebensoviel Mühe gäbe wie mit A.? Wenn ich ihm Latein beibrächte? Wenn ich ihm Lehrer gäbe? Wäre es dann anders? Thrasyll ist etwa so alt wie A. Seine Hautfarbe ist schwarz, das ist alles. Was wäre also anders? Oh – ihr Götter! Ich will diesen Gedanken nicht zu Ende denken!
»Gut«, sagte ich. »Wenn dir die Zukunft so wichtig ist ... Was machen wir morgen?«
»Ich weiß nicht«, sagte A. und nahm die Hände herunter.
Er wußte nicht, was tun ... Oh – dieser Mensch. All die Tage hatte ich versucht, es zu vergessen. Es hatte sich in mich wie eine Krankheit eingefressen, aber ich hatte gelacht, ich hatte gegessen, geschlafen, gearbeitet ... Es war mir einigermaßen gelungen, es zu vergessen. Zehnmal hatte ich in Gedanken Lucius auf ein Kommando nach Lusitanien oder Hibernien geschickt, A. den Kopf gewaschen, ihn zur Verzweiflung gebracht, zu Boden geworfen ... Aber ich *wollte* vergessen. Ich weiß, daß ich schwach bin. Ich weiß aber auch, daß mich Stärke unglücklicher machen würde. Es war etwas geschehen, was ganz außerhalb meiner selbst lag und mich doch betraf wie nichts auf der Welt. Und ich war hilflos gewesen.
»Also – was schlägst du vor?« sagte ich stockend. »Komm heraus mit deiner Zukunft!«
Vielleicht hatte er erraten, was ich inzwischen gedacht hatte. Er setzte sich auf meinen Schoß, umhalste mich, küßte meine Stirn und ließ sich nicht abwehren. Ich spürte meine Widerstandskräfte erlahmen, als seine Körperwärme durch den Stoff meiner Tunika drang, meine Beinmuskeln sich spannten und er sein rundes Hinterteil auf meine Oberschenkel preßte.
Schließlich schob ich ihn von mir weg. Ich bin ihm körperlich noch immer überlegen. Da sagte er: »Ich will dir nicht sagen, wen ich liebe. Du mußt es fühlen. Ich bin jung. Ich bin so sehr jung. Was liebst du an mir? Meine Jugend, nicht wahr, du liebst doch meine Jugend?«
Wieder war ich in der Defensive. »Ich liebe an dir deine Zukunft, das, was aus dir werden kann, deine künftige Kraft, deine künftige

Überlegenheit, deinen Geschmack, dein Vermögen, zwischen Hell und Dunkel zu unterscheiden... all das, was in Dir angelegt ist. Zwinge mich nicht zu sagen, was ich an dir liebe. Ich könnte etwas vergessen.« Oh – wie war ich schwach! Jetzt, da ich es schreibe, weiß ich es genau.
Er hockte sich auf den Boden und sah mich von unten her an.
»Willst du nicht wissen, was ich an dir liebe?«
»Nein«, sagte ich.
»Du hast recht. Es wird besser sein. Ich kann mich doch nicht so gut ausdrücken wie du. Und du weißt ohnehin, daß ich an dir nicht all das lieben kann, was du an mir liebst.«
Er hatte seinen Trumpf ausgespielt. Eine Sekunde lang schien es mir das Beste, ihn sofort im Goldfischteich unter Wasser zu drücken, um ihm zu zeigen, daß er sterblich ist wie ich.
»Wir sollten nicht soviel reden«, sagte ich. »Das schadet nur.« Ich brach damit die Debatte ab. Ich konnte sie auch in Gedanken zu Ende führen. Sie kann nur ein Ergebnis haben: Wir hatten festgestellt, daß das, was wir aneinander lieben, sich nicht deckt. Und wenn A. erst einmal erkannt hat, daß das, was er mir nicht geben kann, für mich leicht im Gespräch mit überragenden Köpfen zu erlangen ist, dann ist die nächste Folgerung, daß auch ihm das Recht zugebilligt werden muß, sich das zu beschaffen, was ich ihm meinerseits nicht geben kann. So wie in meinem fortgeschrittenen Alter das geistige Element, so spielt in seinem Leben das körperliche Element die beherrschende Rolle. Seine scheue, verspielte und verschlossene Art kann mich nicht darüber hinwegtäuschen. Und damit sind wir beim eigentlichen Problem. Es darf nie ausgesprochen werden. Ich wäre mit Sicherheit der Verlierer.

XXIV

P. Aelius Hadrianus Caes. Aug. Imp.
an M. Titus Bulla, Praetor in Rom – Tauromenium, 16. August

Die in Puteoli festgenommenen und in Rom in Haft gehaltenen D. Terentius, genannt Cicero, und Konsorten sind sofort nach Erhalt dieses Befehles ins Mamertinische Gefängnis zu überführen. Sie erhalten die übliche Gefangenenkost, dürfen das Gefängnis auch in Begleitung nicht verlassen und dürfen keinen Besuch empfangen, auch von Angehörigen des Kaiserlichen Hauses nicht. Es ist insbesondere streng darauf zu achten, daß die Gefangenen weder schriftlich noch mündlich Kontakt mit der Außenwelt aufnehmen. Auch hier darf keine Ausnahme gemacht werden.

XXV

Aus dem Tagebuch der Sabina — Rom, 16. August

Gestern erhielt ich ein dreifach versiegeltes Billett von Lucius. Der Bote, der es mir persönlich einhändigte, war ganz in Rot gekleidet, und nur von seiner rechten Schulter fiel ein schwarzes Seidenband, das bis fast zu den Füßen reichte. Lucius bat mich in dringendem, fast flehendem Ton, ihm sofort einen Besuch zu machen. Der Ton und auch die Form der Bitte beunruhigten mich und ließen mich Schlimmes befürchten, sei es nun eine Komplikation bei Avidia oder eine Katastrophe bei Lucius selbst oder seinen Freunden. Ich ließ mich also verschleiert in sein Haus tragen. Da es Nacht war, kann mich niemand erkannt haben.

Julia begleitete mich, wurde aber von Avidia in Anspruch genommen, während ich mit Lucius eine Unterredung unter vier Augen hatte. Es ging wirklich um D. Terentius und seine Freunde, die, wie er meinte, in höchster Gefahr schwebten. Er fragte mich, ob auch ich Nachrichten aus Sizilien habe, die darauf hindeuteten, daß die Gefangenen ohne Gerichtsverfahren aus dem Wege geräumt werden sollen. Ich verneinte. Lucius rückte die Lampe so, daß er mein Gesicht sehen konnte, während das seine im Schatten blieb — eine Beleidigung der Augusta gegenüber, wenn der Gegenstand nicht so wichtig gewesen wäre —, und fragte mich, ob ich nicht auch wisse, was seine Freunde wüßten. Zuerst begriff ich nicht, was er meinte, aber dann wurde ich gegen meinen Willen rot, da ich dem Licht der Lampe wehrlos ausgesetzt war. Daraufhin erklärte er, es täte ihm leid, mir diese Fragen stellen zu müssen, aber es sei für ihn ungeheuer wichtig zu wissen, wer noch alles von den Vorgängen in seiner Villa in Baiae erfahren habe. Alle diese Menschen, sagte er und sah mich fest und bedeutungsvoll an, schwebten in höchster Gefahr. Der Kaiser fühle sich tödlich beleidigt, und es wäre gar nicht auszuschließen, daß er alle Mitwisser dieser sogenannten Beleidigung mundtot machen wolle, wobei ihm sicher jedes Mittel recht sei. Er, Lucius, jedenfalls, würde alles tun, was in seiner Macht stünde, um die dem Zorn des Kaisers zu entziehen, die in Gefahr wären. Wir — er sagte ausdrücklich wir und bezog mich ein —, die wir nicht fliehen könnten, müßten uns daher um so enger zusammenschließen und uns von unsern Maßnahmen gegenseitig unterrichten.

Ja — er ist tatsächlich schlau. Er hat es dahin gebracht, mich in eine Art von Komplott zu ziehen, und nach diesem Besuch im Gefängnis konnte ich auch kaum noch zurück. Um mir meine Bestürzung nicht anmerken zu lassen, lachte ich und sagte, es gäbe im Grunde keine noch so gefährliche Wahrheit, die bei richtiger Anwendung nicht auch als Waffe zu gebrauchen sei. Während er in alter Verschwörermanier ein Auge zusammenkniff, die Beine übereinanderschlug und sich lässig zurücklehnte, befahl er Wein. Er war auch jetzt, zu Hause, hochelegant angezogen, auf der Brust eine Gemme seiner Frau, einen goldenen Reifen am Oberarm, einen Ring mit einem Amethyst am Finger, glatt rasiert, frisiert, kein Härchen auf den glatten Beinen und Unterarmen. Aus dem Nebenzimmer hörte ich Lachen. Julia hatte es also dahin gebracht, Avidia zum Lachen zu bringen, so wie mir auch Lucius einige Male ein Lächeln abzwang.

Aber als wir später in der Sänfte saßen, war mir nicht wohl bei dem Gedanken, was jetzt alles auf mich zukommen könnte, und ich erwog die Möglichkeiten, die mir offenstehen, um des Kaisers Vertrauen nicht zu verlieren. Julia in ihrer göttlichen Unbefangenheit merkte nichts davon, oder sie wollte mich bewußt aufheitern, wie sie es auch mit Avidia getan hatte. Sie erzählte eine haarsträubende Geschichte von Vipsana Quintilla, die ihr gesamtes Personal, soweit es weiblichen Geschlechts war, verschenkt und es durch Männer und Knaben ersetzt hat, die statt dessen in Frauenkleidern herumlaufen müssen. Es gelang ihr bei weitem nicht so gut wie Lucius, meine Sorgen zu zerstreuen, sie merkte es auch und schwieg beleidigt.

XXVI

Bericht 10.69 der Geheimen Staatspolizei

In der Nacht vom gestrigen auf den heutigen Tag wurden D. Terentius, genannt Cicero, und seine Mitgefangenen gewaltsam aus ihrem Gewahrsam befreit. Die Bewachung des Gefängnisses bestand aus zehn Mann. Davon taten in der fraglichen Stunde drei Mann Dienst: Zwei in der Wachstube, einer im Gang vor den Arrestlokalen. Die beiden Leute in der Wachstube wurden durch einladende Gesten von Mädchen abgelenkt, die sich vor den Fenstern und in der Wachstube selbst aufhielten. Gleichzeitig drangen einige Bewaffnete in Kapuzenmänteln in die Alte Feuerwache ein, erschlugen den sich heftig wehrenden Wächter und entführten die Gefangenen. Eine Untersuchung wurde an Ort und Stelle vorgenommen. Sämtliche Häuser der mit den Entführten befreundeten Personen wurden noch in der gleichen Nacht durchsucht. Der Unterzeichnete begab sich selbst in das Haus des Edlen L. Ceionius und traf ihn leidend im Bett an. Die Stadtpräfektur wurde ersucht, alle Rom verlassenden Personen zu kontrollieren und gegebenenfalls anzuhalten.

gez. M. Titus Bulla, Praetor
Rom, 17. August

XXVII

Claudia Crispina an Julia Balbilla in Rom —
Tauromenium, 17. August

Da staunst Du, edle Herrin, nicht wahr? Sieh gern noch einmal auf den Absendeort — er stimmt. Die Landschaft ist bildschön und der Betrieb ziemlich aufregend. Ich glaube nicht, daß es in Deinem berühmten Rom jetzt interessanter ist. Ich schreibe auch nur, um Dir zu sagen, wo ich bin, und um Dir für Deinen Brief vom zweiten zu danken, den ich kurz vor meiner Abreise in Puteoli erhielt. Wenn alles so weitergeht wie bisher, wird dies der lustigste Sommer meines Lebens, obwohl er mit dem Sammeln von Steinen begonnen hat.

Wenn Du nicht so weit weg wärest, würde ich aus Dankbarkeit vor Dir auf den Knien herumrutschen, denn Du hast mir wirklich einen fabelhaften Rat gegeben! Hier sind allerdings junge Leute in Massen, und alle wollen ihr Glück machen. Man sollte immer dahin gehen, wo Frauen in der Minderzahl sind. Daß »Urbs et Orbis« diesem Wunsch der Damen noch nicht Rechnung getragen hat und entsprechende Spezialreisen veranstaltet ...! Du weißt ja auch, daß ein junger Mann, dem es nicht gelingt, in einer Nacht tausend Sesterzen im Bett zu verdienen, auch ganz gern seine Gunst alleinstehenden Damen schenkt, und noch dazu für niedrigere Spesen. Welch ein Glück, keine Vestalin zu sein, denn dann käme zu allen übrigen Aufregungen auch noch das schlechte Gewissen! Bei meiner Ankunft stand mindestens ein Dutzend junger Leute um meinen Wagen herum, manche noch so jung, daß sie unsere Enkel hätten sein können. Entschuldige diese dichterische Freiheit.
Den Kaiser sah ich auch schon. Er ging mit dem Bithynier Arm in Arm spazieren, und zwar zu Fuß selbstverständlich, sie lächelten, selbst der Junge, und hinter ihnen her ein Haufen Menschen, die gleichzeitig scheu und neugierig kaum drei Schritt Abstand hielten. Dies ist wahrhaft ein drolliger Ort, an dem alles kopfsteht, aber an dem auch alles seinen gehörigen Platz findet — davon bin ich überzeugt. Es ist alles etwas exklusiver als in Rom, weil sich nur extravagante Leute den Luxus erlauben können, die hiesigen Preise zu zahlen. Na, jedenfalls wie die beiden spazierengingen, sah es nicht so aus, als hätten sie sich zerstritten. Insofern tut es mir leid um Dich und Deine Herrin, denn Ihr ersehnt ja geradezu den Krach. Andrerseits ist es für uns hier in Tauromenium wahrscheinlich besser, wenn zwischen den beiden eitel Freude und Sonnenschein herrschen, denn diese Stimmung steckt an und ist für niemanden zum Nachteil. Es gibt natürlich Ehepaare — entschuldige, wenn ich in diesem Zusammenhang von Ehepaaren spreche —, die gerade dann der Öffentlichkeit ihr »Glück« vorführen, wenn es sich längst in Gleichgültigkeit aufgelöst hat. Wahrhaft Glückliche denken nur selten daran, ihren Zustand andern vorzuführen, denn Glück macht egoistisch. Das kannst Du Deiner Herrin als Trost und Hoffnung auch noch sagen.
Mit meiner Heimreise wird es vorläufig nichts. Sorge lieber dafür, daß Du und Deine Herrin hierher befohlen werdet. Und was zum

Schluß Deine liebeskranke Tochter angeht – mach ihr Mut und hindere sie nicht daran, den zu lieben, den sie für den Mann aller Männer hält, auch wenn er nur ein Gladiator ist. Und wie ich meinem letzten Brief schon schrieb – er *ist* ein Mann. Wenn er schon dazu bestimmt ist, eine Frau glücklich zu machen, warum dann nicht Deine Tochter?

XXVIII

L. Ceionius an Antinous in Tauromenium – Rom, 18. August

Vielen, vielen Dank für Deinen Brief vom achten. Du schreibst wenigstens. Ich fauler Kerl nehme mir immer wieder vor, an Dich zu schreiben, und dann bin ich plötzlich nicht in der Stimmung dazu. Und das ist kein Wunder, denn ich habe sozusagen Hausarrest oder doch Stadtarrest. Ich darf Rom nicht verlassen. Das wäre an sich gar nicht schlimm, denn es gibt genug Zerstreuungen hier. Ich sitze aber die meiste Zeit zu Hause bei meiner Frau. Meine Freunde stehen auch nicht mehr zur Verfügung, und Du wirst ja erfahren haben, warum. Selbst, wenn ich sie täglich sehen könnte, würde ich es wahrscheinlich gar nicht wollen. Das ist alles nicht wichtig. Wichtig ist allein, daß ich die *Möglichkeit* nicht habe, das zu tun, wozu ich Lust habe. Ich würde von meiner Freiheit zwar keinen Gebrauch machen, aber daß ich sie nicht habe, das macht mich fast krank. Ich will es einmal so beschreiben: Ich bin ein Falke, der nicht an der Kette liegt, der aber weiß, daß er sofort abgeschossen wird, wenn er sich in die Luft erhebt. Wie gefällt Dir der Vergleich?
Aber trotz allem bin ich dem Kaiser nicht böse. Man kann ihm einfach nicht böse sein. Und weißt Du, warum nicht? Weil auch er keinem seiner Freunde ernsthaft böse sein kann. Und darum habe ich im Grunde eigentlich nur einen Wunsch: wieder in der Nähe des Kaisers zu sein. So wie Du, Antinous. Mehr wollte ich gar nicht sagen. Ich lasse Dir diesen Brief persönlich zugehen, aber wahrscheinlich wirst Du dem Kaiser davon erzählen. Kürzlich schrieb ich ihm selbst. Vielleicht erweist er mir die Gnade zu antworten. Dich grüße ich sehr herzlich. Alles ist in Ordnung.

XXIX

*P. Aelius Hadrianus an Avidia Plautia in Rom —
Tauromenium, 19. August*

Dank für Deinen Brief vom sechsten. Es ist mir gerade als Kaiser
eine Ehre, daß Menschen so viel Vertrauen in mich setzen, wie Du
es tust, liebe Avidia. Es wäre mir eine noch größere Ehre, Dich als
Mutter meines Enkels begrüßen zu können. Viele glauben, daß das
Kind, das Du unterm Herzen trägst, der künftige Kaiser ist. Auch
ich dachte oft daran und tue es noch, da ich mich nur schwer von
einer einmal gefaßten Vorstellung lösen kann.
Ich schätze vor allem an Dir Deine Liebe und Dein unbedingtes Zutrauen zu Deinem Mann, liebe Avidia. Ich selbst habe erfahren, daß
es nicht immer der Würdigste sein muß, den man liebt. Ich habe
Deinen Brief verstanden: Du bittest um Gnade. Du sagst: Mein
Blick reiche weiter als der Deine. Ich wünschte, es wäre so. Wenn ich
einen Beweis dafür hätte, daß Dein Mann es aufgegeben hat, den
Ereignissen vorzugreifen, würde ich über seine Reue nachdenken.
Avidia — ich schätze Dich nach wie vor, und Du darfst auch meiner
künftigen Hochachtung sicher sein, wenn es Dir gelingt, Deinem
Mann *das* klarzumachen. Dein Gefühl wird Dir den rechten Weg
weisen. Denke an das Kind. Es ist vielleicht wichtiger als ich oder
Dein Mann, ja, wichtiger als Du selbst.
Solltest Du die Augusta sehen, sage ihr, daß ich an sie denke,
auch wenn ich nicht an sie schreibe.

XXX

Aus dem Tagebuch der Sabina — Rom, 20. August

Die Stadt ist wie ein aufgestörter Ameisenhaufen. Überall Kon-
trollen, Verdächtigungen, ja sogar Verhaftungen ... und das in
einer Zeit, in der die Stadt von Touristen überschwemmt ist! Vor
einigen Tagen wurden D. Terentius und seine Freunde gewaltsam
befreit, und nun stellen die Behörden die Stadt auf den Kopf, um
die Mittäter zu finden. Wir gehen in diesen Tagen nicht aus, und

Julia hat ihre Angst auf die Spitze getrieben und sich ins Bett gelegt. Selbst Tranquillus hat ein wenig von seiner Überlegenheit eingebüßt und mich gebeten, in den nächsten Tagen und Nächten hier oben bleiben zu dürfen. Ich habe ihm ein paar Zimmer anweisen müssen, die er dankbar annahm. Nun sitzt er jeden Abend bei mir, weil er sich in meiner Gegenwart sicher fühlt, und erörtert mit mir das Problem, ob der Mensch von Natur aus gut oder böse sei.
Avidia und Julia sind Freundinnen geworden. Noch weiß ich nicht, was ich davon halten soll. Avidia gehört zu den heute seltenen Frauen, die ihr Glück darin sehen, nur einen einzigen Mann zu lieben. Wenn die Männer sich gegenseitig Lorbeerkränze aufsetzen, dann sollte sie einen Kranz aus Piniennadeln tragen, denn die Pinie ist der beständigste Baum. Ich fürchte nur, daß Julia die Freundschaft dieser gutgläubigen und arglosen Frau sucht, um sich Kenntnisse zu verschaffen, die keinem nützen und uns womöglich schaden. So hat Julia erfahren, daß Lucius von Antinous Briefe erhält und sie aufbewahrt. Avidia wußte längst, daß Lucius Briefe empfängt, wagte aber nicht, den Absender in Erfahrung zu bringen, obwohl sie den Schlüssel zur Truhe besitzt, in der sie sind. Nur Julia kann sie veranlaßt haben, die Truhe heimlich zu öffnen und nachzuschauen, womöglich auch, die Briefe zu lesen.
Ich habe Julia den Mund verboten; ich will nichts wissen. Aber – wenn ich ehrlich sein soll – will ich wirklich nichts wissen? Warum schreiben sie einander? Wer von beiden ist die treibende Kraft? Lieben sie sich? Wer liebt stärker? Welche Leidenschaft ist am Werke, einen solch gefährlichen Briefwechsel zu unterhalten? Was denken junge Menschen? Denken sie überhaupt? Tranquillus hätte eine Antwort, und ich könnte mir denken, welche. Vielleicht würde er sagen: Es ist das Geheimnis der wahren Liebe, nicht an die Zukunft zu denken. Nur *die* Liebe kann rein und selbstlos sein, die nicht nach den Folgen fragt. Und wenn ich ihm dann entgegnen würde, er verwechsle Liebe mit dem Trieb, dann würde er wohl sagen: Der Trieb ist das Haus, in dem die Liebe wohnt; das Haus zu bewohnen ist Sache der Seele ...
Ich habe mein Haus nicht bewohnt; es ist fast leer.

XXXI

*P. Aelius Hadrianus an L. Ceionius Commodus —
Tauromenium, 21. August*

Erinnerst Du Dich an jenen Abend, als Du fragtest: »Meinst Du, daß ich berechnend bin?« Es war vor sechs Jahren. Ich wußte, daß unsere Zeit abgelaufen war, und doch war ich nicht ehrlich, als ich antwortete: »Ein bißchen schon.« Du zogst die Mundwinkel nach unten und sagtest verächtlich: »Nun — ich habe es mir gedacht. Du liebst nur meinen Körper. Manchmal gestehst Du mir auch zu, daß man sich mit mir ganz vernünftig unterhalten kann. Aber von meinem Herzen hast Du nie gesprochen. Du glaubst, daß ich keines habe. Du hältst mich für berechnend. Ich weiß Bescheid. Vielen Dank.«
Damals, Lucius, hätte ich mich für meine Worte prügeln können. Aber heute weiß ich — ich hatte recht. Du hast also meinen Brief bekommen und hättest fast geweint! Wir sind nicht auf dem Theater. Ich weiß, wen Du liebst. Lassen wir Deine Frau aus dem Spiel. Die Liebe zu Frauen ist eine völlig anders geartete Sache, die nichts mit dem zu tun hat, wovon wir sprechen.
Du fragst mich, warum ich Deine Freunde verhaften ließ. Meine Antwort: Ich wollte Dich schützen. Du brauchst Freunde, die Dir angemessen sind. Der beste Freund ist der, der größer ist als Du, Lucius. Jene aber zogen Dich herab. Ich mußte sie verhaften lassen, da sie Deiner nicht wert sind und Du die Verbindung zu ihnen freiwillig nicht aufgegeben hättest. Sie sind aus dem gleichen Holz gemacht wie jene, die Antinous aufgegessen haben. Sehr witzig, nicht wahr?
Du hast die Grenze meiner Zuneigung erreicht, Lucius. Ich bin nicht sicher, ob die Ereignisse in Baiae nicht unser Verhältnis bis zum Ende belasten. Sie zu vergessen ist vermutlich leichter, als das Vertrauen wiederherzustellen, das damit verlorenging. Du willst der Verführte gewesen sein ... Du, der Ältere ... Um Erklärungen und Entschuldigungen warst Du nie verlegen. Du solltest einmal versuchen, über Dich selbst nachzudenken. Ich kann unbesorgt sein, daß Deine Selbstbetrachtungen zur Introversion führen. Diese Gefahr besteht bei Dir am wenigsten.

Deine Frau hat ein gutes Wort für Dich eingelegt. Ich will hoffen,
daß es ohne Dein Wissen geschah. Du hast eine sehr gute Frau,
Lucius. Daß sie im Grunde zu schwach für Dich ist, kann man ihr
nicht als Fehler anrechnen.
Mir wäre lieb, Du schriebest keine zerknirschten Briefe, sondern
hieltest Dich an meine Wünsche. Ich habe Dich nicht unter Hausarrest gestellt, wie es wohl angebracht gewesen wäre. Schon nutzest
Du diese Freiheit aus und verläßt die Stadt. Lucius – ich warne
Dich!
Ich werde Dir kein Geld überweisen. Du wirst lernen, mit dem zufrieden zu sein, was Du hast. Treibe Deine Studien voran. Du hast
jetzt Zeit genug. Grüße Deine Frau von mir.

XXXII

Anweisung des P. Aelius Hadrianus Caes. Aug. Imp. an den Verwalter der Kaiserlichen Privatschatulle –
Tauromenium, 21. August

Zahle drei Tage nach Erhalt dieser Anweisung 15 000 – in Worten: fünfzehntausend – Sesterzen in bar gegen Quittung an die
Herrin Avidia Plautia, Gemahlin des Edlen L. Ceionius Commodus
in Rom.

XXXIII

*Epiktetos an Publius Aelius Hadrianus Caes.
Aug. Imp. Pont. Max. etc. – Nikopolis, 9. August* (griechisch)

Du machst mich glücklich mit Deinem Vertrauen, und seitdem ich
Deinen Brief vom 19. Juli in den Händen halte, weiß ich, daß ich
mich nicht zu Unrecht Deinen Freund nenne. Ich las Deine Zeilen
mit der größten Bewegung, und ich schwankte lange, ob ich den
Brief den Flammen überantworten sollte. Ich habe mich jedoch entschlossen, da Du in Aussicht stellst, mich zu besuchen, ihn für Dich
aufzuheben. Was auch geschehen mag, nach vielen Jahren, wenn ich

längst nicht mehr bin, wirst Du vielleicht noch lesen wollen, was Dein wahres Leben in diesen Monaten gewesen ist. Und sei nicht so bescheiden: Wir Griechen haben Logik und Klarheit der Sprache nicht gepachtet. Es gibt genügend Menschen, die uns für Schwätzer halten.
Da Du schon fragst – ich selbst, ich spreche nie davon –: Die Lähmung hat sich nur soweit verschlimmert, wie es bei zunehmendem Alter natürlich ist. Mit einem Wort – ich klage nicht.
Du hast die drei gestellten Fragen glänzend eingeleitet, indem Du die Gedanken und Erinnerungen beschriebst, die Dich zu diesen Fragen führten. Es hat mich nicht gewundert, daß Du dem Rat nicht folgtest, einen jungen und geliebten Menschen nie allein sich selbst zu überlassen. Hoffe einen jungen Menschen nie durch Großzügigkeit zu gewinnen: Er wird sie nicht verstehen; er wird sie im Gegenteil als Beweis Deiner Schwäche auslegen. Es ist geschehen – vielleicht kam auch mein Rat zu spät. Auch einem reifen Menschen, selbst einem Kaiser, soll nicht die Möglichkeit genommen werden, seine Erfahrungen selbst zu machen. Schmerzvolle eigene Erfahrungen haben das nötige Gewicht und verleihen zudem noch das Gefühl, nicht alles schon gewußt zu haben, mit einem Wort – nicht alt zu sein. Zum Trost: Ich wünsche sehr, ich hätte unrecht.
Du schreibst mir, daß ihr für ein paar Wochen nach Sizilien geht. Ich nehme an, daß Du dort nicht allein bist. Wenn Du in Deinem Leben noch niemals dort warst, hast Du den Platz sehr gut gewählt. Es gibt kaum eine bessere Möglichkeit, selbst eine zur Gewohnheit werdende Freundschaft mit neuen Lichtern zu versehen, als an einen Ort zu reisen, den keiner der Liebenden kennt. Willst Du mit einem andern Menschen glücklich sein, achte darauf, daß weder Du noch er diesen Ort bereits zu einem Glied seiner Erinnerungskette gemacht hat. Du und Dein Freund kennt Sizilien nicht, wie ich vermute, und so wird es ein guter Platz für Euch sein. Du schreibst auch, später nach Ägypten und Hellas gehen zu wollen. Fahre nach Griechenland, wenn es Dein Amt erfordert, doch fahre jedenfalls allein. Du warst in Griechenland unendlich glücklich – ich höre Deine eigenen Worte noch in meinen Ohren –, und es ist unvorstellbar, daß sich dieses Glück wiederholt. Das Glück trifft uns unvorbereitet, und dadurch erst erhält es sein Gewicht. Die Götter, die immer dafür sorgen werden, daß wir sie nicht vergessen und

daß wir ihnen von Zeit zu Zeit dankbar zu sein haben, erlauben nicht, daß wir ein Glück nach unsern Wünschen wiederholen, indem wir einfach die gleichen Verhältnisse wiederherstellen, unter denen wir einstmals glücklich waren. Und selbst, wenn Du vorziehst, die Götter aus dem Spiel zu lassen, läßt sich ein Glückszustand schon aus logischen Gründen nicht wiederholen: Jedes Gefühl – und es muß nicht immer Glück, es kann im Gegenteil auch Schmerz sein – setzt eine bestimmte Konstellation voraus, die wir nie in allen Einzelheiten rekonstruieren können. Es genügt nicht die äußerliche Kulisse der uns umgebenden Natur, die sich im übrigen auch nicht dauernd gleichbleibt – ganz bestimmte Menschen müssen zusammenkommen, zu einem bestimmten Zeitpunkt ihres Lebens, unter dem Einfluß ganz bestimmter Wünsche, Hoffnungen und Stimmungen, die schon am nächsten Tag nicht mehr die gleichen sind. Wie kannst Du also hoffen, noch nach Jahren die gleichen Voraussetzungen vorzufinden, unter denen Du einmal glücklich warst? Traure nicht einem vergangenen Glück nach; Du kannst es doch nicht wiederholen. Halte lieber Deine Augen offen für ein neues. Das Glück ist überall, die ganze Welt ist voller Glück. Zu jeder Stunde ist es greifbar, wenn Du nur den Willen hast, es auch zu packen. Das Glück ist bei den Staatssklaven in den Steinbrüchen, wenn der Tag kühl und windig ist oder man eine Sonderration Brei ausgibt; es ist beim armen asiatischen Bauern, der des Abends zu seiner Frau kriecht und sich durch ihre Wärme erregen läßt; es ist beim Hirten, der ein verlorenes Schaf wiederfindet; es ist beim Fischer, der einen guten Fang macht; es ist beim Schauspieler, dem man zujubelt, beim Soldaten, der müde ist und schlafen darf, und beim Kaiser, der morgens frisch erwacht, da er am Vortag ein Edikt unterschrieben hat, das einigen tausend Menschen einer fernen Stadt die Befreiung von unerträglichen Lasten bringen wird. Mein großer Freund – solltest Du nicht schon deshalb glücklich sein, weil Du Kaiser bist und es in Deine Hand gegeben ist, den ganzen Erdkreis glücklich zu machen? Aber – verlange von den Göttern in Deinem persönlichen Bereich nicht mehr, als sie auch dem ärmsten Deiner Sklaven zubilligen würden. Den Göttern gefiel es, sich zu wiederholen und Dich ein zweites Mal an einen Freund zu binden. Du darfst Dich wahrhaft glücklich schätzen, denn was Dir widerfuhr, kommt nur höchst selten vor. Und selbst wenn auch dies

Glück einmal ein Ende nehmen sollte, was ich gewiß nicht wünsche, so darfst Du es deshalb nicht geringer achten.

Du schilderst die verschiedenen Stadien, die Dein Freund durchlief. Diese Schilderung zeigt mir zweierlei. Zum ersten: Du reflektierst zuviel, mein kaiserlicher Freund. Ich sollte Dich darum nicht schelten, denn Reflektieren ist ja mein Beruf. Doch gibt es einen großen Unterschied zwischen Dir und mir: Ich sammele die Worte, Taten, Leiden und Freuden der Menschen zu Bündeln, um mit deren Hilfe zu allgemeingültigen Aussagen zu kommen. Ich weiß sehr wohl, welche Gefahr in der damit verbundenen Verallgemeinerung steckt, aber wir besitzen bisher kein anderes Mittel, um wenigstens ein Minimum an Erkenntnissen zu erlangen. Wir haben dafür die Möglichkeit, bei der praktischen Anwendung einer allgemeinen Erkenntnis auf den Einzelfall Modifikationen vorzunehmen – das heißt, wir Philosophen, die nicht eitel sind. Ich strebe nicht nach Erkenntnis, um damit mein Leben zu ordnen und mir womöglich persönliche Vorteile zu verschaffen. Täte ich das, würde ich mich der wichtigsten Voraussetzung jeder philosophischen Betrachtung von Anfang an begeben: der Objektivität. Das unterscheidet uns. Auch Du willst Erkenntnisse gewinnen, Du reflektierst über das, was gesprochen wird, was Du für Wahrheit hältst, über das, was Du zu fühlen glaubst, und über das, was man Dir zuträgt. Doch reflektierst Du nur über das, was Dich persönlich interessiert, woran Du persönlich engagiert bist. Damit ist jedes Ergebnis Deiner Überlegungen von vornherein falsch, weil es subjektiv gefärbt ist. Entschuldige, wenn ich es so deutlich sage und sogar noch einen Schritt weiter gehe: Du gewinnst nicht nur falsche Erkenntnisse, sondern Du trübst sogar Dein Glück. Jede Minute, in der Du über das nachdenkst, was hätte sein können und was werden wird, nimmt Dir eine Minute einer glücklichen Gegenwart. Je fragwürdiger Dein Glück – und Du wirst zugeben, daß Deine spezielle Form der Freundschaft besonders zerbrechlich ist –, je weniger solltest Du darüber reflektieren. Hier möchte ich wie die Epikureer sagen: Genieße!

Zum zweiten: Was nun Deinen Freund angeht, so hat er getan, was jeder Knabe in seinem Alter tun würde. Er schlief, und Du hast ihn geweckt. Doch er erwachte nicht sofort und ging wie im Traum eine Weile neben Dir. Du warst sein Führer, ohne den er noch ein paar Jahre weitergeschlafen hätte, um dann zu einem durchschnittlichen Leben zu erwachen. Als er merkte, daß Du sein Führer bist, war seine erste Reaktion unbegrenztes Vertrauen und beginnende Dankbarkeit, die sich in Formen zeigte, die Du Liebe nennst. Es war auch Liebe. Denn welche Möglichkeit hat sonst ein Kind, um Dankbarkeit zu zeigen? Doch weißt Du ebensogut wie ich, mein großer Freund, daß diese kindliche Liebe eine andere ist als die Liebe unter reifen Menschen. Sie ist vor allem – flüchtiger. Sie nimmt im gleichen Maße ab, wie das Kind zum Manne reift und sich seiner eigenen Kräfte und Möglichkeiten immer mehr bewußt wird. Der Heranwachsende reflektiert nicht, und es wäre schlimm, wenn er es täte: Aller menschliche und sittliche Fortschritt hätte dann ein Ende. Da er jedoch nicht reflektiert, nimmt er die ihm erwiesenen Wohltaten, selbst aufrichtige Liebe, als selbstverständlich und unverbindlich hin, besonders, da er sie ja nicht erbeten hat. Weil nun ein junger Mensch es selbstverständlich findet, mehr zu empfangen als zu geben, da nun aber die wahre Freundschaft den gegenseitigen Austausch von Herz, Sinnen und Geistesgaben bedeutet, so muß man sich fragen, bis zu welcher Grenze eine Freundschaft zwischen zwei Menschen möglich ist, deren Vermögen so erheblich voneinander abweichen. Das solltest Du bedenken. Ihr seid nicht gleich und werdet nie gleich werden. Die Basis Eurer Freundschaft ist ja gerade diese Ungleichartigkeit.

Und damit habe ich Deine zweite Frage vorweggenommen: Du fragst mich, ob es wahre Liebe gibt, wenn eine Generation die Liebenden trennt. Ich halte es für möglich, daß es auch hier Liebe gibt, doch wird diese Liebe eine ganz andere sein, als sich beide normalerweise vorstellen. Die Liebe, die Du suchst, wird auf Deiner Seite großes Verständnis und auf der andern Seite ein Maß an Verzicht fordern, das in den meisten Fällen nicht erfüllt werden kann, weil der andere zuviel Möglichkeiten für eine Liebe ohne Verzicht hat. Und dann wird auch das Verständnis des Liebenden nicht mehr ausreichen, um zu verstehen, daß der Geliebte nicht mehr verzichten will. Du machst es mir schwer, Dir einen Rat zu geben. Nimmst Du dem Geliebten die Möglichkeit zu sehen, daß die Welt nicht nur aus Dir besteht, wird er im besten Fall ein stummes Schoßhündchen werden, wahrscheinlich aber wird er Dich hassen, und alles, was zwischen euch noch geschieht, wird Lüge sein. Öffnest Du ihm aber die Welt mit all ihren Verlockungen und Weiten, wirst Du ihm damit gleichzeitig vor Augen führen, auf was alles er verzichtet, wenn er dennoch bei Dir bleibt. Die Verantwortung und die Pflichten, die Du damit übernimmst, reichen hin, um ein Menschenleben bis an den Rand zu füllen. Und dennoch wirst Du nie wissen, ob Dir die Liebe des Geliebten bis ans Lebensende bleibt. Dies als Antwort auf Deine zweite Frage.

Hieraus ergibt sich die Antwort auf die erste Frage unmittelbar. Mich wundert, daß Du sie stellst. Du fragst, ob man lieben kann, wenn man mißtraut. So einfach wie die Frage ist die Antwort. Du kennst sie selbst. Also vermute ich, daß Du noch etwas anderes fragen wolltest, und den Schlüssel finde ich in Deiner Andeutung, daß sich der Geliebte in der Villa Deines früheren Freundes aufhielt. Wenn dies der Grund für Deine Frage war, dann sage mir: Liebst Du den früheren Freund noch? Wenn nicht, mußt Du wohl dem Geliebten das gleiche Vertrauen entgegenbringen, wie wenn er sich an einem andern Ort oder bei einer andern Person aufhielte. Du mußt ihm das gleiche Vertrauen beweisen, das er in Dich setzt, wenn Du Deinerseits mit dem früheren Freund allein zusammen bist. Vor allem mußt Du wissen, welches Gewicht Du körperlicher Untreue Deines Geliebten mit einem Unbekannten oder Gleichgültigen beimißt. Wenn Du ihm Gelegenheit dazu gegeben hast, solltest Du nicht von einem Vertrauensmißbrauch sprechen, denn eine solche Untreue ist für den Geliebten wahrscheinlich nur eine Möglichkeit festzustellen, wie sehr er sich noch an Dich gebunden fühlt.

Wesentlich anders liegen jedoch die Dinge, wenn Du Deinen früheren Freund noch immer begehrst. Dann allerdings sollte ich fragen: Welches Vertrauen wird hier mißbraucht? Verzeih, mein hoher Freund, wenn ich versuche, die Fragen zu behandeln, als rührten sie nicht an mein Mitgefühl. Welches Vertrauen wurde mißbraucht, so frage ich noch einmal. Deines — das des früheren Freundes — das des jetzigen Geliebten? Wer stellt sich auf die Probe? Du — er — jener? Wer will sich für eine heimliche Kränkung rächen? Wer will einen gegen den andern ausspielen? So viele Fragen, wie ich stelle, so viele Antworten gibt es.

Nehmen wir einmal an, daß Du den früheren Freund noch liebst, aber in einer Form, die den jetzigen Geliebten nicht kränken kann.

Wenn also Dein eigenes Gewissen rein ist, wenn Du Deinen jetzigen Geliebten nicht einmal in Gedanken mit dem früheren Freund betrogst, wenn Du bereit bist, Dein Leben unauflösbar mit dem des Geliebten zu verknüpfen, und niemals daran denkst, später einmal mit dem früheren Freund das alte Verhältnis wiederaufzunehmen, hast Du ein Recht darauf, daß man Dein Vertrauen nicht mißbraucht. Wenn Du Anhalte dafür hast, daß es zwischen den beiden zu intimen Begegnungen gekommen ist, wird das Mißtrauen allerdings sein Haupt erheben, und es wird vieler Anstrengungen von beiden Seiten bedürfen, wenn es wieder verschwinden soll. Und dennoch wirst Du kaum ohne geringere Schuld sein als der Geliebte, der tat, was Du selbst nur kraft Deines Willens unterdrücktest. Ganz ohne Schuld wärest Du, wenn Du Deinen früheren Freund sich selbst überlassen und ihn nicht an Dich gebunden hättest, indem Du ihm für später eine Belohnung in Aussicht stelltest. (Man sagt, Du willst ihn zum Caesar erheben.) Wenn es aber so sein sollte, daß Du in einem dies und im andern das liebst – ich bin versucht, es anzunehmen –, dann beklage Dich nicht, wenn beide wissen wollen, was sie eigentlich an Gemeinsamem besitzen. Sie werden es ergründen wollen, weil sie es für das Entscheidendste unter ihren körperlichen, geistigen und seelischen Vorzügen halten. Sie sind beide jung und eitel. Und Du bist Kaiser. Sie werden Dich auf diese Weise in Deiner Abwesenheit ein Urteil sprechen lassen. Und denke immer daran, daß für einen jungen Menschen alles so viel leichter wiegt, was uns schwer vorkommt.

Ich untersuche nicht mehr die Möglichkeit, daß Dein älterer Freund Dich noch liebt wie früher. Auch würde ich es nicht wagen, Dir zu unterstellen, daß Du den einen Dir gewogen hältst, um den andern um so fester an Dich zu binden. Schon gar nicht will ich annehmen, daß Du den Geliebten ganz bewußt auf eine Probe stelltest, der er, wie Du selbst weißt, niemals gewachsen wäre – er ist kaum zwanzig Jahre alt. In diesen Fällen wäre es überflüssig, von Vertrauen oder Mißtrauen zu sprechen.

Ganz allgemein gilt selbstverständlich: Man kann nicht aufrichtig lieben, wenn man mißtraut. Mag Liebe auch zuerst Begehren sein – ihr Ziel und ihre Krönung sind Vertrauen. Fehlt das Vertrauen, bleiben nur noch Reminiszenzen, Täuschungen und Sentimentalitäten übrig. Ich würde sagen – das ist keine Liebe mehr.

Nun Deine Zusatzfrage: Liebt man noch wirklich, wenn man beginnt, darüber nachzudenken? Will man die Gegenwart genießen, darf man nicht reflektieren. (Ich setzte es Dir weiter oben auseinander.) Man kann auch in der Vergangenheit, sozusagen in der Erinnerung lieben, doch es ist nicht die Liebe, die ein lebendiger Mensch ersehnt. Über Ursachen und Folgen einer Liebe nachzudenken wird ihr gewiß nicht gut tun. Die Gefahr, die hierin liegt, kann ausschließlich von Dir kommen; Dein Geliebter unterliegt solchen Spekulationen nicht, wie ich ihn kenne. Ich wünsche Dir, daß er sie niemals anstellt.
Die letzte Frage galt den Christen. Hier gibt es keine, doch hat man mir genug davon erzählt. Ich finde sie nicht so abscheulich wie manche, nicht einmal primitiv. In vielem sind sie mir ähnlich, wenn auch nicht gleich. Ich folge ihnen, wenn sie an eine Gottheit glauben, die uns zwar manche Rätsel stellt, uns aber niemals aus ihrer Hand fallen läßt. Worin ich ihnen nicht folge, ist ihre bedingungslose Ergebenheit in den Willen der Gottheit, während ich den Menschen soviel Verstand und Handlungsfreiheit zubillige, daß sie ihr Schicksal nicht vollkommen widerstandslos über sich ergehen lassen müssen. (Erinnere Dich an meinen vorhergehenden Brief, in dem ich darüber schrieb, wieweit es in unserer Macht steht, sich einer großen Liebe anheimzugeben.) Da ich immer höre, daß sich die Christen nicht gegen Staat und Kaiser auflehnen — so seltsame Bräuche sie auch haben mögen —, meine ich, daß es von Staats wegen keinen Grund gibt, sie zu verfolgen. Das Ethos, das sie predigen, steht hoch. Sie haben einen Gott oder Halbgott, der vor hundert Jahren auf der Erde gelebt haben soll. Ich nehme an, daß es sich dabei um einen Menschen handelte, der mehr als andere die Kraft und Hingabe besaß, die Existenz ihres Gottes nachzuweisen. Er soll gekreuzigt worden sein, und einen Ästheten wie Dich wird die Vorstellung von einem Halbgott abstoßen, der, an ein Querholz genagelt, in der größten Mittagshitze allmählich verblutet und verdurstet. Dies aber scheint ihnen nichts auszumachen; sie behaupten, daß nur dieser widerliche und grausame Tod ihren Halbgott in die Lage versetzte, in den Himmel aufgenommen zu werden. Nehmen wir das Wenige, das ich weiß — wenn Du schon glaubst, Menschen ihrer Neigungen wegen bestrafen zu müssen, dann beginne mit jenen, die das knappe Getreide zurückhalten, und vergiß auch jene

nicht, die sich in Dein Herz einschmeicheln, um sich dafür ein bequemes und glanzvolles Leben einzuhandeln.
Sei im übrigen dankbar: Ich halte Dich, ohne die Götter erzürnen zu wollen, für glücklich. Du liebst, und keinen gibt es, der Dir Deine Liebe neidet. Vertraue auf Deine Kraft und die Gnade der Götter, und Du wirst immer glücklich sein.

XXXIV

Vibia Sabina Augusta an P. Aelius Hadrianus Caes. Aug. Imp.
in Tauromenium — Rom, 23. August

Bevor ich Deinen Brief vom 14. August beantworte, über den ich mich sehr gefreut habe, möchte ich Dich wissen lassen, daß ich wie gelähmt bin, gelähmt von dieser unfaßbaren Nachricht über die gewaltsame Befreiung von Lucius' Freunden! Ich bewundere noch nachträglich Deine Nachsicht, die es Dir geraten erscheinen ließ, Verbrecher so milde zu behandeln, wie Du es tatest, indem Du sie nicht in ein festeres Gefängnis hattest bringen lassen. Sicher gab es Gründe dafür, wie Du Gründe hattest, sie verhaften zu lassen. Lucius war außer sich, da es sich doch immerhin um seine Freunde handelte, und der Bote berichtet mir, daß er sich sofort von seinem Arzt stärkende Tropfen geben ließ, denn er lag am fraglichen Tage krank zu Bett. Ich glaubte, Dein Einverständnis voraussetzen zu können, wenn ich ihm am nächsten Tage auch noch unsern Arzt schickte, denn sein Befinden verschlechterte sich schnell. Du weißt, daß ich Lucius eigentlich nie mochte und daß er auch heute nicht mein Freund ist. Du wirst natürlich sagen, es sei eine typisch weibliche Eigenschaft, einmal vorgefaßte Meinungen selbst bei schlüssigen Gegenbeweisen nicht ändern zu können, und ich bin ehrlich genug, um mich von dieser Charakterschwäche nicht reinwaschen zu wollen. Aber es gibt ein ungeschriebenes Gesetz der Menschlichkeit, das uns dazu anhält, den andern in seiner Not nicht ohne Hilfe zu lassen. Und ich darf mich dabei auf jemanden berufen, den ich höher schätze als mich, nämlich auf Dich. Denn was auch immer zwischen euch geschehen sein mag — sei sicher, daß ich es nicht wissen will —, es wäre für Dich, und zwar aus Menschlichkeit, kein

Grund, Dich völlig von Lucius zu trennen. Und so bedauerlich seine Krankheit auch ist – sie kommt den in Deinem Brief ausgesprochenen Wünschen entgegen, daß er sich Zeit und Muße nehmen soll, sich in Gegenwart seiner Gattin auf seine wahren Werte zu besinnen.

Ich habe Angst, und auch wenn Du beteuerst, daß Du Dein Leben, Deine Gesundheit und Deine Nerven schonen willst, würde ich erst ganz beruhigt sein, wenn ich in Deiner Nähe wäre. Ich weiß – es geht jetzt nicht, da Du mit Deinen Problemen allein fertig werden mußt, und darum verlange ich es auch nicht. Dennoch machen mir die letzten Sätze Deines Briefes Hoffnung auf ein baldiges Wiedersehen. Denn für wen lebe ich sonst als für Dich?

XXXV

Pamphlet, in mehreren Abschriften in Clubs und Salons
von Hand zu Hand weitergereicht:

> Das Vögelein ist ausgeflogen,
> Nachdem man's kaum gekriegt.
> Der Fänger hat den Herrn betrogen.
> Wer weiß – wohin es jetzt noch fliegt?

XXXVI

Aus dem Tagebuch der Sabina – Rom, 23. August

Eben habe ich einen Brief an Publius abgeschlossen. Ich habe ihn noch einmal meiner Liebe versichert, doch ich weiß, daß er mein Schreiben nur oberflächlich lesen wird, da er sich zur Zeit mit andern Problemen beschäftigt. Er ist nicht nur egozentrisch – er ist auch weich, um nicht zu sagen: feige. Ich weiß, daß ich jahrelang einen Mann ohne Männlichkeit geliebt habe. Besäße er sie – und Tranquillus, so ängstlich und zerfahren er auch ist, besitzt zehnmal mehr davon –, hätte er sowohl Lucius als auch den Bithynier sofort wegschicken müssen. Das, was die beiden taten, ist eine Beleidigung,

die eine *Frau* nicht verzeihen würde. Ich weiß nicht, was die Männer zu den Jünglingen hinzieht; aber was es auch immer ist, es ist eine Schwäche, die nicht nur ihre männliche Charakterstärke, sondern auch ihren Ehrbegriff aushöhlt. Es ist für den Mann keine Schande, eine unwürdige Frau zu lieben. Sie selbst wird es sein, die sich durch ihre Dummheit, ihre Bosheit oder Eitelkeit untragbar und abstoßend macht und seine Liebe allmählich tötet. Hat ein Jüngling aber diese schlechten Eigenschaften, so schließt der Mann fest beide Augen und hofft womöglich noch, der junge Mann werde sich weiterentwickeln und alle Vorzüge erlangen, die er an sich selbst sieht. Hier wird der Mann zum Weib, die ganz das gleiche von ihrem unwürdigen Gatten erhofft und sich in dieser sinnlosen Hoffnung allmählich zugrunde richtet.
Aber das alles kann ich ihm nicht sagen, da er mich sofort der Eifersucht zeihen würde. Vielleicht ist wirklich etwas Eifersucht dabei, aber wenn, dann ist sie der schwächste meiner Beweggründe. Allmählich begreife ich Lucius besser. Er hat damals schon gewußt und weiß noch heute, daß der Kaiser der einzige Mensch ist, der ihn ans Ziel seiner Wünsche bringen kann. Ja, wenn er sähe, daß er auf diesem Wege auch nur einen kleinen Schritt vorantun könnte, würde er mit dem Kaiser die gleichen intimen Szenen spielen wie vor dem Auftauchen des Bithyniers.
Das ist mein wahres Unglück und das Verhängnis meines Lebens. Ich kann dem Kaiser nicht helfen, ich kann ihm nicht sagen, in welch sinnlosem Zirkel er sich bewegt, denn er würde mir in seiner Verblendung nicht glauben, jedenfalls jetzt noch nicht. Dagegen wird Lucius jetzt meine Hilfe brauchen, und wenn ich alle Dinge vorurteilsfrei betrachte, werde auch ich Lucius nötig haben.
Ich fragte auch Tranquillus nach seiner Meinung, denn neben Julia ist er der einzige hier, mit dem ich einigermaßen frei sprechen kann, in gewisser Hinsicht sogar freier als mit Julia. Nach Tranquillus hat sich das Nachfolgeproblem auf die Frage zugespitzt: Lucius oder Antinous, da der Kaiser andere, Ältere, Besonnenere offenbar überhaupt nicht in Betracht gezogen hat. Tranquillus als Literat und, wie er sich gern sehen möchte, als Philosoph hatte zwei Meinungen: eine subjektive und eine objektive. Subjektiv plädierte er für den Bithynier. Die Liebe zu diesem Menschen könne, je älter der Kaiser werde und je weniger er sich den Aufregungen eines

neuen Liebeserlebnisses gewachsen sehe, nur noch stärker werden, auch wenn der Junge immer neue Forderungen an das Verständnis des Kaisers stellte. (Tranquillus sprach so ruhig und überlegen über diese mir noch immer so unverständlichen Freundschaften, daß ich geneigt bin zu glauben, er habe diese Erfahrungen auch gemacht, was allerdings durch nichts bewiesen ist.) Also – so folgerte er –: hinge der Kaiser weiter dem Bithynier an, so habe er, Tranquillus, die besten Aussichten, weiterhin ungestört seinen Arbeiten auf dem Palatin nachzugehen und mich gelegentlich zu einem Gespräch zu sehen. Bei objektiver Betrachtung jedoch, und er verstehe unter Objektivität in diesem Falle das Wohlergehen und den Bestand des Reiches ohne Ansehung der Person, müsse er für Lucius plädieren, der unter beiden mit Abstand der Würdigere sei, eines Tages Kaiser zu werden. Diese Entscheidung sei für ihn, Tranquillus, allerdings die schlechtere.
Als ich fragte, was *ich* nun zu tun habe, sagte Tranquillus etwas sehr Hübsches: »Ich bin dir zu gewogen, Herrin, als daß ich mein Interesse über deines stellte.« – »Du ziehst also Lucius vor?« fragte ich. – »In deinem Interesse, Herrin.« Er hob die Schultern, verzog sein Gesicht, und seine Nase versank in einem Pokal, der aber leer war.

XXXVII

Zwischen dem Edlen L. Ceionius Commodus und der Werkstatt des Secundus Lentulus wird folgender Vertrag geschlossen:

Die Werkstatt liefert den bereits vor einem Monat bestellten Wagen binnen drei Tagen an den Edlen Lucius aus.
Die gewünschten Änderungen werden ausgeführt. Es handelt sich um die schwarze Lackierung des ganzen Wagens mit Ausnahme der Radspeichen und des Inneren des Wagens, die in Rot lackiert werden. Ebenfalls werden alle Lederteile in Rot geliefert.
Eine besondere, nur von unserer Werkstatt verwandte Radkonstruktion sowie die Schmierung aller beweglichen Teile mit Olivenöl gestatten höchste Fahrgeschwindigkeiten. Versuchsfahrten haben ergeben, daß es sich bei dem zu liefernden Wagen um den schnellsten der Stadt Rom handelt.

Der Kaufpreis, der sich wegen der Sonderausstattung um 1800 Sesterzen erhöht, beläuft sich auf insgesamt 5200 Sesterzen.
Die Werkstatt sieht eine Ehre darin, den besten bei ihr jemals gebauten Wagen dem Edlen Lucius anvertrauen zu dürfen, und sieht der Begleichung des Kaufpreises noch in diesem Monat gern entgegen.

L. Ceionius Commodus Secundus Lentulus
Rom, 23. August

XXXVIII

Aus Hadrians Reisetagebuch – Tauromenium, 25. August

Keine Auseinandersetzungen mehr. Verhältnis zu A. derzeit völlig entspannt. Vorteil oder Nachteil? Ein Tag wie der andere: Arbeiten, Essen, Theater, Spaziergänge. Die Sonne wird milder.
Vorgestern zog A. zu mir. Fand sein Zimmer ohne Leben. Ich war über den Vorschlag nicht erbaut. Mein Schlafzimmer ist zu klein für all sein Spielzeug. Also großer Umbau im Tablinum: Die Tür zum Atrium wurde zugemauert. Das Tablinum hat jetzt nur noch einen Ausgang zum Peristyl. Mein Schreibtisch wurde an die zugemauerte Wand gerückt, A. ließ sich sein Bett herüberschaffen. Bett... A. schläft nicht in diesen unpraktischen und viel zu schmalen Möbeln unserer Vorfahren. Er besitzt seit Jahren ein zerlegbares und transportables Gestell, kaum zwei Handbreit vom Boden entfernt, etwa sechs Fuß im Geviert. Auf dem Gestell Leopardenfelle, Kissen, Puppen aller Größen: Katzen, Hunde, Löwen, Schildkröten. Die Puppen sind weich und biegsam. Man kann mit ihnen einschlafen, wenn man allein ist. Aber A. wollte anscheinend nicht allein sein. Das Tablinum, mein Arbeitszimmer, ist jetzt unordentlich und zärtlich. Ein blauer Seidenvorhang schließt die Tür zum Peristyl. Das Zimmer ist auch am Tage mit unwirklichem Licht erfüllt, und alle Konturen verschwimmen. Auch mein Gesicht ist weicher, vielleicht jünger. Will A. sich in mir entdecken? Er sieht mich häufiger an als sonst. Dabei bleibt er ernst. Er sieht mich eindringlich an und wendet seine Augen nicht ab, wenn ich dem Blick standhalte. Früher schaute er fort, wenn ich ihn betrachtete... Seit

Baiae bin ich nicht mehr damit zufrieden, nur das Ebenmaß seiner Gesichtszüge zu bewundern. Ich suche in diesem Gesicht nach etwas, was ich doch nicht finden möchte.

Rührend, daß er bei mir wohnen wollte. Aber es irritiert mich auch. Er weiß, daß ich abends gern arbeite. Er weiß auch, daß ich nicht arbeiten kann, wenn er dabei ist. Das Abendessen wird immer sehr spät nach meiner Arbeit eingenommen. Vor dem Essen schlendert A. ins Tablinum. Macht sich einige Minuten mit seinen Sachen zu schaffen, spielt mit dem Hund, wirft sich aufs Bett, rollt hin und her. Alles schweigend. Ich will nichts sehen und diktiere. Schließlich fragt er: »Hast du noch lange zu tun?« Ich antworte: »Bis zum Abendessen, wie immer.« Er zieht hoch und geht hinaus. Zum Essen muß ich ihn suchen lassen. Zweimal fanden wir ihn nicht. Ich aß allein mit Crito.

Er weiß, daß ich mich beunruhige, wenn er sich irgendwo herumtreibt. Er tut nichts Schlechtes; die Leute von Q. Flaminius lassen ihn nicht aus den Augen. Er will mir nur seinen Willen aufzwingen. Seine Art, selbständig zu werden. Ich fragte ihn, warum er kurz vor dem Essen fortliefe. Er sagte: »Ich sehe, daß du mich nicht brauchst.« Soll ich ihn an meinen Arbeiten teilnehmen lassen? Ich müßte ihn dann auch über die vertraulichen Dinge der Reichsverwaltung informieren. Bisher hat er sich nicht dafür interessiert. Aber ich muß in den nächsten Tagen einmal einen Versuch machen.

Vorgestern geschah es, daß er die Kerze ausblies, als wir nebeneinander lagen. Das war noch nie. Ich fragte nach dem Grund. Er antwortete nicht. Ich rief nach Thrasyll; er sollte die Kerze wieder anzünden. Doch ehe der Schwarze kam, schlang A. seine Arme um meinen Hals und flehte mich an, kein Licht zu machen. Sein Körper war kühl, seine Füße kalt, als habe er gerade im Meer gebadet. Thrasyll trat ein. Ich ließ ihn eine Decke bringen. Dann küßte ich A. Doch sein Mund öffnete sich nicht. Er sagte, er sei sehr müde. In meinem Hals kratzte es. Ich mußte mich räuspern. Ich versuchte, mir keine Gedanken zu machen. Aber ich schlief erst gegen Morgen ein. Schlafe sonst immer sofort.

Am nächsten Morgen benahm Thrasyll sich sonderbar: Er schlich schweigend um mich herum, war aufmerksam wie immer, grinste aber nicht ein einziges Mal, wie es seine Art ist, wenn ich ihn ansehe. Es ist seine Art zu reden, weil er unsere Sprache wohl nie lernen wird. Wenn ich ihn fragend ansah, rollten seine gelblichen

Augäpfel in eine andere Richtung. Seine stumme und lauernde Dienstfertigkeit ärgerte mich. Ich fragte schließlich: »Was ist?« Er krümmte sich, ging unter einem Vorwand hinaus, kehrte zurück, zog den Kopf ein, legte den Finger auf den Mund, kam wieder, kurz – bot mir eine afrikanische Pantomime. Ich schrie ihn an und drohte, ihn zu verprügeln. Er flüsterte den Namen Antinous, zog sich in die entfernteste Zimmerecke zurück, streifte sein Lendentuch ab und machte mir vor, was die Knaben ohne Liebhaber tun.
Mir schoß das Blut ins Gesicht. Ich warf ihm das Tuch auf den Bauch und schrie ihn an: »Was weißt du? Was willst du damit sagen?« Er winkte mich ins Peristyl und deutete mit der Hand in eine bestimmte Richtung. Dort liegt das Haus, wo zwei der Leute von Q. Flaminius untergebracht sind. Ließ sie sofort holen. Sie bestätigten zitternd, daß A. am Vorabend masturbierend auf dem höchsten Rang des leeren Theaters beobachtet worden war. Ich lächelte, um mein Gesicht nicht zu verlieren, warf ein Scherzwort hin und gab ihnen eine Belohnung.
Ich sah A. den ganzen Tag nicht. Am Abend spielten sie die Medea. Wir gingen gemeinsam ins Theater. Gewohnheitsmäßig wollte A. den Weg zu unserer Loge einschlagen. Ich nahm ihn an die Hand und führte ihn die Stufen zum höchsten Rang hinauf. Die Menge sah verwundert zu. Manche applaudierten; dachten wohl, ich wollte mich unter sie mischen. Die meisten drehten sich die Köpfe ab. Ich hatte mir den fraglichen Platz genau bezeichnen lassen. Es ist der gleiche, an dem ich A. traf, als ich nach Tauromenium kam, unter dem Standbild des Dionysos. Wir setzten uns, wie alle, auf die Stufen. Ich sagte nichts und war so unbefangen wie möglich. A. fragte nichts, blickte mich nur scheu von der Seite an. Das Schauspiel begann. Der Platz war nicht schlecht; man konnte über die Szenenwand hinweg den Aetna sehen. A. sah mich noch immer an. Nach einer geraumen Weile wollte er sprechen. Ich bat ihn zu schweigen. Nun blickte er starr geradeaus, auf den glühenden Berg, schweigend, mit großen Augen. Er wußte offenbar immer noch nicht, warum er hier saß. Früher war es vorgekommen, daß sich unsere Knie im Theater berührten und beieinander blieben. Gestern geschah es nicht. Das Stück nahmen wir nicht in uns auf. Die Spannung, die zwischen uns herrschte, schien sich auf die Umsitzenden und damit auch auf die Schauspieler zu übertragen.

Noch vor Ende des Stücks standen wir auf. Ich trat mit A. auf den Umgang vor die Statue und schnippte leicht mit dem Finger auf den Körperteil, um den es hier ging. A. wurde flammendrot und stürzte durch einen Nebeneingang davon. Ich folgte ihm. So brachten wir das Publikum um das Vergnügen, uns Ovationen darzubringen.

Zu Hause ließ ich so viel Lampen wie möglich in unser Zimmer schaffen. Und A. hatte wieder ein anderes Gesicht. Der sonst so weiche Mund war schmal geworden. Er preßte ihn sogar etwas zusammen und zog die Mundwinkel nach unten. Es sah aus, als unterdrücke er einen lästigen Gedanken oder ekle sich gar vor etwas. Wir waren allein. A. lag auf dem Bett und spielte mit seinen Tieren. Immer diese herabgezogenen Mundwinkel ... Ich am Schreibtisch. Einige Unterschriften waren zu leisten. Überflog die Schriftstücke, wußte aber nicht, was ich las.

»Wie stellst du dich an«, sagte A. plötzlich und fuhr fort, seine Tiere zu streicheln. Zusammengekniffene Lippen ...

»Was — warum machst du das — da oben?«

»Willst du es wirklich wissen?«

Sein Ton befahl mir, den Kopf zu schütteln.

Er seufzte, warf die Tiere auf den Boden, räkelte sich und stellte sich vor mich hin. »Hast du nicht gesagt, wir sollten nicht so viel reden?« Immer versucht er, mich mit meinen eigenen Worten zu fangen.

»Wir haben den ganzen Abend über nicht gesprochen.«

Er hockte sich hin und legte seine Hände behutsam auf meine Knie. Ich werde ihn immer lieben, was er sonst auch tun mag. »Ich werde alles tun, damit ich dich so lieben kann wie bisher«, sagte er. Dann fügte er leise hinzu: »Es ist nicht leicht. Du machst es mir so schwer.«

Hier stimmte etwas nicht. Hier war ein falscher Ton. Was sollte ich falsch gemacht haben? Und um zu wissen, woran ich war, sagte ich: »Wenn du willst, Antinous, gebe ich dir Urlaub. Du brauchst mich nicht nach Ägypten zu begleiten.« Ich hatte furchtbare Angst vor seiner Antwort. Er ließ seine Hände fallen und rief erschrocken: »Was denkst du? Natürlich bleibe ich bei dir! Es ist noch lange nicht aus.«

Gestern hörte ich nur, was ich hören wollte. Ohne Überlegung

nahm ich seinen Kopf in die Hände und wollte ihn küssen. Er entzog sich aber, stand auf und fragte, ob wir noch einen Spaziergang machen wollten. Er holte unsere Mäntel und legte mir den meinen um. Wir verließen das Haus durch den Mücheneingang, um den Müßiggängern nicht in die Hände zu fallen. Sie beobachten jeden Schritt, den wir machen. Widerlich ... Thrasyll folgte uns in einem Abstand von hundert Schritt. Ich wollte mich allein wähnen.
Als wir die letzten Häuser hinter uns hatten, sagte A.: »Bitte — du mußt versuchen mich zu verstehen. Du bist soviel älter als ich; für dich ist es leichter, mich zu verstehen, als umgekehrt. Ich habe es auch nicht leicht.« Ich unterbrach ihn nicht. Nach einer Weile fuhr er fort. »Ich muß mich oft zusammennehmen. Es bieten sich mir so viele Leute an, junge Leute, schön, gut gewachsen, geistreich, mit Geld ... Aber ich denke immer an dich, Publius, wenn sie sagen, wie begehrenswert ich bin. Manches Mal muß ich mich zwingen, aber ich denke immer an dich.«
Welche Ungeheuerlichkeiten sagte er da, wahrscheinlich, ohne es zu wissen? Jeden Tag also wurde ich auf die Waage gelegt ... Aber ich mußte es zu Ende bringen. »Warum denkst du nicht einmal an dich?« fragte ich.
»Weil du mir einmal gesagt hast, du wärest nur noch der Schatten deiner selbst ohne mich. Viele sagen solche Sachen, aber dir glaube ich es.«
»So ist es«, sagte ich. Wir standen auf dem höchsten Punkt des Berges, auf den die Stadt gebaut ist. Es war so dunkel, daß wir den Aetna nicht sehen konnten. Drei winzige Lichter schwammen auf dem Meer — Fischerboote ... Die Sterne hatten ihr hergebrachtes Muster über uns ausgebreitet. Hier oben, in vollkommener Stille, drängte sich A. an mich, küßte mich wie rasend und versetzte mich in eine Erregung, wie ich sie lange nicht gespürt hatte. Er wand sich in meinen Armen, stieß mich mit Knien und Hüften, seufzte. Er wollte vergessen — er wollte *jetzt* vergessen. Es war eine Quälerei. Ich mußte an mich halten, ich war von der Nacht, von seiner plötzlichen Leidenschaft und vom Geruch des trockenen Grases wie von Sinnen, aber ihm gelang es nicht zu vergessen. Die Kraft meiner Umarmung ließ uns stürzen, ich fiel über ihn, er küßte mich immer wieder, mit wahrer Verzweiflung, doch wir dachten zu viel. Wir dachten beide zu viel. Sein Körper erhitzte sich nicht trotz

aller Anstrengung. Alles kam von seinem kleinen armen Kopf. Und da ich nicht schnell genug von ihm abließ, stieß er mich plötzlich zurück, sprang hoch und lief davon.
Unser Rückweg verlief schweigend. Thrasyll bekamen wir nicht zu Gesicht. Zu Hause tranken wir noch eine Menge. Alle Lichter bis auf zwei Kerzen waren gelöscht. Thrasyll bediente uns. Er durfte ohne Lendentuch herumgehen. Im Schatten war er unsichtbar. Doch wenn er in den Lichtkreis geriet, fiel es mir schwer, seine prachtvolle männliche Schönheit und seine ständige Bereitschaft zu übersehen. A. saß trübe neben mir. Ich mußte mich also sehr schnell betrinken. Thrasyll ließ seine Augen geschwind hin und her gehen. Es war mir, als gebe er A. hinter meinem Rücken Zeichen. Er genierte sich nicht. Ich wollte A. einen Vortrag über den Irrtum halten, das Begehren als bindendes Element von Freundschaft und Ehe anzusehen. Aber glaubte ich selbst noch daran? Ich brachte das Gespräch auf die nächsten Olympischen Spiele. A. kannte sogar einige Namen der künftigen Wettkämpfer. Ich versprach, mit ihm dorthin zu reisen. Was sollte ich ihm noch versprechen?
Schließlich löste sich alles auf. Thrasyll brachte uns zu Bett und legte uns säuberlich nebeneinander.

XXXIX

Avidia Plautia an P. Aelius Hadrianus Caes. Aug. Imp.
— Rom, 23. August

Verzeih mir, wenn ich noch einmal drei Zeilen an Dich schreibe. Ich kann Deine Antwort auf meinen Brief vom sechsten nicht abwarten, denn Lucius ist krank und liegt seit einer guten Woche zu Bett. Er will nicht essen, schläft fast überhaupt nicht, und gestern sagte er zu mir: »Ich kann vom Kaiser kaum noch erwarten, daß er mir die Gnade erweist, die der Tod mir erweisen würde.« Ich habe die Worte genau behalten, da sie so furchtbar in meinen Ohren klangen. Es wäre mir peinlich, Dir dies zu schreiben, wenn ich nicht Frau und künftige Mutter wäre. Auch ich gehe nicht mehr aus, obwohl es immer eine hohe Ehre und ein Vergnügen für mich war, in Gesellschaft der Augusta und der Edlen Herrin Julia zu sein, die das Glück haben, sich täglich mit einem gebildeten Mann unterhalten zu dürfen. Obwohl auch die Augusta, wie jeder von uns, ihre Sorgen hat, so lenkt sie Suetonius doch wenigstens für einige Stunden am Tage davon ab.

Aber ich bin auch stolz darauf, im gleichen Maße leiden zu können wie mein Mann. Ich flehe zu den Göttern, daß sie ihn wieder gesund werden lassen. Und wenn ich wage, Dich zu bitten, daß Lucius sich selbst vor Dir verantworten darf, dann nur, weil ich glaube, nein — weil ich weiß, daß Du ihn mit der Entführung dieser Untermenschen nicht in Zusammenhang bringst. Und da mir die Götter nicht helfen, flehe ich Dich an, denn wer wäre großmütiger und verzeihender als die Götter, wenn nicht Du, Augustus!

XL

Kritzelei auf dem Fuß der Dionysos-Statue im Theater von Tauromenium:

O Venus — sag mir schnell! Kann der noch andern etwas schenken,
Der selbst sich alles schenkte?

XLI

L. Ceionius an Antinous in Tauromenium — Rom, 27. August

Dank für Deinen Brief vom zwölften. Mir geht es nicht gut. Ich weiß nicht, was ich habe. Jedenfalls liege ich seit einer Woche im Bett. Die Augusta schickte mir ihren Arzt, aber er konnte auch nichts feststellen. Ich habe fast zehn Pfund abgenommen. Aber sorge Dich nicht, obwohl meine Gesundheit nie die beste war. Ich werde schon wieder hochkommen. Ich bin zäh, und Avidia pflegt mich aufopferungsvoll. Ich schreibe Dir dies nur, damit Du nicht von irgendwelchen Leuten erfährst, ich sei schon so gut wie tot. Und Marcus und Kalos sind auch gefangen ...? Na — mich wundert gar nichts mehr. Ich bin viel zu schwach dazu.

Vergiß nicht, dem Kaiser meine Grüße auszurichten, ja?

XLII

*P. Aelius Hadrianus Caes. Aug. Imp.
an M. Titus Bulla in Rom — Tauromenium, 28. August*

Deine Maßnahmen zur Sicherung der Ordnung und Ruhe in der Hauptstadt werden hiermit nachträglich gebilligt. Setze sie in gleichem Umfang und in gleicher Strenge bis zu den Iden des September fort. Stelle mir eine Liste aller im Zuge dieser Aktion sistierten Personen auf. Ich erwarte Deinen ausführlichen Bericht hierüber Ende des Monats September in Tauromenium. Schicke eine Abordnung von sechs bewaffneten Leuten in das Haus des Edlen Lucius Ceionius Commodus und lasse ihm meinen Wunsch ausrichten, er möge sich sofort mit seiner Frau Avidia auf sein Gut bei Arretium begeben.

XLIII

Aushang neben der Tür des Reisebüros »Urbs et Orbis«:

— Reisen nach Tauromenium ausverkauft — Nur noch wenige Plätze für die Reise »Alexandria und die Pyramiden«! —

XLIV

*Claudia Crispina an die Edle Herrin Julia Balbilla —
Tauromenium, 29. August*

Ich warte Deine Antwort auf meinen Brief vom siebzehnten nicht ab, da es zuviel zu berichten gibt. Jetzt bin ich an der Reihe, Dich zu bedauern. Tauromenium ist voll bis obenhin. Selbst ich mußte mit einem kleinen Zimmer vorliebnehmen, das sich durch nichts auszeichnet als durch seine wunderbare Aussicht auf das Meer und den Aetna. Es hat ungewöhnlich große Fenster, die auf einen schroff abfallenden Hang hinausgehen, so daß ich sicher bin. Sicher vor Dieben, meine ich; über die andere Art der Sicherheit in unserm Alter

zu sprechen wäre Heuchelei. Wir alle hier, mich eingeschlossen, sind eigentlich nur damit beschäftigt, zu erfahren, was der Kaiser tut. Jeder sieht ihn täglich, und das gibt es in Rom nie. Wenn er ausgeht, ist er häufig von dem Bithynier begleitet und immer von seinem Leibsklaven. Ein paar Soldaten folgen auch in angemessenem Abstand, und da sie in Zivil sind, würde man sie unter der Menge kaum erkennen, wenn man nicht den Blick für diese eigenartig ruckhaften Bewegungen hätte. Aber ich glaube nicht, daß jemand dem Kaiser nach dem Leben trachtet. Im Gegenteil – sie wollen ihn alle sehen und möglichst auffallen, im günstigen Sinne, versteht sich.
Kürzlich fuhren sie im offenen Wagen zum Meer hinunter. Voran einige dieser obskuren Zivilisten mit den ruckartigen Bewegungen, die den Weg freimachten, hinter dem Wagen noch einige Leute, darunter der Leibsklave auf einem Maultier. Liebe Julia – ich bekenne zerknirscht: Ich habe einen barbarischen Geschmack! Aber dieser Schwarze hat ein gewisses Etwas. Zwar sind die Lippen breit und fast violett und die Nase platt, aber es ist ja nicht allein das Gesicht, was einen Mann anziehend macht, ja – das Gesicht wohl am wenigsten. Seine Haut ist dunkelbraun und glänzt vor Gesundheit, modellierte Brust, kräftige Schenkel, keine störenden Haare. Um die Hüften ein Tigerfell, über den Schultern das Fell eines Löwen, dessen beide Pranken sich in der Magengrube kreuzen. Bauch, Beine, Füße frei; er trug keine Sandalen. Ein fremder Gott, der sich seiner Anziehungskraft durchaus bewußt war, denn er strahlte nach allen Seiten und zeigte dabei so weiße Zähne, wie ich sie noch nie sah.
Da ich nun einmal dabei bin, und weil es Dich ja *brennend* interessiert, werde ich Dir freundlicherweise auch schildern, in welchem Aufzug der Bithynier war: Gelber Seidenchiton, die Chlamys nachlässig über den Wagenrand geworfen. Gelbes Band aus gleichem Material um den Kopf, und ich muß sagen – Gelb steht ihm. Ich habe gestern versucht, gelbe Seide aufzutreiben, aber natürlich – alles ausverkauft. Viel werden sie in diesem Nest ja ohnehin nicht davon gehabt haben, aber da kannst Du wieder sehen ... Diese Modeaffen! In den nächsten Tagen wird alles in Gelb herumlaufen. Von dem Standpunkt aus bin ich froh, daß ich den Stoff nicht bekommen habe, obwohl der Händler sagte, in einigen Tagen bekäme er neuen aus Syracusae. Die erlauchte Gesellschaft fuhr zum

Baden. Zuerst wollte ich mir auch einen Wagen mieten, doch als ich sah, daß fast alle Leute zum Strand gingen oder fuhren, blieb ich lieber oben. Auf keinen Fall will ich mit diesen Nichtstuern verwechselt werden, die schon glücklich sind, wenn sie einmal einen Blick auf den Kaiser werfen dürfen, möglichst noch auf einen badenden Kaiser, mit dem sie dann das gleiche Meer teilen können. Außerdem waren die Wagen auch längst alle weg. Nein – ich werde lieber versuchen, eine Einladung in die Kaiserliche Villa zu bekommen. Wozu habe ich denn den jungen Mann, der wirklich erstaunliche Verbindungen besitzt.

Übrigens – er heißt Ausonius. Einmal muß ich es Dir ja sagen, und warum soll ich ein Geheimnis daraus machen? Er ist Anfang Dreißig, stammt aus Syracusae, war aber auch einige Zeit studienhalber in Rom. Und jetzt darfst Du staunen: Auch er hat einmal Steine gesammelt, wie ich! Wir lachten sehr darüber. Er gestand mir, daß er schon immer eine Schwäche für Damen meines Alters gehabt habe; sie seien nicht nur die erfahreneren Geliebten, sondern sie hätten auch so viel Verständnis, wie es sonst nur die eigene Mutter aufbrächte. Bitte – ich habe nachgerechnet: Seine Mutter könnte ich kaum sein; denn in unserer Familie heiraten die Mädchen nicht so früh. Selbstverständlich benehmen wir uns in der Öffentlichkeit sehr schicklich, denn ich habe auch in der Provinz einen Ruf zu verlieren. Einige Leute kennen mich vielleicht doch.

Ausonius behauptet, daß es zu Spannungen zwischen dem Kaiser und dem Bithynier gekommen sein soll. Der Kaiser ist oft schlechter Laune, sprunghaft und trifft die merkwürdigsten Entscheidungen. Jedenfalls erzählt man sich das alles unter vorgehaltener Hand. Dagegen treibt der Junge einen Kleiderluxus, der den von Lucius bald noch übertrifft. Seine gesamte Kleidung ist eindeutig darauf angelegt, seine körperlichen Schönheiten zur Geltung zu bringen. Er befindet sich jetzt in der Blüte der Jugend, auf der Schwelle zum Mannesalter, das heißt, er verbindet die Geschmeidigkeit und Glätte des Jünglings mit der Bestimmtheit und Kraft des Mannes. Der Geschmack des Kaisers wird allgemein bewundert. Kürzlich sah ich Antinous in einem weißen Kapuzenmantel aus hauchdünner Baumwolle, unter dem er nach der Sitte griechischer Knaben kein Untergewand trug, so daß sich bei jeder Bewegung seine Schultern, Hüften und Beine höchst reizvoll abzeichneten.

Aber nun das Wichtigste: Seit dem Tage der Ankunft des Kaisers werden in einer Villa am Meer zwei Leute gefangengehalten, und halte Dich jetzt gut fest: der rote Knabe, der in Puteoli neben Antinous saß, und – Marcus! Unser verschollener Gladiator, den wir alle so sehr lieben, Deine Tochter eingeschlossen! Auch das weiß ich von Ausonius, der also, wie Du siehst, in verschiedener Hinsicht ein Goldstück ist. Und jetzt hat der Kaiser dem Bithynier offenbar erlaubt, die beiden Gefangenen zu besuchen, und zwar allein. Das ist vollkommen unerklärlich, und niemand kann sich einen Reim darauf machen. Oder will er seinem Liebling ein kontrolliertes Ventil öffnen? Er wird sich doch nicht von ihm trennen wollen? Oder soll der Bithynier feststellen, daß der Kaiser doch der Liebenswerteste von allen ist?
Wir haben es nicht herausgefunden. Aber immerhin – Marcus lebt, und, wie es scheint, nicht einmal schlecht. Erzähle es sofort Julina, und Du wirst in den nächsten Tagen eine glückliche Tochter haben. Ist das Glück Deines Kindes schließlich nicht auch Dein eigenes? Wenn Du geruhst, edle Herrin, hierüber ein bißchen nachzudenken, wirst Du mir beipflichten.
Deinen Boten habe ich übrigens wunschgemäß unversehrt zurückgeschickt. Du hattest sicher Gelegenheit, es inzwischen festzustellen.

XLV

Auszug aus dem Protokoll der Senatssitzung vom 30. August

Es wurde einstimmig beschlossen, alle aus der abgelaufenen Sitzungsperiode noch anstehenden Initiativanträge und Gesetzentwürfe dem Kaiser in Abschriften zur Kenntnisnahme zuzuleiten. Die Richtigkeit der Abschriften überwacht der Rechtsausschuß.
Das Hohe Haus vertagte sich bis zum Ende der Sommerpause.

XLVI

Aus dem Tagebuch der Sabina — Rom, 28. August

Gestern, spät in der Nacht, ließ Lucius sich bei mir melden. Er war in Uniform und erklärte, daß er Rom noch in dieser Stunde verlasse. Hier könne er nun nichts mehr tun, und alles würde nur schlimmer, wenn er in Rom bliebe. Er hatte eine Tasche bei sich, öffnete sie und zog ein paar Rollen heraus. Da ich mir denken konnte, worum es sich handelte, wandte ich mich ab. Er lachte. »Du willst die Briefe wohl nicht sehen, weil dir deine Freundin Julia bereits alles erzählt hat? Auch ein Grund für mich, zu verschwinden. Der Kreis der Mitwisser vergrößert sich. Schade, daß du die Briefe nicht gelesen hast, Herrin. Sonst wüßtest du, daß wir längst dicke Bundesgenossen geworden sind. Aber alles braucht seine Zeit. Auch ein Kind wird nicht in drei Wochen geboren, und noch weniger wird ein Kaiser an einem Tage gemacht. Aber selbst eine Augusta, die es bleiben will, muß manchmal ihre Freunde unter solchen Leuten suchen, die sie früher nicht mochte.« Er lachte. »Ist es so?«
Später kam Julia herein und berichtete aufgeregt, Lucius sei in Richtung Süden aus der Stadt geritten. Er wurde zwar aufgehalten, zeigte aber einen — offenbar gefälschten — kaiserlichen Befehl vor, der ihn mit einem militärischen Kommando betraute. Sie beglückwünschte mich zu dem Ereignis, als habe ich es angeregt. »Endlich geht es voran!« rief sie. »Nun sind die Tages des Bithyniers gezählt, und du wirst endlich die Stellung an der Seite des Kaisers erhalten, die dir zusteht, und zwar in jeder Beziehung.« Sie schnupperte in die Luft und nickte aufmunternd. Dann wurden ihre Züge weich. »Der arme Junge...« Aber dann raffte sie sich wieder auf. »Aber du bist eben wichtiger, Herrin.«

XLVII

Bericht 10.79 der Geheimen Staatspolizei über
den Edlen L. Ceionius Commodus

Der Obengenannte hat gestern die Hauptstadt mit unbekanntem
Ziel in Richtung Süden verlassen. Der Unterzeichnete erlaubt sich
die Frage, ob der Kaiserliche Befehl, der den Edlen L. Ceionius mit
einem militärischen Kommando betraut, rechtens ist. Wenn nicht,
bittet der Unterzeichnete um weitere Anweisungen, insbesondere
die Gemahlin und den Bekanntenkreis des Edlen Lucius betreffend.
gez. M. Titus Bulla, Praetor
Rom, 28. August

XLVIII

*Julia Balbilla an Claudia Crispina in Tauromenium —
Rom, 31. August*

Als ich Deinen Brief aus Tauromenium vom siebzehnten erhielt,
schoß in mir gleich der gelbe Neid hoch, und gleichzeitig ärgerte ich
mich über die Boten, die von Sizilien bis Rom vierzehn Tage
brauchen, während ich aber andrerseits doch lieber nicht die kaiserliche
Kurierpost benutzen möchte, weil wir uns Dinge zu sagen
haben, die die Polizei *auf gar keinen Fall* erfahren darf, finde ich.
Aber ich rede vielleicht zuviel, denn im Grunde passiert hier
gar nichts, jedenfalls längst nicht so viel wie bei euch da unten, und
dennoch bin ich zerfahren wie in Zeiten äußerer Ruhe alle Menschen,
die gewisse Ansprüche ans Leben stellen. Ich habe meiner
Herrin sofort erzählt, daß sich unsere beiden Freunde wieder versöhnt
haben, jedenfalls nach außen hin, und sie nahm es ziemlich gelassen
auf, so daß ich schon glaube, sie hat irgendeinen Plan, von
dem sie mir aber nichts erzählen will. Wahrscheinlich hängt es mit
der Befreiung von D. Terentius und der Flucht von Lucius zusammen,
denn Lucius ist bei Nacht und Nebel wieder einmal ausgebrochen,
und ich brauche nicht zehn Finger dazu, um mir auszurechnen,
wohin wohl. Vielleicht kannst Du ihn bald in Deine Ko-

horte von jungen Männern einreihen, um die ich Dich fast beneiden würde, wenn ich wüßte, daß es stimmt, was Du schreibst, und wenn es stimmt, daß alles mit rechten Dingen zugegangen ist.
Du wirst bald noch ganz andere Sachen da unten erleben, denn Lucius hat die geheimnisvollen Briefe mitgenommen und wird schon gewußt haben, warum, und ich weiß es auch schon so ziemlich, nur möchte ich vorderhand noch nichts darüber sagen, bevor ich nicht weiß, wie sich meine Herrin dazu stellt. Ich habe jedenfalls jetzt die wenig schöne Aufgabe, praktisch Tag und Nacht die arme Avidia zu trösten, und das, obwohl in drei Tagen ein großes abendfüllendes Wasserballett im Flavischen Theater geboten wird, die Uraufführung irgendeines Zeitstückes von Florus bevorsteht und das Marcellus-Theater aus Tauromenium zurückerwartet wird. Aber Avidia will oder kann einfach nicht einsehen, daß ein Mann mit Ambitionen nicht ständig am häuslichen Herd sitzen kann, und selbst, nachdem ich ihr klargemacht hatte, daß Lucius alles, was er tut, nur in ihrem und ihres Kindes Interesse tut, hörte sie nur einen Augenblick mit dem Weinen auf, dachte etwas nach und fing dann wieder von vorn an, und zwar jetzt, weil sie sich Vorwürfe machte, daß sie in der Zeit, in der Lucius in Rom war, nicht nett genug gewesen ist. O ihr Götter! Was geht im Hirn einer Hausfrau vor? Sie schreibt Briefe an den Kaiser und bittet darin um Gnade für ihren Mann, aber bei ihrer grenzenlosen Naivität halte ich es durchaus für möglich, daß sie Dinge ausplaudert, die der Kaiser auf gar keinen Fall erfahren darf, so, wie sie mir verraten hat, daß Lucius ihr den ersten Bittbrief an den Kaiser diktiert hat. Bei Jupiter — was hätte ich in ihrer zarten Seele für Verwüstungen angerichtet, wenn ich meine Vermutungen ausgesprochen hätte, die sich an diese Reise von Lucius knüpfen, denn es ist klar, daß er nach Tauromenium geeilt ist, um sich dem Kaiser vor die Füße zu werfen, und nicht nur vor die Füße ... Du wirst es vielleicht eher erfahren als ich, denn Lucius wird *alles* versuchen, den Kaiser davon zu überzeugen, daß seine Treue, seine Ergebenheit, seine Freundschaft und, wenn es sein muß, auch seine Liebe zum Kaiser ungleich größer sind als die des Bithyniers, und wenn er das letzte Mittel einsetzen muß, was beim Kaiser immer zieht, wie ich mir gut vorstellen kann, denn da mich Avidia nicht ganz zu Unrecht für ihre beste Freundin hält, hat sie einmal verschämt eine Andeutung über die körperlichen Vorzüge von Lucius fallenlassen.

Jedenfalls müssen wir jetzt alles dransetzen, um auch nach Tauromenium befohlen zu werden, und je mehr Verwirrung Lucius dort stiftet, um so eher wird sich der Kaiser nach neuen Bundesgenossen umsehen, und das sind nun einmal die Augusta und ich. Vielleicht sehen wir uns dann dort, und falls es Dir gelingt, den Kaiser einmal zu sprechen, versuche doch herauszubekommen, wie lange er noch dort bleiben will, denn damit würdest Du Dir die Augusta sehr verpflichten. Weißt Du – am liebsten möchte ich Julina mitnehmen, denn sie fragt mich ständig nach Marcus, und es ist ihr gelungen, eine kleine, wenn auch schlecht gemachte Statuette von ihm aufzutreiben, und die steht jetzt immer über dem Kopfende ihres Bettes. Wenn sie so weitermacht, wird sie noch eine zweite Avidia werden...

XLIX

Aus Hadrians Reisetagebuch – Tauromenium, 31. August

D. Terentius und Konsorten gewaltsam befreit. Ein Toter. Lucius hat dabei sicher seine Hände im Spiel. Verbannte ihn in die Toscana. Noch lange Zeit bis zu seiner Adoption.
Erzählte A. alles. Er war überrascht. Warf mir vor, junge Menschen zu hart zu beurteilen. »Du liebst ihn also?« fragte ich. – »Ich würde dir damit ja weh tun«, sagte er. »Ich will versuchen, ihn zu vergessen.« Dieser Nachsatz ließ mich schweigen. Ist A. raffiniert oder sprach er aus spontanem Gefühl? Es gibt Punkte, in denen sie sich ähneln. Sie hätten sich wahrscheinlich nie beachtet, wenn sie nicht durch die gleiche Schule gegangen wären – durch meine. Nachdem ich A. kennengelernt hatte, hätte ich den Kontakt zu Lucius abbrechen müssen. A. bestreitet es zwar – aber er ist eifersüchtig. Er sorgte innerhalb eines Jahres dafür, daß alle jüngeren Diener entlassen wurden. Jetzt fällt mir ein: Warum erhebt er gegen Thrasyll keinen Einspruch? Fürchtet er nichts oder ist ihm die intime Nähe des Schwarzen gleichgültig? A. hat sich sehr verändert...
Und Lucius konnte ich nicht fallen lassen. Es ist nicht üblich, künftige Söhne in die Verbannung zu schicken. Ich sah ihn so oft wie möglich, um mich von seinen Fortschritten zu unterrichten. Auch

erwähnte ich ihn öfter im Gespräch mit A. Auch dann, wenn ich nicht an meinen künftigen Sohn Lucius, sondern an meinen früheren Freund Lucius dachte. Das geschah immer, wenn A. seine Launen bekam. Ich habe es nie gewollt; aber wer übelmeinend ist, könnte sagen, ich habe Lucius gegen A. ausgespielt.
Ich brach das Gespräch ab und verbot A., mit Lucius zu korrespondieren. Ich weiß, daß er Briefe schreibt, obwohl er mir noch nie einen zeigte. Er reagierte auf mein Verbot nicht. Statt dessen fragte er, ob wir bald zu Bett gingen.
Man ist einem Menschen so nahe wie möglich. Man kennt und liebt seine Fehler. Man weiß, was er in der nächsten Minute tun oder sagen wird. Und doch muß man sich zum Schluß eingestehen, ihn nicht zu kennen. Oder ist das das Geheimnis der sich stets erneuernden Liebe? Die Männer, die ausschließlich mit Frauen schlafen, verteidigen ihr Verhalten mit dieser Erkenntnis. Sie behaupten, die Frau sei ein völlig fremdes Wesen. Die Möglichkeit beständiger Liebe sei nur deshalb gegeben, weil man sein ganzes Leben damit zubringe, dies andersgeartete Wesen kennenzulernen. Sie sagen, die aus der vollkommenen Verschiedenheit erwachsenden Rätsel seien die Quelle immer neuen Begehrens. Eine Ehe sei erst sinnlos geworden, wenn man es aufgegeben habe, die Geheimnisse des andern Geschlechts zu ergründen. Sie sagen, dieser Reiz des Fremdartigen bestehe zwischen Männern nicht. Damit sei jede dieser Verbindungen von vornherein zum Scheitern verurteilt. Ein Altersunterschied mag zuerst ein gewisses Interesse aneinander wecken. Aber der junge Mann reift zehnmal so schnell wie der ältere; es sei nur eine Frage der Zeit, wann er ihn eingeholt habe. Dann sei man Gleicher zu Gleichem, und Freundschaft von Mann zu Mann sei im besten Falle der Gewinn. Sie sagen weiter: Wenn sich zwei, die an Jahren gleich, in Liebe verbinden, so werde die Verbindung aus den erwähnten Gründen von noch kürzerer Dauer sein. Sie erlösche mit dem Erlahmen der Lust, die sie gegenseitig in ihren Körpern fänden. Denn es gibt außer dieser Lust nichts, was sie zueinander zieht.
Ich hoffe sehr, daß die Männer, die diesen Standpunkt vertreten, sich irren. Nicht das Geschlecht mit seinen unlösbaren Rätseln hält uns beim andern, sondern der Mensch. Das, was uns menschlich erscheint und unserer eigenen Menschlichkeit entspricht, zieht uns an. Wir wollen gleich werden in der Haltung, doch kein Doppelwesen,

denn unsere Liebe beruht auf der Achtung vor dem Individuum. Wir wollen nicht herrschen — wir wollen geliebt werden. Der Geliebte ist unser Schüler. Wir können ihn lehren, uns zu übertreffen, was einer Frau nie gelingt und was wir von ihr auch nicht wünschen. Es sei denn, sie übertrifft uns von vornherein. Der Geliebte aber bringt alle Voraussetzungen mit, um in den gleichen Maßstäben und Begriffen zu denken wie wir. Nur ein Mann kann einen Jüngling unterrichten, und nur eine Frau ein junges Mädchen. Nur sie sprechen die gleiche Sprache, nur sie können sich verstehen. Es gäbe keinen geistigen Fortschritt, wenn die Schüler nicht imstande wären, ihre Lehrer zu verstehen. Und es gibt keinen Grund, daß der Geliebte aufhört zu lernen, ehe er nicht selbst fähig ist, einen anderen, Jüngeren durch seine Überlegenheit an sich zu binden.

A. sagte kürzlich zu mir: »Es ist noch lange nicht aus.« Ich habe dieses Wort im obigen Sinne verstanden. Er sagte auch: »Mir bieten sich so viele junge Leute an.« Er spielt auf unsern Altersunterschied an. Es ist mir schmerzlich — aber ich muß die Folgerungen ziehen. Ich darf ihn nicht von allen Verbindungen abschneiden. Zur Achtung, die seine Liebe zu mir ausmacht, muß die Dankbarkeit treten.

Er hat seine Reise von Puteoli nach Messana nicht allein gemacht. Er hat seine Begleiter sicher nicht unsympathisch gefunden. Ich habe sie isoliert, aber ich werde sie wieder mit A. zusammenführen. Das ist kein Widerspruch zu meinem Verhalten in Sachen Lucius. Lucius ist mein Sohn wie A. Eine enge Beziehung zwischen den beiden würde mich beleidigen. Sie würde mir beweisen, daß ich keinem von beiden mehr etwas zu sagen hätte, da sie mich nicht mehr brauchen. Ganz anders bei diesem kampanischen Knaben und dem eitlen Gladiator. Sie sind ein Nichts in meinen Augen, dazu bestimmt, morgen vergessen zu werden. Ich will A. die Möglichkeit nicht nehmen festzustellen, wieweit er diesen beiden bereits überlegen ist und wie wenig sie ihm zu sagen haben.

Ich selbst brachte A. in die Villa am Meer. Vorher nahmen wir ein Bad. Ich hoffte, für ein paar Stunden den glücklichen Zustand wiederherstellen zu können, der uns noch vor zwei, drei Jahren verband. Ich schickte die Begleitung fort. Wir lagen nackt auf den Felsen, um zu trocknen. Im hellen Licht bemerkte ich, wie anbetungswürdig der jetzt fast voll entfaltete Körper des Jungen

ist, welche Macht von ihm ausgeht. Aber im Gegensatz zu früher blieb er kühl. Nicht einmal die brennende Sonne weckte sein Begehren. Er sprach nicht, wandte mir den Rücken zu und starrte aufs Meer. Ich kam mir gewiß nicht wie der siegreiche Ares vor. Ich wartete auf ein Zeichen früherer Vertrautheit, wagte aber nicht, den ersten Schritt zu tun. Schließlich sagte er: »Und was machen wir dann?«
Bei Aphrodite, Eros, Cupido und meinetwegen auch beim verdammten Priapos! Was machen wir dann? Ich erhob mich und wischte mir den Schweiß von der Stirn. »Wir werden einen kleinen Besuch bei Freunden machen.«
A. zog seinen gelben Seidenchiton an, ich meine Tunika. A. legt neuerdings größten Wert auf seine Garderobe. Auch das könnte der Einfluß von Lucius sein. Wir ließen uns bei den Gefangenen melden. Sie hatten uns erwartet und waren anständig angezogen. Sie begrüßten uns stehend im Atrium und ließen sich keine Überraschung anmerken. Erfrischungen wurden gebracht. Ich wollte nur drei Minuten bleiben. Aber die außergewöhnliche und noch ganz knabenhafte Schönheit von Kalos zwang mich, Platz zu nehmen.
Kalos ist bescheiden, zurückhaltend und spricht nur, wenn man ihn fragt. Er hat eine hohe Stirn, eine gerade, schmale Nase, und auf der Oberlippe zeigt sich der erste dunkle Flaum. Seine Haut ist brünett, und er besitzt gleichmäßig gewachsene weiße Zähne. Doch schon nach wenigen Minuten hatte ich all diese Schönheit aus dem Gesicht weggeschaut. Nach Befriedigung meines ästhetischen Bedürfnisses war das Gesicht nur noch eine unbelebte Maske. Um weniger hart zu sein — es war das lebendig gewordene Porträt eines klassischen Epheben ohne andern Vorzug als eben den der Schönheit.
Marcus dagegen ist ein Mann. Seine Anziehungskraft beruht vor allem auf seiner männlichen Art, zu sprechen und sich zu bewegen. Sein Körper scheint athletisch und doch feingegliedert zu sein. Er kann sich gewandt unterhalten. Ich glaube schon, daß ihm die Frauen Roms in Scharen nachlaufen, wie man sagt. Natürlich fehlt ihm die Fähigkeit, sich in die Regionen höherer Geistigkeit emporzuschwingen. Aber ich könnte es doch nie übers Herz bringen, diesen Körper töten oder gar verstümmeln zu lassen.
Nun wußte ich, mit wem A. es zu tun hat. Ich ging. A. wollte mich

begleiten. Ich sagte, er möge zu Tisch pünktlich sein. Fuhr hinauf und schickte ihm den Wagen gleich wieder hinunter. Er muß auf ihn gewartet haben. Denn er kam ziemlich bald herauf.
In den folgenden Tagen quälte ich mich sehr. Aber ich tröstete mich mit dem Bewußtsein, über meinen eigenen Schatten gesprungen zu sein. Unter dem Dionysosstandbild jedenfalls brauchte ich A. nicht mehr suchen zu lassen. Wenn er kam, dankte er es mir. Jetzt ist er nicht mehr ernst, manchmal sogar albern. Kein einziges Mal mehr diese rätselhaften Anfälle von Schwermut. Er erzählt ziemlich eindeutige und grobe Witze, ißt unmäßig viel, schläft wenig, spielt nicht mehr mit seinen Tieren und sitzt keine Minute ruhig auf seinem Platz.
Gestern bat er mich, ihm zu erlauben, einer Einladung von Marcus für heute zu folgen. Auch ich sei eingeladen. Ich schwankte eine Weile. Vor einem Jahr noch hätte ein solcher Wunsch absurd in unser beider Ohren geklungen. Aber auch in mir haben sich Wandlungen vollzogen ... Morgen abend also gehe ich zu den jungen Leuten.

L

Aus dem Tagebuch der Sabina — Rom, 31. August

Sueton sagte eine Einladung zum Essen ab und entschuldigte sich mit Kopfschmerzen. Aber in dieser Lage wollte ich auf ihn nicht auch noch verzichten und schickte ihm noch einmal einen Boten. Er ließ ausrichten, daß er kein amüsanter Gesellschafter sei, und bat, ihm von vornherein alles nachzusehen, was er an schlechter Laune und unangenehmen Nachrichten mitbrächte. Julia war nun erst recht neugierig und fragte mich, welches Kleid bei so düsteren Vorankündigungen wohl angebracht sei. Sie nahm dann das Violette, und das war gar nicht dumm, denn Tranquillus erschien schließlich in einer dunkelblauen Toga, mit gesenktem Kopf und einem hilflosen Lächeln.
Wir aßen zuerst schweigend, Tranquillus lobte die Speisen, seufzte und sagte, er werde bald nicht mehr so gut essen können. Julia rief sofort: »Aber Gaius! Mir ist schon ganz schlecht von soviel Düsternis! Mir schmeckt's nicht mehr.« Dennoch aß sie, obwohl sie vor

Neugier fast barst und ihre Augen flink zwischen mir und Tranquillus hin und her eilten, mehr als gewöhnlich. Endlich erklärte er uns, Rom noch in diesen Tagen verlassen zu wollen; dies sei sein letzter Besuch. Nach dem Grund befragt, knüpfte er an ein früheres Gespräch an und sagte: »Wir müssen ständig Entscheidungen für unser eigenes Leben treffen und Stellung auch zu Ereignissen beziehen, die uns scheinbar nicht berühren und doch mit unserm Leben in Zusammenhang stehen. Ein solches Ereignis ist das Verschwinden von Lucius. Ich habe dir angedeutet, daß es für das Reich besser wäre, wenn Lucius dem Kaiser näher stünde als Antinous, und ich habe das Gefühl, daß du meiner Meinung bist, Herrin. Daraus ergeben sich für uns beide natürlich Konsequenzen. Lucius wird meiner Meinung nach eine Aussprache mit dem Kaiser suchen, und wenn der Kaiser zur gleichen Einsicht gelangt, bedeutet es, daß er sein Verhältnis zu dir enger knüpfen wird als bisher. Dann aber stehe ich dir, dem Kaiser und endlich der ganzen Nachfolgefrage im Wege. In der letzten Zeit war ich sehr oft dein Gast, und es darf niemals geschehen, daß der Kaiser hieraus falsche Schlüsse zieht. Darum werde ich Rom verlassen und an einen Ort gehen, den ich mir — jetzt noch — selbst aussuchen kann.«
Es schloß sich eine längere Debatte an, in der ich Tranquillus seinen Entschluß ausreden wollte, obwohl ich einsah, daß er nicht unrecht hatte. Wir blieben ziemlich lange zusammen, und als er sich endlich verabschiedete, versprach ich, ihm so oft wie möglich zu schreiben.
Ich sehe ihn ungern scheiden, aber es wird das Beste sein, wenn alles so kommt, wie wir hoffen, und der Bithynier aus unserm Leben verschwindet.

LI

*P. Aelius Hadrianus Caes. Aug. Imp. an M. Titus Bulla,
Praetor in Rom — Tauromenium, 2. September*

Überbringe den beigeschlossenen Brief persönlich Gaius Suetonius Tranquillus und fordere ihn auf, binnen 24 Stunden die Hauptstadt zu verlassen und sich nach Gallien zu begeben. Sorge dafür, daß ihm 5000 Sesterzen in bar ausgehändigt werden, falls er es wünscht. Anweisung an die Kaiserliche Privatschatulle liegt bei.

Lasse überwachen, wann und in welcher Richtung C. Suetonius die Stadt verläßt. Seine Wohnung ist zu versiegeln. Eine Haussuchung unterbleibt.

LII

*Publius Aelius Hadrianus an Gaius Suetonius —
Tauromenium, 2. September*

Du wirst Verständnis dafür haben, wenn ich Dich bitte, die Stadt für eine Weile zu verlassen, um Dich in Gallien zu erholen, um so mehr, als ich Dir versichere, daß ich mit Deiner Arbeit in ungewöhnlichem Maße zufrieden war und nur höchst ungern den Posten des Archivdirektors vakant sehe. Ich werde ihn vorderhand nicht besetzen können. Ich kenne niemanden, der auch nur im entferntesten in der Lage wäre, diese verantwortungsvolle Aufgabe mit der gleichen Liebe und Sorgfalt zu erfüllen, wie Du es in den vielen Jahren getan hast.
Meine Bitte, Dich in Gallien zu erholen, entspringt nicht persönlichen Motiven. Sollte es solche geben, hätte ich schon früher danach handeln müssen. Meine Bitte entspringt ausschließlich gewissen Überlegungen, die ich nicht als Publius Aelius, sondern als Hadrianus Augustus anzustellen genötigt war.
Sei aber dennoch davon überzeugt, mein lieber Gaius, daß Dir mein Wohlwollen wie bisher erhalten bleibt und Dir jede, auch finanzielle Hilfe gewährt werden soll, deren Du bedarfst.

LIII

*P. Aelius Hadrianus an Vibia Sabina Augusta in Rom —
Tauromenium, 2. September*

Leider sah ich mich gezwungen, Sueton zu verbannen. Ich bin nicht rachsüchtig. Ich habe daher nicht Tauris, sondern Gallien bestimmt. Er kann meinetwegen sogar in Massilia wohnen. Von dort sind die Postverbindungen nach Rom schnell und zuverlässig.
Da Du selbst in gewisser Weise betroffen bist, hast Du wohl ein

Recht darauf zu erfahren, was mich zu diesem Entschluß bewog. Mir gingen zuverlässige Nachrichten zu, denen zufolge Sueton nicht nur aus dienstlichen Gründen Gast Deines Hauses war. Er nahm mehrfach Einladungen privater Art an, die er auch schon in den früheren Jahren meiner Abwesenheit aus Rom besser abgelehnt hätte. Mich trifft insofern eine Schuld, als ich Dir meiner langen Reisen wegen nicht immer der Gesellschafter sein konnte, der ich gern hätte sein wollen. Dich trifft die geringste Schuld. Denn unter allen Menschen, die in Rom dem Palatin nahestehen, ist Sueton zweifellos der intelligenteste, und es beweist Deinen Geschmack in geistigen Dingen, wenn Du ihn gelegentlich zu sehen wünschtest. Aber er als Mann und als Philosoph, der er so gern sein will, hätte wissen müssen, daß seit Jahren häßliche Gerüchte umlaufen, denen er auf keinen Fall Vorschub leisten durfte, indem er verschiedene Abende in kleinster Gesellschaft in Deinen Privaträumen verbrachte.

Ich werde in den nächsten Tagen den Termin meiner Abreise festsetzen und Dich wissen lassen, wann es angebracht ist, daß Du mir nach Ägypten folgst. Ich bin sicher, daß Du die Pyramiden genauso gern kennenlernen möchtest wie ich.

LIV

Aus Hadrians Reisetagebuch — Tauromenium, 3. September

Vorgestern also Besuch bei den »Gefangenen«. Ich habe einen etwas schweren Kopf. Aus verschiedenen Gründen. Aber ich muß dies niederschreiben, bevor die Eindrücke schwächer werden. Bevor ich Beschönigungen finde. Denn ich bin mir über alles klar geworden.
Offiziell war es ein Ausflug nach Naxos. Wir wollten dem Gerede aus dem Wege gehen. Ich ließ mir die Haare sorgfältiger als sonst kräuseln und den Bart stutzen. Kam mir dennoch alt im Spiegel vor. A. in einer so eng gegürteten Tunika, die seine Hüften schmaler erscheinen ließ als gewöhnlich. In seinen Schultern Einlagen! Die Tunika zudem so kurz, daß er damit eigentlich nicht sitzen konnte, ohne unschicklich zu wirken. Beine bis zur halben Wade geschnürt.
»Du bist angezogen wie die Burschen, die nachts am Flavischen

Theater herumlaufen«, sagte ich. – »Aber sie tragen nicht so gute
Stoffe. Wieso? Gefalle ich dir nicht?« Er war aufgeregt, freute sich
aber. Auch ich war unruhig. Zwar war es schön, den Abend in Gesellschaft von jungen Menschen zu verbringen, andererseits aber
fürchtete ich, Fehler zu machen und schließlich eine kläglich und
bemitleidenswerte Figur abzugeben.
Kurz vor Mitternacht kamen wir an. Einer der Bewacher diente als
Nomenclator und meldete uns. Marcus und Kalos befanden sich im
Atrium. Das Haus hat kein Peristyl. Der Garten öffnet sich zum
Meer und war durch Fackeln hell erleuchtet. Wir überreichten einen
kleinen vergoldeten Dreizack für Marcus und einen gelben Seidenstoff für Kalos als Gastgeschenk. Marcus war peinlicherweise in
weißer Toga, die ihm nicht stand; abscheulicher Faltenwurf. Ich
trug nur die Tunika, das hatte er vorher nicht gewußt. Die Tunika
von Kalos war ebenfalls sehr kurz. An den Füßen hatte er schwere
Militärsandalen. Ich erfuhr, daß es jetzt Mode bei den jungen Leuten ist, sich mit einem betont männlichen Kleidungsstück herauszustreichen. In diesem Sommer scheinen es Militärsandalen zu sein.
Die Nacht war warm und still. In der Nähe schlug das Meer in
kleinen Wellen auf die Kiesel. Wir lagen bei Tisch, Thrasyll bediente
uns. Er brauchte im wesentlichen nur den Wein zu mischen und einzuschenken. Diener waren nicht im Haus. Die Leute von Q. Flaminius hielten sich für alle Fälle in der Nähe. Er erfüllt übrigens seine
Aufgaben mit großem Takt. Ich sollte Festkönig sein, aber worüber
mit ihnen diskutieren: mit einem römischen Retiarius, einem kampanischen Knaben und einem bithynischen Waldkind? Darüber
etwa, ob es objektive Schönheit gibt oder ob wir die Schönheit
eines Menschen nur subjektiv erfassen können? A. lag mir gegenüber, von den Köpfen der anderen eingerahmt. Er schien gar nicht
mehr zu mir zu gehören: das Gesicht entspannt, sehr jung und keineswegs mit dem Ausdruck eines Menschen, der sechs Jahre in meiner unmittelbaren Umgebung gelebt hat. Es war mehr von der lächelnden Naivität des Kampaniers, ja sogar von der männlichen
und etwas flachen Schönheit des Gladiators an ihm als von der
nachlässigen Arroganz der jungen Leute aus meinen Kreisen.
Ich reichte Kalos den Kranz, er nahm ihn, wurde rot und fragte, ob
er auch ein einfaches Thema wählen dürfe. »Jedes«, sagte ich lächelnd, »nur darf der Kaiser nicht beleidigt werden. Dieses Gesetz

gilt im ganzen Imperium, selbst dann, wenn der Kaiser anwesend ist.«

Beim Opfer erwähnte der junge König Dionysos und Eros namentlich und schloß auch mich ein. Thema: Können junge Leute aus bürgerlichen Haus öffentlich tanzen? Man fragte mich nach der Rechtslage. Ich sagte, es gäbe meines Wissens keine Gesetze, die das Tanzen verbieten; wenigstens würden sie nicht mehr angewandt. Es ging also nicht um die Berufstänzer in den Theatern und nicht um die Mädchen und Jünglinge, die bei Götterfesten tanzen.

»Drei Kombinationen gibt es«, sagte Kalos, »man kann allein, man kann mit einem Mann, man kann mit einer Frau tanzen.«

»Vier«, warf ich ein, »Frauen können miteinander tanzen.«

»Halt!« rief Marcus und ließ Thrasyll alle Becher nachfüllen. »Ihr habt nicht an alle Möglichkeiten gedacht und müßt zur Strafe trinken. Nehmen wir an, Männer verkleideten sich als Frauen und Frauen als Männer. Dann sind im Paartanz zehn Kombinationen möglich, und zählen wir die Einzeltänze hinzu, vierzehn.«

»Wie die vierzehn Stadtregionen«, murmelte ich betroffen. Wir tranken die Strafbecher und versuchten zu ergründen, welche von den vierzehn Möglichkeiten die erstrebenswerteste bzw. die anmutigste bzw. die vergnüglichste sei. Vierzehn Kombinationen an drei unterschiedlichen Maßstäben zu messen... Ich sah eine lange Nacht voraus.

Wir einigten uns dahin, daß junge Männer in der Öffentlichkeit tanzen dürfen, wenn sie das Auge der Zuschauer nicht beleidigen. Das gleiche sollte auch für junge Mädchen gelten, da sie sich ohnehin anmutiger bewegen. Ältere Männer sollten besser nicht tanzen, da sie selbst dann lächerlich wirken, wenn ihnen der Tanz Spaß macht.

Das war die letzte Einigung, die wir erzielten. Wir hatten ziemlich scharf getrunken. Es ging nun darum, welche von den erwähnten Möglichkeiten den Vorzug verdiente. Kalo war für den Einzeltanz, Marcus für den Paartanz mit einem Mädchen. Während A. seine Antwort gab, sah er mich an: »Ich tanze am liebsten mit einem Mann.« — »Und ich gehöre zu jenen, die nicht mehr tanzen sollen«, sagte ich.

Üblicher Streit darüber, wer mit seiner Meinung der Wahrheit am nächsten sei. Wie üblich keine Einigung. Plötzlich hatte Thrasyll eine Pansflöte, und Marcus zog ein Becken unter seinem Ruhebett her-

vor. Marcus schlug vor, alle Möglichkeiten auszuprobieren. Er legte Kalos seine weiße Toga wie ein Frauenkleid um. Thrasyll spielte ausgezeichnet. A. schlug das Becken, hat aber nur wenig rhythmisches Gefühl. Sie tanzten. Kalos sah mit seinem bartlosen Gesicht wie eine Frau aus. Präzise folgte er den Anweisungen des Gladiators. Das war nicht leicht, denn Marcus machte plötzliche und unmotivierte Sprünge, um seine Kräfte und seine Gewandtheit zu beweisen. Unter seiner Toga hatte er auf der rechten Schulter einen kleinen Lederpanzer getragen. Sein Körper war mit einem grobmaschigen Netz bedeckt, um seine Hüften hatte er ein winziges Lendentuch geschlungen. Ich fühlte mich unbehaglich und war doch angetan. Allerdings tat der Wein seine Wirkung und erregte meine Sinne.
Ich applaudierte. Marcus strahlte und ließ seine Muskeln spielen. Er ist eben doch nur ein Gladiator. Thrasyll steckte neue Fackeln auf. A. schenkte ein. Er hatte sich aufgesetzt. Als ich ihn prüfend ansah, kreuzte er schnell die Beine. Sein Gesicht war gerötet. Keine Spur mehr von Versponnenheit und Verträumtheit. Ein anderer Antinous. Aber er gefiel mir gut so.
Kalos war an der Reihe. »Tanze wie bei den Sommerspielen!« rief Marcus. »Der Imperator kennt dich so nicht.« — »Es ist ein Reigentanz«, sagte der Junge. »Außerdem brauche ich ein Schwert.« A. blickte seinen Reisegefährten schweigend und nachdenklich an. Kalos schien zu träumen. Er hatte offenbar vergessen, daß ich anwesend war. Marcus kehrte mit einem Kurzschwert aus Militärbeständen zurück. Vermutlich gestohlen. »Los!« rief er. »Zieh dich aus! Du warst wirklich großartig in Puteoli.« Alle sahen zu mir hin. Ich hob die Schultern und öffnete fragend die Hände. Thrasyll stellte sich grinsend mit seiner Flöte in Positur.
Kalos ging ins Tablinum. Marcus ergriff das Becken. Es gelang ihnen tatsächlich, mit diesen Instrumenten eine Art von bacchantischer Musik zu erzeugen. Kalos kam, vollkommen unbekleidet, zurück, schwang das Schwert über dem Kopf und sprang mitten zwischen uns. Er stieß kleine schrille Schreie aus und wirbelte blitzschnell vor meinen Augen herum. Es war fast nicht möglich, Einzelheiten seines bräunlichen, glatten Körpers zu erkennen. Dennoch stellte ich sofort Vergleiche mit A. an. Obwohl auch dieser Körper makellos zu sein schien, suchte ich doch ständig nach einem Fehler. A. ist der anziehendste Junge im Reich. Es ist mir bisher noch im-

mer gelungen, die Fehler bei andern zu entdecken, die ich bei A. nie suchen würde. Plötzlich ging Kalos in Ausfallstellung. Er streckte das Schwert nach mir aus – ein kleiner Achill. Sein Patroklos verschlang ihn unter gesenkten Lidern hervor mit den Blicken. Kalos' Brust hob und senkte sich nur wenig, sein Bauch war eingezogen, und von den Hüftknochen zur Schambeuge deuteten sich jene beiden zarten Furchen an, die ich bei jungen Männern so sehr liebe. Das Geschlecht noch nicht voll entwickelt, doch wohlgeformt und nicht mehr unbehaart. Und doch – ich fand einen Makel: die noch zu kindlichen Oberschenkel und die runden Knie. Ich blickte befriedigt zu A. hinüber, und A. lächelte mich an.

Während Kalos weitertanzte, dachte ich daran, daß dieser hübsche Junge schon in wenigen Jahren Schmelz, Anmut und zielfreie Heiterkeit verloren haben würde. Ähnliche Gedanken hatte ich noch nie, wenn der nackte Körper von A. vor mir lag oder wir zusammen badeten. Die körperliche Schönheit von A. werde ich immer anbeten. Die Jahre, die uns trennen, werden immer die gleichen sein. Andere altern. Auch Kalos wird altern. Ich sehe es ohne Bedauern. Auch ich war einmal jung. Nur mit A. ist es anders. Er ist ein Teil von mir. Meine Hand wird runzliger; aber ich schreibe damit. Meine Haare werden grau; aber sie fallen nicht aus. Auch A. wird Falten in den Augenwinkeln bekommen und dicke Adern auf den Unterschenkeln. Sie werden mich nicht stören, solange er nur mir gehört.

Der Tanz endete überraschend. Thrasyll setzte seine Flöte ab und gab seinem Mißfallen Ausdruck, indem er Kalos die Zunge herausstreckte. Der Junge warf das Schwert auf den Boden, ging rückwärts auf Thrasyll zu und zeigte ihm seinen Hintern. Da ich trank, verschluckte ich mich vor Lachen. A. stand auf und klopfte mir den Rücken. Thrasyll verabfolgte Kalos einen kräftigen Hieb aufs Gesäß. Der Knabe kippte vornüber, wurde wütend, raffte sich auf, sprang an Thrasyll hoch und umklammerte seinen Hals. Der Schwarze packte ihn um den Leib und schleppte ihn zu mir. Kalos wehrte sich und strampelte, kam frei und geriet A. in den Schoß. A. fiel hintenüber, sie lagen übereinander, ihre Münder berührten sich. Mir schwindelte. Ich wollte sie auseinanderreißen. Aber ich blieb sitzen und rührte mich nicht.

Marcus riß sie endlich auseinander. Kalos war flammendrot, bedeckte sich – wahrscheinlich nicht ohne Grund – mit beiden Händen und lief ins Haus. Marcus lachte breit und laut: »Imperator! Wir sind alle deine Sklaven! Du kannst uns töten lassen! Du kannst auch die schönste Nacht deines Lebens verbringen! Die Nacht, in der du so jung bist wie wir. Du kannst wählen. Wir lieben dich, weil wir so fühlen wie du!« Sehr geschickt. Für einen Gladiator ... Thrasyll nickte unaufhörlich und in grotesker Weise mit dem Kopf. Marcus breitete nach Art der Fechter seine Arme aus, stellte einen Fuß vor und umfaßte mit einem Blick alle Anwesenden. Dann setzte er sich vor A. auf den Boden. Endlich begriff ich, daß sie mich zu ihrem Spießgesellen machen wollten. Und dies war der Augenblick, da ich hätte gehen sollen. Aber die Neugier, einmal, ein einziges Mal nur Unerhörtes zu erleben, war größer als meine Vorsicht, zumal ich nicht mehr nüchtern war.

Thrasyll nahm wieder die Flöte, Marcus das Becken. In diesem Augenblick kam Kalos – wieder angezogen – zurück. Er und A. begannen zu tanzen. Sie tanzten aus den Hüften in der Weise, die A. mir kürzlich erklärt hatte. Ihre Arme und Hände berührten sich zuweilen, ihre Körper nicht. Ihr Tanz war Begehren, nichts anderes. Doch – und das ist das Merkwürdige – ihr Begehren richtete sich nicht auf einen bestimmten Gegenstand, am wenigsten auf den augenblicklichen Partner. Es war eine allgemeine und ziellose Aufforderung an alle Welt. Damit veredelten sich sogar die teilweise obszönen Bewegungen. Denn sie schwangen ihre Hüften nicht nur seitwärts, sondern in einem seltsamen und wiegenden Rhythmus auch vor- und rückwärts. Ihre Gürtel waren so eng und ihre Tuniken so kurz, daß ich gebannt auf dieses aufreizende Schauspiel starrte. Im Grunde ist A. nicht für den Tanz geschaffen. Er ist zu introvertiert. Aber an diesem Abend war A. nicht mehr er selbst. Er war ein anderer. Es reizte mich plötzlich, auch diesen andern A. zu gewinnen. Aber er war ja gerade darum ein anderer, weil er mich vergessen hatte. Ich war außer mir und doch wie gelähmt. Julia ist eine kluge Frau. Sie sagte einmal: »Männer deines Alters sind für uns Frauen die begehrtesten. Sie verbinden dieses ›Außersichsein‹ mit der Reife und Erfahrung des Alters.« Die Gute hat sicher nicht beachtet, daß A. hierzu leider eine ganz andere Meinung hat. A. hatte wieder ein anderes Gesicht. Er sah nichts. Sein Mund stand halb offen. Ein trunkener Bacchus. Seine Sandalen klapperten den

Takt. Er ließ den Kopf fallen, als habe er keine Sehnen im Hals, riß ihn wieder hoch, streckte die Hände aus, verschränkte sie hinter dem Rücken, streckte das Becken vor ... alles ohne die geringste Bewegung im Gesicht.
Plötzlich war einer der Soldaten in Zivil da und fing an, die Tuba zu blasen. Marcus schlug das Becken wie rasend. Der Lärm war gewaltig. Ich trank noch immer. Thrasyll versteht wenig und spricht kaum ein Wort Latein. Aber er hatte die Situation erfaßt. Sein Lendentuch lag längst auf der Schulter des Soldaten, der verbissen und mit subalternem Eifer in die Tuba pustete. Er tobte auf seiner Pansflöte, unbeweglich, aber lüstern. Nur der Soldat fühlte sich im Dienst. Er ließ das Blech scheppern und schien nichts zu sehen.
An allem, was weiter geschah, trug ich die Schuld. Ich glaubte, das Schicksal der Welt in den Händen zu halten. An diesem Abend hatte ich nicht einmal mein eigenes in der Hand. Ich war den Trieben so wehrlos ausgesetzt wie jene, die ich dieser Triebe wegen verurteilte. Ich vergaß, daß es mir meine Stellung und mein Alter verbieten, Mensch zu sein. Dafür habe ich allerdings die Aussicht, nach meinem Tode zu den Göttern erhoben zu werden. Aber wenn ich so unverfroren bin, als Mensch zu denken, bin *ich* der Verführte gewesen. Und der Verführte rächt sich, wenn er kann. Ich war zwar als Mensch bereit, alles zu dulden und zu verzeihen, da meine Sinne aufs äußerste erregt waren. Aber es steht zu befürchten, daß ich mich als Kaiser räche. Unlogisch zwar, aber es steht mir zu.
Die beiden berührten sich nicht. Aber was sie tanzten, war schlimmer als eine intime Berührung. Ich versuchte aufzustehen. Aber es gelang mir nicht. Ich winkte, und sie hörten sofort zu tanzen auf. A. kam zu mir und fragte, ob ich böse sei. Böse — warum? Er hatte mir eine neue Seite seines Wesens gezeigt, und ich genoß die kurze Illusion, an einem einzigen Tage sechs Jahre auslöschen zu können, um ganz von vorn zu beginnen. Mit dem Alkohol kann man eine ganze Menge Illusionen einkaufen. Die Rechnungen werden uns vorgelegt.
Die Fackeln warfen schwarzen Rauch aus. Rings um den Tisch standen primitiv gearbeitete Amoretten und lächelten albern. Der Soldat machte ein Gesicht, als stehe ihm eine Schlacht gegen die Germanen bevor. Oder gegen die Skythen; die werden noch mehr gefürchtet. Thrasyll hüpfte vor mir herum. Nun sollte ich tanzen. Sie

redeten alle auf mich ein. Thrasyll fiel auf die Knie, nackt, wie er war, und spreizte die Beine, während er sich zurückbeugte. Ich verschlang ihn mit den Augen, all seine Glätte und Bereitschaft. Aber ich war noch nicht betrunken genug, um mich lächerlich zu machen. Unbedingt hätte ich gehen müssen. Doch ich ging nicht. Ich war gelähmt und verzaubert. Eine Täuschung. Aber Zauber ist nun einmal Täuschung. Alles würde ein gräßliches Ende nehmen. Aber das Ende war jetzt nicht mehr zu verhindern. Immerhin – ich tanzte nicht. Ich saß vor meinem Pokal und trank weiter.

Marcus hatte ein zweites Netz ergriffen und wirbelte es über unsere Köpfe: unnachahmlich und voll Besitzwillen. Sein Gesicht strahlte vor Siegesbewußtsein. Sein Körper war nur mehr von dem grobmaschigen Netz umhüllt, das Lendentuch mußte er irgendwann abgezogen haben. Noch nie sah ich soviel Kraft und Gelenkigkeit in einer Person vereinigt. Ich bewunderte seinen Körper, nicht aber seine Haut: dicht behaart, und nicht nur auf Beinen und Armen. Die schwarzen Haare bedeckten seine ganze Brust, zogen in fast gleicher Breite zum Nabel, verjüngten sich etwas und umwucherten dann förmlich seine Scham, ja wuchsen sogar auf seinem muskulösen Gesäß. Männlich zwar, aber ich weiß, daß so behaarte Männer leicht schwitzen. Marcus fühlte sich bereits so sicher, daß er mir sehr nahe kam. Sein Netz streifte meine Haare. Sein Gesicht drückte Überlegenheit, fast Frechheit aus. Es bedrohte mich, nahm mir den Verstand, erniedrigte mich. Das Netz war keine Bekleidung. Es war schlimmer als keine. Ich versteckte mich hinter meinem Pokal. Thrasyll saß im Schneidersitz neben mir und schlug das Becken. Noch zielbewußter, als er die Flöte geblasen hatte. Er saß neben mir. Wie weit war ich schon gekommen? Der Soldat stieß in die Tuba, verbissen, ignorant und falsch.

Da fiel mir A. ein. Ich wollte meinen Kopf wenden. Aber Marcus stellte sich genau vor mein Gesicht. Das Becken tobte, und vor meinen Augen war nur noch das, worauf es ankam. Thrasyll berührte meinen Kopf, um ihn nach vorn zu drücken. Das war zuviel! Ich wehrte ihn mit einem Faustschlag ab. Das Becken fiel scheppernd zu Boden. Der Soldat blies weiter. Marcus verteidigte mich und stürzte sich auf Thrasyll. Es entspann sich ein herrlicher Ringkampf, wie ich ihn noch nie in einer Fechterschule gesehen habe. Schwarz gegen Weiß, barbarische Wildheit gegen geschulte Kraft, Brust gegen Brust, Schenkel gegen Schenkel, Geschlecht gegen Geschlecht. Sie stürzten zu Boden. Das Netz von Marcus zerriß. Haß paarte sich mit Begehren. Aber tausendmal vielgestaltiger, wilder, härter und brünstiger als zwischen Mann und Frau. Sie keuchten vor Anstrengung und beginnender Lust. Antinous starrte mit weit offenen Augen auf das Schauspiel. Sein Gesicht glühte. Die Brunst parthischer Hengste trieb sie an, sie umschlangen sich, rieben sich aneinander, gaben sich frei und trafen sich doch immer wieder dort, wo sie beide dunkel waren.

Warum belügen wir uns eigentlich? Warum sprechen wir Männer von Freundschaft, von Erziehung, von hohen Idealen, von großen Vorbildern, wenn wir doch nur dies eine meinen? Oder sind sich die Lenden von Achill und Patroklos aus irgendeinem andern Grunde begegnet, als um Lust aneinander zu finden? Sie haben miteinander vor Troias Mauer gefochten, und ein Leib deckte den andern. Aber deckten sie nicht nur ihre Leiber, um die Wollust des Vorabends wiederzufinden? Gab ihnen nicht erst der Kampf auf Leben und Tod das wirkliche Recht dazu? Hat Alexander nicht die halbe Welt erobert, um vielleicht diesen inneren Drang zu töten? Oder hat er sie etwa erobert, um im Rausch des Sieges den doppelten Rausch der Sinne zu haben?

Ich sage – ich liebe A. Das heißt, ich liebe seine Jugend. Seine Jugend ... Das sind: seine noch unbehaarte Brust, seine weiche Haut, seine täglich straffer werdenden Beine und Muskeln, jedes Haar, das ihm neu am Kinn und an der Scham sprießt, sein Glied, das sich unter meinen Liebkosungen verändert, und die Lust, die er mir mit seinem Körper schenkt. Das liebe ich, und alles andere sind nur Beschönigungen.

Marcus und Thrasyll waren aufgestanden. Marcus feucht, behaart und wild, Thrasyll schwarz, glänzend und glatt. Sie küßten sich. Aber sie boten mir ihre Körper frontal dar. Sie kamen lockend näher. Sie ergriffen meine Hände und führten sie an die feinste und edelste Muskulatur des Körpers, an die empfindlichste und grausamste, doch als ich das Vibrieren des Fleisches spürte, zuckte ich wie von einem Schlag zurück. Ich zog meine Hände fort. Thrasyll stieß einen dumpfen Laut aus und versuchte von neuem, sich meiner Hand zu bemächtigen. Ich stand auf. Wütend und enttäuscht riß Thrasyll den Gladiator von neuem zu Boden, um sich endlich zu befreien.

Ich aber suchte A. Ich fand ihn nicht sogleich. Meine Erregung wich einer gräßlichen Furcht. Alles, was bisher geschehen war, konnte ich als einen Spaß ansehen, als Zerstreuung, auf die ein Kaiser Anspruch hat. Doch das, was ich nun in einer kaum beleuchteten Gartenecke sah, betraf mich persönlich, meine Gefühle als Mensch, als Liebender dem Geliebten gegenüber. Ich sah den hellen Körper von A. Er war nackt. Ich sah seine Arme und Hände nicht, nur seinen Rücken, der sich krümmte und zuckte. Kalos hatte den Kopf in seinen Schoß gelegt. Sie bemerkten mich nicht. Sie waren miteinander aufs höchste beschäftigt. Mein unschuldiger, kleiner, zarter und empfindlicher Liebling bemühte sich darum, sein Geschlecht zur männlichen Amme für Kalos zu machen. Der Knabe stellte sich ungeschickt an. Er wand sich unter den Händen von A., der ihm den Kopf führte, ihn gleichzeitig auf den Rücken drehte und mit seinen Händen dem makellosen Körper des Kampaniers nachspüren wollte. Er fuhr auf den noch glatten Oberschenkeln hin und her, tastete, erreichte die Scham, zuckte zurück, präludierte weiter, kehrte zurück und erreichte, daß sich Leben zeigte.

Der wunderbare Anblick zweier sich liebender Knaben ließ mich eine Weile innehalten. Aber schließlich überwog die Enttäuschung, betrogen zu werden. Also war ich so grausam und vielleicht auch so gottlos, zwei Jünglinge voneinander zu trennen, die sich eine Lust anboten, die ich ihnen niemals geben kann. Ich umschlang A. und riß ihn von Kalos weg. Dieser sprang schreiend auf, lief davon, wurde aber von Thrasyll festgehalten, der vollkommen von Sinnen war.

A. ließ alles stumm mit sich geschehen. Dann führte ich ihn durch den Garten zurück zum Ausgang. Thrasyll lag noch immer auf Kalos. Seine Kruppe zuckte unter den Nachwirkungen seiner befriedigten Lust. Thrasyll ist der einzige Mann, den ich kenne, der wie eine Frau auch nach dem Orgasmus noch Lust empfindet. Ich stieg über sie hinweg. A. machte einen großen Bogen um sie. Der Soldat hatte zu blasen aufgehört. Das Fest war aus. Ich störte niemanden. Wir kamen unangefochten durchs Atrium vor die Haustür. Ich rief laut in die Nacht hinein. Einer der Leute von Q. Flaminius kam. Ich ließ ihn den Wagen holen. Im Atrium hatte A. sich angezogen. Wir sprachen kein Wort während der Fahrt. Wir waren wohl auch müde. Als wir zu Hause ankamen, begann es im Osten zu dämmern.

LV

(ohne Orts- und Zeitangabe)

L. Ceionius an Vibia Sabina Augusta in Rom

Sorge Dich nicht um mich, noch weniger um Dich und am wenigsten um das Wohl des Staates. Endlich habe ich die Dinge wieder in der Hand. Sie werden mir nützen, mehr noch Dir, Augusta, am meisten aber dem Staat. Grüße bitte meine Frau. Sie versteht von allem so wenig.

LVI

(ohne Orts- und Zeitangabe)

L. Ceionius an Antinoos in Tauromenium (griechisch)

Ich habe eine ungeheure Dummheit begangen. Daß Du sie mir verzeihst, weiß ich, da Du sozusagen der Anlaß für diese Dummheit bist. Ich flehe Dich bei allem an, was uns verbindet: Besänftige den Kaiser! Er soll nicht voreilig den Berichten Dritter glauben, bevor ich ihm nicht selbst alles erklärt habe. Ich bin auf dem Wege zu Euch. Du bist so gut, nicht wahr, mein Kleiner?

LVII

Aus Hadrians Reisetagebuch – Tauromenium, 4. September

Setze meinen Bericht fort. Am nächsten Morgen erwachte ich früh. A. schlief noch und hatte Ringe um die Augen. Mund trotzig geschlossen. Ich ließ ihn schlafen und arbeitete im Peristyl. Aß eine Kleinigkeit. Der Arzt gab mir ein Mittel gegen Kopfschmerzen. Als Thrasyll in einem hochgeschlossenen knallgelben Wams erschien, jagte ich ihn fort. Gelb scheint übrigens die Farbe der Saison zu sein. Mittags Besprechung mit Q. Flaminius über die notwendigen Absperrungsmaßnahmen für den Nachmittag. Ich hatte beschlossen abzureisen. Vorher aber mußte ich die Kette wiederhaben. Ich weckte A. Er blinzelte, als er mich sah, und wandte sich ab. »Ich kann dich nie wieder ansehen, Publius.« Ich strich ihm über die Haare. Seine Augen waren klar. O Jugend! Er badete lange. Der Wagen stand bereit. Vor der Villa eine ungeheure Menschenmenge. Viel elegante Leute darunter. Es mußte sich herumgesprochen haben. »Was tun wir?« fragte A. — »Wir holen die Kette«, sagte ich. Crito und der Arzt fuhren mit uns. Wir schwiegen. Es war heiß und staubig. Die Blumen dufteten nicht. Thrasyll mußte zu Fuß hinter dem Wagen herlaufen. Die Soldaten, zu diesem Zweck in Uniform, waren zu Pferd. Wir fuhren zuerst zum Haus am Meer. Marcus und Kalos lagen noch im Bett. Ich ließ sie herauskommen, so, wie sie waren. Marcus dunkel im Gesicht, da er sich nicht rasieren durfte. Kalos blaß und sehr schüchtern. Wir gingen alle zu Fuß weiter.

Der Felsen, wo A. die Kette verloren hat, war in weitem Umkreis abgesperrt. Aber die Leute von Q. Flaminius hatten nicht verhindern können, daß die Menge auf den umliegenden erhöhten Punkten schnell anschwoll. Einige Boote voller Menschen trieben auf dem spiegelblanken Meer. Der Priester des Neptun eilte mit fliegenden Gewändern herbei. Er hatte die Absperrung durchbrochen und beschwor mich, an dieser Stelle nicht zu baden.

»Fasse dich«, sagte ich, »ich werde nicht baden.« Der von der sizilischen Hitze vollkommen ausgetrocknete Alte, der dennoch eine rote Nase hatte, wandte sich entsetzt A. zu und breitete seine weiten Ärmel wie ein Vogel aus: »Schone diesen Jüngling in der Blüte seiner Jahre!« — »Du kannst ja ein Opfer bringen«, sagte ich. »Wenn du wirklich auf gutem Fuße mit dem Gotte stehst, wird er sich bestimmt besänftigen lassen.«

Der Alte blickte sich hilflos nach allen Seiten um, da er kein Opfer vorbereitet hatte. So wenig hatte er damit gerechnet, daß ich seinen Gott herausfordern würde. Antinous zog sich aus. »Warte«, sagte ich. Von den Booten aus waren einige Knaben ins Wasser gesprungen und umschwärmten den Platz, jedoch in dem Abstand, den ihnen ihr Aberglaube vorschrieb. Die Leute hier gehen allen Unternehmungen aus dem Wege, die Neptun mißfallen könnten, denn sie leben außerhalb der Saison vom Fischfang. Und dieser Felsen ist nun einmal dem Neptun heilig.

»Einen Fisch!« rief der Priester. Er nickte einige Male in Gedanken mit dem Kopf und murmelte: »Ja, einen Fisch, einen großen, müßte man opfern... Einen Fisch!« schrie er plötzlich wieder. — »Einen Fisch, einen Fisch!« schrien die Soldaten der Absperrung. »Einen Fisch, einen Fisch!« schrien alle Leute auf den Felsen und in den Booten. A. war schön. Die Sonne machte seine Haut fast durchsichtig. Marcus stand aufrecht und breitbeinig in gebührender Entfernung und sah mich prüfend an. Würde ich es wagen...? Gladiatoren sind abergläubisch. Kalos traute sich kaum, Antinous anzublicken.

»Das Meer ist voller Fische«, sagte ich ruhig. — »Das Meer ist voller Fische!« schrie die Menge. Ein Boot kam eilig heran. Es knirschte auf dem Kieselstrand. Am flachen Ufer standen Leute. Man reichte Fische heraus. Sie gingen von Hand zu Hand in einer Kette bis zur Absperrung. Von dort brachte ein Soldat den ganzen Schild voll. Der Priester griff hinein und ließ die glitschigen Leiber durch die Hände gleiten. Er schob die Kapuze zurück. Er schwitzte. »Zu klein«, murmelte er. — »Opfere sie alle«, sagte ich. »Der Gott wird deinen guten Willen erkennen.« — Der Alte richtete sich stolz auf und sagte, nicht ohne Würde: »Neptun ist der größte aller Götter.« — »Für dich«, sagte ich und verneigte mich. Immerhin wurde Feuer gemacht. Der Priester flüsterte ein paar Formeln und warf die lebenden Fische in die Flammen. Ich hielt mir die Nase zu. Der Rauch roch übel. Marcus blieb unbeweglich stehen und starrte in die Flammen. Die Menge blieb stumm. Es waren inzwischen viele tausend geworden.

»Das Opfer ist mißlungen«, sagte der Alte. »Neptun wünscht nicht, daß man an diesem ihm heiligen Ort ins Meer steigt.« Ich ließ mir von Thrasyll die Kette geben. »Genau die gleiche ist dort unten. Sie trägt mein Bild. Ich möchte sie wiederhaben. Ich wiederhole: Ich zahle jeden Preis dafür. Sag es den Leuten.«

Der Priester sah mich an. »Versündige dich nicht, Imperator. Der Gott wird sich rächen, wenn du ihn zwingst, die Kette wieder herzugeben. Er hat die schönste seiner Nereiden damit geschmückt. Der Gott vergißt nichts. Er wird sich rächen. Versündige dich nicht, Imperator!«

»Ich befehle, daß nach der Kette getaucht wird.« Ich achte die Götter. Aber ich kann ihnen nur gehorchen, wenn ich ihren ausdrücklichen Willen kenne. Gesprochen hatte nicht der Gott, sondern der Priester.

»Wer taucht nach der Kette?« riefen die Soldaten. Die Menge antwortete nicht. Sie stand starr und stumm. Ich hatte es erwartet. Der Alte schien große Macht über sie zu haben. Wegen ihrer Fische bezahlen sie ihn gut. Er besitzt ein sehr elegantes Haus in der Stadt. Die Soldaten hatten keine Mühe mehr, die Menge abzuwehren.

A. trat zu mir. »Bitte, Publius — laß mich sie holen. Ich habe sie verloren. Ich werde sie dir zurückbringen. Ich weiß genau, wo sie liegt.«

»Du kannst dabei sterben«, sagte ich. »Hast du keine Angst davor?«

Er hatte Angst vor mir, vor der Zukunft, vor sich selbst. Er sah mich an und schüttelte den Kopf.

»Aber ich will nicht, daß du stirbst«, sagte ich. »Ich will die Kette, aber nicht deinen Tod.«

A. ging zum Felsvorsprung. Die Sonne machte seine Haare hell und das Gesicht weiß. Ich hatte plötzlich wahnsinnige Angst um ihn. Ich packte ihn an den Schultern. Ich fürchtete, er könne hinabspringen. Ich ließ seinen Chiton bringen und legte ihn um seine Schultern. Er sah mich nicht mehr an. Kalos hatte sich aus den Armen von Marcus gewunden, der ihn festgehalten hatte. Er kam auf uns zu. »Ich werde tauchen.« Zu A.: »Wo ist es? Beschreibe es mir bitte.«

A. blickte mich flehentlich an. »Er darf nicht.« — Ich schüttelte den Kopf. »*Du* darfst nicht.« — »Wir werden einen anderen finden«, sagte Marcus. Dann rief der berühmte und vergötterte Gladiator, so laut er konnte: »Wer taucht, bekommt vom Kaiser einen ganzen Sack voll Gold!« — »Einen Sack voll Gold! Einen Sack voll Gold!« rief die Menge. — »Und Freikarten für deinen nächsten Kampf, Marcus«, sagte ich.

Es hatte keinen Zweck. Die abergläubische Furcht kann größer sein als die Gier nach Geld. Ich sah, wie sie gestikulierten. Ihre Arme stachen wie schwarze Dornen in den weißen Himmel. Aber niemand trat vor.

Als ich mich umdrehte, sah ich, wie A. und Kalos sich küßten. Dann sprang Kalos. Die Menge schrie auf. Marcus, A., der Priester und ich traten bis knapp an den Rand des Felsens. Mein Herz fing heftig zu schlagen an. Nach einer Weile kam der bräunliche Leib des

Knaben zur Wasseroberfläche zurück. »Wo?« schrie er. »Wo ist es?« A. wies mit dem Arm auf einen bestimmten Punkt. Kalos atmete einige Male tief durch und verschwand von neuem. Wir warteten. Mein Herz schlug heftiger. Es herrschte vollkommene Stille. Der Priester hob betend die Arme. Marcus rieb aufgeregt sein Kinn. Ich trat hinter A., umschlang ihn und zog ihn etwas zurück. Der Alte begann zu murmeln. »Hör auf, verdammter Schmarotzer!« schrie Crito, dem plötzlich die Nerven versagten. Der Arzt machte sich an seiner Tasche zu schaffen. A. versuchte sich zu befreien, aber plötzlich wurde sein Körper weich und schlaff. Die Wasseroberfläche blieb glatt und still und friedlich.

Es war leicht, A. zurückzuführen. Ich trug ihn mehr, als er ging. Er wäre gefallen, wenn ich ihn nicht gestützt hätte. Die Menge wurde unruhig. Die Soldaten hatten Mühe, sie mit Schwertern und Schilden zurückzuhalten. Der Priester blieb eine Weile unbeweglich mit ausgebreiteten Armen stehen. Dann wandte er sich um und starrte trübe in die erlöschenden Flammen. A. hatte sich auf den Bauch geworfen. Ich versuchte, seinen Kopf zu mir zu drehen. Aber er entwickelte eine bisher unbekannte Kraft, um es zu verhindern. Ich ließ es sein. Ich ging zum Priester und bat ihn, jedes Jahr am gleichen Tag an dieser Stelle ein Opfer für alle jungen Menschen darzubringen, die das Meer nicht wiedergegeben hat.

In diesem Augenblick klatschte es auf. Die Tunika von Marcus lag auf den Steinen. Die Menge tobte. Sie durchbrach die Absperrung. Die Soldaten rannten, um einen festen Kreis um mich zu schließen. Marcus ist ungeheuer beliebt. Im vergangenen Jahr ist er in Tauromenium aufgetreten. Die jungen Leute sprangen barfuß über die scharfen Steine, die Männer stützten die Frauen, und die Frauen rafften die Kleider ...

Wenige Minuten später sah ich die Kette. An dieser Kette ist mein eigenes Bild befestigt. Ich hatte Neptun mit Mars besiegt. Marcus war Mars: braun, breit, vom Wasser glänzend, unbesiegliche Kraft, düster, unheimlich und männlich schön. Die Kette lag auf seiner schweren Hand. Wir waren quitt. Ich beschloß, ihm eine Frau zu suchen.

Ich nahm die Kette aus seiner Hand. Er drehte sich um und ging zu seinen Kleidern. Ich sah ihm nicht nach. Ich ging zu A. Um mich der enge Kordon der Soldaten. Dahinter die ekstatische Menge.

A. lag jetzt auf dem Rücken. Er fröstelte. Ich hob seinen Kopf und legte ihm die Kette um. Sein Mund verzog sich; es sollte wohl ein Lächeln sein. Nun drückte ich ihm meine Kette in die Hand. Ich beugte mich nieder, damit er sie mir umlegen konnte. Seine Hände zitterten. Er konnte den Verschluß nicht finden. Ein Soldat schloß die Kette in meinem Nacken. Die Menge klatschte Beifall. Hatten sie den kampanischen Knaben schon vergessen? Schon möglich. Ich wußte nur noch nicht, daß das Gedächtnis der Menschen *so* kurz sein kann ...

In dieser Nacht schliefen wir beide nicht. Wir sprachen auch nicht. Der blaue Vorhang zum Peristyl stand offen. Kein Hauch bewegte ihn. Es war still. Thrasyll schlief auf meinen Wunsch hin auf einem Bett unmittelbar an der Tür.

Übermorgen fahren wir nach Ägypten. Das Schiff aus Misenum trifft morgen in Naxos ein.

ÄGYPTEN

I

*Claudia Crispina an die Edle Herrin Julia Balbilla —
Tauromenium, 11. September*

Denke nur, Liebe — es ist Ausonius gelungen: Der Kaiser bat mich zu Tisch! Sechs kurze Worte nur, aber ich bin sehr stolz. Der Anlaß war allerdings gerade kein glücklicher: Der Kaiser gab der hier anwesenden besseren Gesellschaft ein Essen, um sich von ihr zu verabschieden. Heute reist er nach Ägypten ab, und damit habe ich auch Deine Frage vom 31. August beantwortet. Aber der Reihe nach:
Wir saßen nicht weit von ihm entfernt, und sobald es die Schicklichkeit erlaubte, wechselte er seinen Platz und zog mich in ein Gespräch. Mag Deine Herrin nun von ihm denken, was sie will, mag sie von ihm enttäuscht sein, ja — mag sie ihn hassen ... Ich kann es nicht! Nein, Liebe — bei aller Freundschaft, die uns bindet —, ich kann es nicht. Er ist ein Mann, Kaiser und geistreich dazu. Er fragte mich, ob ich Witwe sei, und als ich verneinte und erklärte, ich sei geschieden, beglückwünschte er mich und sagte, so wisse ich wenigstens, daß der Mensch noch lebe, der mich einmal liebte. Und er fügte hinzu, daß die Hoffnung niemals erlösche, eine vergangene Liebe in behutsame Zärtlichkeit überzuleiten, solange der einstmals Geliebte noch lebe. Er sah gut und gesund aus. Seine für ihre Länge etwas zu schmale Nase hatte nichts Unangenehmes, da ihre Disproportionalität durch seinen ungewöhnlich gepflegten dunklen Bart vollkommen aufgehoben wird. Seine Lippen glänzten und waren rot und frisch, obwohl er keine Farbe aufgetragen hatte, wie ich zuverlässig festgestellt habe. Das Schönste aber waren seine Augen. Sie blickten mich fast immer an, wenn er mit mir sprach, und schweiften weder aus Zerstreutheit noch aus Ungeduld ab, obwohl ich sicher manches sagte, was nicht gerade klug war. Der Ausdruck dieser Augen schwankte zwischen Aufmerksamkeit, Intelligenz und Schmerz. Du weißt, Liebe, daß ich Männer mit solchen

Augen vergöttere. Nur sie verkörpern zupackende Männlichkeit bei gleichzeitiger Sensibilität. Sie sind so selten, daß ich sie als Naturereignis bezeichne.
Der Bithynier spielte bei all dem keine Rolle. Er hockte stumm auf seinem Sessel und spielte mit einem Hund, soweit es ihm möglich war, denn der Köter hatte vollauf zu tun, alle Speisereste aufzufressen, die die Gäste unter den Tisch geworfen hatten. Er war blaß, hatte große Augen und einen verkniffenen Mund, und ich muß Dir sagen, Julia — ich habe schönere Knaben gesehen, vor allem aber liebenswürdigere. Mögen die Götter wissen, wo dieser Junge seine Qualitäten hat! Nur, wenn der Kaiser ausgerechnet beleidigte Melancholie lieben sollte, würde ich seine Wahl verstehen.
Der Kaiser kam später tatsächlich noch einmal zu mir zurück. Und jetzt erzähle ich Dir etwas, was Dich nicht nur interessiert, sondern was Dich unmittelbar betrifft, Liebe. Er muß sich allerdings vorher über meine Verhältnisse und meine Freundschaft zu Dir informiert haben. Denn er setzte sich neben mich und fragte mich, ob ich nicht eine junge Dame kenne, die würdig sei, einen großartigen, mutigen und starken Mann zu heiraten, dessen Vorzüge den Nachteil bei weitem aufwögen, Gladiator zu sein. Julia, Liebe, wird Dir jetzt schwarz vor den Augen? Weiß der Kaiser, daß Deine Tochter Marcus liebt? Hast Du es ihm erzählt, oder hält sich ein Geheimpolizist nachts unter dem Bett Deiner Tochter Julina auf? Eine Minute später wurde Marcus mir in eigener kompakter Person vorgestellt. Er durchbohrte mich förmlich mit Blicken, und hätte ich nur ein bißchen mehr Illusionen — ich wäre auf der Stelle hingeschmolzen. Der Kaiser machte sich den Spaß und überließ ihn mir.
Entschuldige, Liebe, wenn ich indiskret war, während ich mit diesem Götterbild sprach. Du kannst ja nicht erwarten, daß *ich* mich in ihn verliebte. So spielte ich behutsam auf eine junge Dame aus gutem Hause in Rom an, die er eigentlich bei Gelegenheit kennenlernen müsse, falls er nicht schon gebunden sei. Und nun kommt der Knalleffekt: Er kennt ein junges Mädchen, und nur dem allein möchte er sich verbunden fühlen. Der Hinderungsgrund ist allein ihre Mutter, die jede Begegnung hintertreibt ... Julia — merkst Du es? Es war von Dir die Rede! Wenn Du mir versprichst, Deiner Tochter keine Vorwürfe zu machen, kann ich Dir auch verraten, daß die beiden sich schon heimlich zwei- oder dreimal getroffen ha-

ben. Bitte — sei nun menschlich und versuche nicht zwei Menschen voneinander zu trennen, die sich lieben. Und vergiß nicht, daß ich sozusagen eine offizielle Person war, da ich im Auftrage des Kaisers handelte. Ich teilte ihm daher auch auf einem Billett mit, daß ich eine für Marcus geeignete Person gefunden habe. Ich beschwöre Dich also, allem Künftigen gelassen und zufrieden entgegenzusehen. Und noch eine Sensation. Du siehst, hier spielt sich das wahre Leben ab! Lucius kam einen Tag vor der Abreise hier an, und frech, wie er ist, ging er am hellichten Tage im vergoldeten Brustpanzer über den Markt. Hier, in unserm Ferienparadies, in Anwesenheit des Kaisers! Man muß eben doch alles auf eine Karte setzen, wenn man Erfolg haben will. Ausonius sprach auf meinen Wunsch hin mit ihm. Es steht fest, daß Lucius vom Kaiser *nicht* empfangen, aber auch nicht verhaftet wurde. Gerade vorhin sah ich ihn wieder. Er machte Einkäufe, umgeben von einer Rotte von Stutzern und Halbwüchsigen. Er braucht bei seinem Charme nur einen Tag, um sich ein Gefolge zu schaffen. Er grüßte mich sogar, aber ich antwortete nicht, denn noch weiß keiner, wie der Kaiser reagieren wird, denn er handelt oft spät, dann aber gründlich. Ich bin ehrlich genug, um Dir zu gestehen, daß ich brennend gern mit ihm gesprochen hätte. Aber es ist auch bekannt, daß er jedermann anpumpt, um seinen ungeheuren Aufwand an Kleidung, Freundinnen und Knaben zu befriedigen.
Die Sonne ist abgereist, aber ein neuer Stern ist aufgegangen. Nachsaison... Für viele mag Lucius der Morgenstern bedeuten. Langweilen wird er sich nicht, wenn er hierbleibt. *Wenn* er hierbleibt... Die kleine Avidia tut mir leid. Selbst wenn sie nur eine Hausfrau ist, Julia, solltest Du nicht so ironisch von ihr sprechen. Denn wenn wir beide ehrlich vor uns selbst sind... beneiden wir sie nicht insgeheim ein wenig?

II

*Publius Aelius Hadrianus an seine liebe Augusta in Rom —
Auf See, 11. September*

Habe mir vorgenommen, auf dieser Seereise keine Zeile zu diktieren und keinen Brief zu schreiben. Dieser hier soll die einzige Ausnahme bleiben, liebe Sabina.
Ich mußte Dir den Schmerz zufügen, Sueton einen Urlaub anzuraten. Da nun auch Lucius nicht mehr in Rom ist, wärest Du allein auf Julias Gesellschaft angewiesen. Gewiß — sie hat ihre Qualitäten. Sie besitzt die seltene Gabe, Dinge zu erfahren, die andern verborgen bleiben. Und sie besitzt die noch seltenere Gabe, aus der Verwirrung, die sie mit ihrem Wissen anstiftet, immer einen hoffnungsvollen Ausweg zu finden. Ich wünsche herzlich, ihre Tochter recht bald verheiratet zu sehen. Sie wird Dir von ihr erzählt haben. Auch von Marcus, der Antinous das Leben gerettet hat. Marcus liebt Julias Tochter. Ich will seinem Glück nicht im Wege stehen. Zwar läßt sich das, was junge Leute gemeinhin unter Glück verstehen, auch in einer Ehe nicht bewahren. Aber sie wären auf jeden Fall unglücklich, wenn man ihnen nicht einmal die Möglichkeit ließe, ihr turmhohes Gebäude von Liebe, Glück und Harmonie zusammenstürzen zu sehen. Reichen wir ihnen also unsere Hand zu ihrem Glück, unglücklich zu werden!
Was ich Dir jetzt mitzuteilen habe, ist nicht für Julia bestimmt. Ich möchte Dir sagen, daß ich mich nicht so glücklich fühle, wie mich alle Welt glaubt. Vielleicht wäre ich glücklicher, wenn ich mich zu klaren Entschlüssen durchringen könnte. Vielleicht sollte ich öfter darüber nachdenken, daß ich im 55. Lebensjahr stehe und womöglich nur noch zehn Jahre zu leben habe. Ich sollte vielleicht daran denken, daß ich jede Stunde, in der ich mich um zwanzig Jahre jünger fühlen darf, zu teuer bezahlen muß. Ich war grausam in der Hoffnung, die Anerkennung der Götter zu finden. Denn sie sind selbst grausam, wenn sie lieben. Aber die Götter verzeihen selbst einem Kaiser nicht, wenn er sich so wie sie benimmt.
Reue empfinde ich nicht, Sabina. Es ist eines denkenden Menschen unwürdig, Reue zu empfinden. Wir sollen unsere Fehler erkennen, damit wir sie nicht wiederholen. Das ist alles. Aber in unserm Alter

bietet das Schicksal nicht mehr oft die Möglichkeit, eine Situation zum zweiten Male zu erleben, die wir beim ersten Mal falsch angepackt haben.

Dies sage ich Dir, weil ich großes Vertrauen zu Dir habe, Sabina. Verwechsle Vertrauen nicht mit Liebe, falls Du an die körperliche Liebe denkst. Ich kenne Menschen, die sich allnächtlich in höchster Lust bis zur Erschöpfung vereinigen, und doch haben sie keine Spur von Vertrauen mehr zueinander. Es sind die Brüste, die Haare, die Glieder, die zuckenden Bewegungen, ja, selbst Schweiß und Körpergeruch, die sie zueinandertreiben. Es ist nicht das Bewußtsein, das andere Ich gefunden zu haben, das wahrhaftiger und empfindsamer ist als man selbst.

Zu Dir habe ich Vertrauen. Ich brauche Dich jetzt. Da Du allein in Rom bist, wird es Dir leichtfallen, mich in Alexandria zu besuchen. Ich möchte Dich nicht drängen. Bis Mitte nächsten Monats warte ich auf Dich. Du hast also Zeit, Deine Vorbereitungen in aller Ruhe zu treffen. Beschränke bitte Dein Gefolge auf die notwendigsten Personen, keinesfalls mehr als hundert. Von Ägypten aus will ich nach Athen weiterreisen. Vielleicht hast Du Lust, mich auch dorthin zu begleiten. Auch Nikopolis steht auf dem Programm. Du solltest Epiktetus kennenlernen. Er hat mir viele richtige Ratschläge erteilt, die ich leider fast nie befolgte. Bitte – dies ist keine Ironie. Ich wollte Dir zeigen, daß auch ich nur ein Mensch bin. Vielleicht sendest Du mir ein Wort, bevor Du abreist. Ich würde mich freuen.

III

L. Ceionius Commodus Caesar an Avidia Plautia in Rom –
Tauromenium, 16. September

Mein Liebes, je toller ich es treibe, um so besser für uns. Verschollen ... Hast Du das wirklich geglaubt? Nein, ich mache mich nicht naß und reiße nach Germanien aus. Wenn ich Angst hätte, würden alle Leute mit dem Finger auf mich zeigen, und Du würdest bestimmt nicht die Mutter eines Kaisersohnes werden. Du bist nicht ehrgeizig. Du bist jung, hübsch, geliebt und damit zufrieden. Aber

in zwanzig, dreißig Jahren wird es Dir wichtig sein, den Titel Augusta zu führen.
Ich bin also in Tauromenium. Als ich ankam, war der Kaiser noch hier. Aber er ließ sich nicht in der Öffentlichkeit sehen und empfing mich auch nicht. Aber das hat nichts mit mir zu tun. Schuld ist nur dieser bithynische Knabe. Die ganze berühmte Liebe ist allerdings nur noch eine brüchige Szenenwand, und es ist eine Frage von Wochen, wann sie endgültig zusammenbricht. Dann ist meine — dann ist unsere Stunde gekommen, mein Kleines. Daß die beiden sich gegenseitig betrügen, weiß niemand besser als ich. Ganz Tauromenium spricht davon, daß der Bithynier in Schwermut verfallen ist, weil der Kaiser einen andern Lustbengel zwang, nach einer Kette zu tauchen, die Antinous vorher ins Meer geworfen hatte. Der Bengel ertrank dabei, und nun ist der Kummer groß, weil zwischen den beiden etwas spielte.
Wenn der Kaiser doch endlich begreifen würde, daß die Zeit der alten Griechen unwiderruflich dahin ist! Angeblich sollen damals die jungen Leute die älteren wirklich geliebt haben. Angeblich ... Wer weiß, ob es stimmt. Heute gibt es das jedenfalls nicht mehr. Was wollen denn die jungen Menschen von heute? Sie wollen das Leben kennenlernen, von allen Seiten, wenn es geht, und das mit Recht. Und sie wollen vorwärtskommen, ebenfalls mit Recht. Sollen sie nun auch noch dankbar sein, daß man ihre Körper dafür mißbrauchte? Ich finde nicht.
Ach, Schätzchen — Du weißt so wenig davon, und das ist das Schöne an Dir. Du brauchst es auch nicht zu wissen. Du sollst nur wissen, daß Du meinetwegen keine Angst zu haben brauchst. Es war vollkommen richtig, hierherzukommen. Zwar hat der Kaiser mich nicht empfangen, aber er stellte mir seine Villa zur Verfügung. Wenn das kein Fortschritt ist? Die Betten waren sozusagen noch warm, als ich hier einzog, eine Stunde nach der Abreise des Kaisers nach Alexandria. Es ist wunderbar hier. Aber ich bin nicht sicher, ob ich lange bleibe. Die Zeit rennt, und ich möchte mein Schicksal nicht gern aus der Hand geben.
Ich küsse Dich.

IV

L. Ceionius an Antinous in Alexandria — 17. September

Publius hat mich nicht empfangen. Darunter leide ich mehr, als Du Dir denken kannst, Antinous. Und Dich habe ich auch nicht gesehen... Was nützt es mir jetzt, daß ich die große Villa bewohnen darf? Ich bin ja allein! Der Kaiser wollte mich nicht sehen, und das schmerzt mich mehr, als wenn ich verbannt worden wäre. Du hast eine grüne Schildkröte vergessen. Frage doch bitte den Kaiser, ob ich sie Dir nachschicken darf. Ich möchte selbst an ihn schreiben, doch ich habe keinen Mut mehr. Ich bin ja nur nach Tauromenium gekommen, um mich persönlich für alles zu entschuldigen, was ich anrichtete oder doch nicht verhinderte. Wenn ich Publius doch nur eine Stunde sprechen könnte...! Ich würde deshalb sogar nach Armenien oder Nubien reisen, obwohl es mit meiner Gesundheit noch immer nicht zum besten steht. Aber diese eine Stunde würde alles wieder an den richtigen Platz rücken. Schreib mir bitte. Ich habe lange nichts von Dir gehört. Vielleicht hast Du nach Rom geschrieben. Aber die Briefe wurden mir noch nicht nachgesandt.

V

Aus dem Tagebuch der Sabina — Rom, 18. September

Der Kaiser schrieb mir unter dem zweiten, und zwar keinen Brief, kaum eine Mitteilung, eher einen Befehl. Er setzte mich mit dürren Worten von der Verbannung Suetons in Kenntnis, den ich jetzt um so mehr bewundere, als er alles hat kommen sehen und Rom verließ, bevor ihn der Verbannungsbefehl erreichte. Tranquillus ist nicht nur ein Kavalier, sondern er ist in männlicher Weise klug, und das heißt vorausschauend. Jetzt tut es mir nachträglich leid, daß ich mich manchmal über ihn mokiert habe. Ich halte es für möglich, daß der Kaiser seine Eifersucht so weit treibt, Tranquillus ausfindig zu machen und ihn unter militärischer Bedeckung nach Gallien zu bringen, wobei wir ihm womöglich noch dankbar sein sollen, daß er nicht Tauris gewählt hat.

Avidia kommt eben, völlig aufgelöst, zu uns und berichtet, sie und Lucius hätten den Befehl des Kaisers erhalten, sich sofort auf ihre Güter in der Toscana zu begeben. Nun auch das noch ...
Jetzt muß gehandelt werden. Am liebsten wäre mir gewesen, sofort nach Tauromenium abzureisen, und Julia, die sich nach dem Weggang von Tranquillus besonders langweilt, war gleich Feuer und Flamme dafür. Aber ich muß kühlen Kopf bewahren und werde meine noch schwache Position nicht gefährden, indem ich gegen die ausdrücklichen Wünsche des Kaisers handle. Ich werde, so schwer es mir fällt, seine Befehle abwarten. Noch sind es Befehle, die er mir erteilt, aber es wird der Tag kommen, an dem er mich bittet. An diesen widerwärtigen Bulla werde ich ein freundliches Billett senden und ihn bitten, Avidia in Rücksicht auf ihren Zustand vom Befehl des Kaisers zu verschonen, da Lucius ja ohnehin nicht mehr in Rom ist. Bulla wird es nicht wagen, meine Wünsche zu mißachten, denn schließlich bin ich die Augusta.

VI

(Der folgende Brief wurde von der Geheimen Staatspolizei abgefangen und Hadrian zugeleitet.)

*D. Terentius an L. Ceionius Commodus in Rom —
In einem fremden wilden Land* (ohne Datum)

Sei gegrüßt in Deinem heißen Rom und schwitze! Wir lagern auf Rasen, der dicker und weicher ist als ein persischer Teppich und noch süßer duftet, unter Bäumen, die älter sind als Dein Großvater, schauen einem Wolkenballett zu und haben im übrigen nichts auszustehen. (Selbst die Verdauung ist wieder in Ordnung.) Allmählich begreifen wir, daß auch Barbaren ein Recht darauf besitzen, sich wohl zu fühlen. Sie behandeln uns mit ausgesuchter Höflichkeit, und es ist rührend, wie sie ihr kümmerliches und mit schaurig kehligem Akzent gesprochenes Latein aus den Tiefen ihres Gehirns herausquälen. Es kommt ihnen nicht so sehr auf unser Geld an, denn wir werden fast immer eingeladen, sondern auf die Ehre, mit gebildeten Menschen zu sprechen, die Geschmack und Lebensart besitzen. Seit einigen Tagen leben wir in einem Dorf, das ringsum von Wald umgeben ist, so dick und unendlich wie der schwarze Wollmantel einer sechzigjährigen Matrone. Der Häuptling und die erwachsenen Männer wetteifern darin, unsere Eßsitten und Trinkgewohnheiten zu kopieren, und es ist sehr lustig, wenn sie unsere kleinen Reisepokale aus Silber in ihre roten, blondbehaarten, dicken Hände nehmen und Trinksprüche auf lateinisch stottern. Merkwürdigerweise rufen sie dabei immer Mars an; er ist offenbar der einzige unserer Götter, den sie kennen. Nach und nach haben sie uns vollkommen ausgezogen, weil sie ungeheuer scharf auf unsere Kleider und Sandalen sind. Dafür tragen wir uns jetzt germanisch, Hosen, versteht sich, Leinenkittel und abends Felle. Unsere Sachen sind ihnen zu klein, und sie sehen wahnsinnig komisch darin aus. Meine Tunika hat der Häuptling selbst bekommen. Nun bin ich, bei den Göttern, schon nicht der kleinste, aber dieser Riese überragt mich noch um einen halben Kopf, und meine Tunika ist ihm viel zu kurz. Also trägt er auch noch seine Hosen, und ich muß mich sehr zusammennehmen, um nicht zu lachen, wenn ich ihn ansehe. Man muß aufpassen: Sie sind empfindlich wie alle Leute mit Minderwertigkeitskomplexen.

Vor allem aber sind sie prüde. Barbaren sind immer prüde, da sie eine instinktive Angst vor dem haben, was das Leben erst vergnüglich macht. Andererseits haben sie Sitten, die man bei uns einführen müßte, vor allem den zauberhaften Brauch, daß Jungen und Mädchen gemeinsam baden. Natürlich haben sie keine Thermen, und so baden sie in unglaublich kalten Flüssen und Seen, bis weit in den Herbst hinein, wenn in Baiae die Saison längst vorbei ist. Dieses Kaltbaden erklärt auch, warum sich die jungen Männer nicht auf die Mädchen stürzen und sie ins Gebüsch schleppen, denn Büsche hätten sie genug. Wir mußten selbstverständlich auch mitmachen, und Du kannst Dir vorstellen, wie erfreut wir waren! Vorher... Du hast noch nie in einem Fluß gebadet, der in Thule oder in einem andern Schneeland entspringt, Lucius... Es fing wunderbar an: Wir faßten uns an den Händen, immer abwechselnd ein Junge, ein Mädchen, die Mädchen haben weiße, glatte, gesunde Haut, feste und durchgebildete Körper, weil sie sich so frei bewegen wie die jungen Männer, und blonde Haare, wirklich

blonde Haare, die ihnen manchmal bis auf die Hüften fallen... Bei Venus – Du kannst Dir meine Gefühle vorstellen, als sie meine Hände ergriffen, gar nicht zaghaft! Ich bin abgebrüht, beim Priapus! Aber dagegen kann man nichts machen. Doch ehe ich mich noch schämen konnte, rannten alle juchzend und lachend ins Wasser, und da war es mit der Aufregung schnell vorbei. Ich glaubte, einen Herzschlag zu bekommen! Alles in mir und an mir zog sich zusammen, und da begriff ich, daß es diesen Menschen nicht schwerfällt, keusch zu bleiben... Denn die Mädchen hier sind noch in einem Alter unberührt, in dem unsere Frauen schon zwei, drei Kinder haben.
Hinterher liefen wir alle wie die Wilden durch den Wald, über Steine und Sträucher. Nun – es sind ja Wilde, und wir jetzt auch. Du weißt – ich trainiere täglich, aber dabei ging selbst mir fast die Puste aus. Und die Mädchen mit ihren langen blonden Haaren und ihren festen runden Hintern vor uns her! Wir konnten uns doch nicht blamieren, und ich kenne manchen Greis, der bis zum Schlaganfall rennen würde hinter solchen Doppelhügeln her! Wir standen keuchend da, und die Mädchen lachten uns aus. Sie zeigten sogar mit dem Finger auf uns, kicherten unentwegt und flüsterten sich Bemerkungen ins Ohr. Ob sie schmeichelhaft waren, weiß ich nicht, jedenfalls waren alle Mädchen plötzlich verschwunden.
Es folgte ein gewaltiger Umtrunk mit Honigbier am Lagerfeuer. Das Bier wird aus großen Humpen getrunken, die herumgehen, und es schmeckt bittersüß, aber man gewöhnt sich daran. Ein alter Mann, ganz in Felle gehüllt, kam und trug Balladen in seiner Kritze-Krächz-Sprache vor, und wir soffen, bis wir fast umfielen. Und so vergaßen wir allmählich die Mädchen, die längst schliefen. Wir saufen, wenn wir uns ein bißchen hochkitzeln wollen, die aber saufen, um ihre Triebe zu dämpfen, und dabei reden sie von früheren Schlachten oder auch von künftigen. Es wurde schnell kühl, und wir rückten immer dichter ans Feuer. Allmählich gerieten wir in eine eigentümliche, wohlige Stimmung zwischen Ausgelassenheit und Besinnlichkeit, eine Stimmung, die wir noch nicht kannten und die uns sehr gut tat. Die dicken Bäume umgaben uns wie die Wände eines Zimmers, nur wärmer und geheimnisvoller. Es macht Spaß zu trinken, wenn die Welt immer kleiner wird und schließlich auf den winzigen Raum um das Feuer zusammenschrumpft. Es wurden

Bruderküsse ausgetauscht, sie hieben uns mit ihren Pranken auf die Schultern und sagten lachend, beim nächsten Feldzug würden sie sich einmal ein wenig auf unserer Seite des Rheins umtun. Man versteht sie im Grunde nicht. Sie sind unbefangen und gutmütig wie Kinder, und dann zeigen sie plötzlich wieder eine Wildheit und Aggressivität, daß man sich fürchten muß.
Aber wir sind ihre Gäste, und das Gastrecht ist ihnen heilig. Wenn wir ihre Frauen in Ruhe lassen, kann uns nichts geschehen. Leicht ist es nicht – das kannst Du mir glauben, Lucius, denn wir merken recht gut, daß die Frauen sich gern einmal einen von uns ein bißchen näher betrachten möchten, denn sie verschlingen uns mit ihren Blicken – der dunkle Typ kommt bei ihnen an. Aber eine Nacht, und dann Leiche sein...? Lieber nicht. Außerdem kommt der Herbst, und wir überlegen, ob wir nicht nach Gallien gehen sollten. Nach Rom werden wir nicht zurückkommen, bevor Du uns nicht geschrieben hast, daß der Kaiser ruhiger geworden ist. In den nächsten Tagen wird einer von uns nach Colonia gehen und nachschauen, ob Post für uns da ist. Laß von Dir hören.

VII

L. Ceionius an Vibia Sabina Augusta in Rom –
Tauromenium, 21. September

Es hat sich wohl schon herumgesprochen, Edle Herrin: Ich bewohne die kaiserliche Villa in Tauromenium. Ersieh bitte daraus, daß wir auf dem allerbesten Wege sind, unser Ziel zu erreichen. Der Bithynier hat wieder einmal die Kratzbürste gespielt, und der Kaiser hat ernsthaft nachgedacht. Aus einem gewissen Ehrgefühl heraus konnte er es noch nicht laut aussprechen: Er weiß jetzt, daß er in Dir und mir seine besten Freunde hat. Er gab es mir indirekt zu verstehen, indem er mir die Villa zur Verfügung stellte.
Ich teile Dir dies mit, Augusta, um Dir eine Freude zu machen. Bereite alles für die Abreise nach Alexandria vor. Solltest Du vom Kaiser keine Aufforderung bekommen, reise schlimmstenfalls ohne sie ab. Ich werde es auch tun. Du kannst sicher sein, daß der Kaiser uns mit offenen Armen empfängt. Er wird uns dankbar sein, wenn

wir ihm helfen, seinen Gott zu vergessen, auch wenn er es nicht offen zugibt. Ich wünschte, Antinous ginge still von dannen. Ich schwöre Dir, Edle Herrin — Antinous liebt den Kaiser nicht. Die Beweise für diese Behauptung füllen Seiten, im wahrsten Sinne des Wortes. Du kannst sie jederzeit sehen. Jetzt kommt es nur darauf an, dem Kaiser zu zeigen, daß er ein Phantom liebt. Es ist kein Vergnügen, einem Menschen, den man sehr schätzt, eine Illusion zu rauben. Aber es ist nötig, um den Menschen zu sich selbst und zu seinen wahren Freunden zurückzuführen. Denke immer daran, Edle Herrin, wenn Du gezwungen sein solltest, dem Kaiser vorübergehend Schmerz zuzufügen.

VIII

Aus Hadrians Reisetagebuch — Auf See, 25. September

Widrige Winde. Könnte die Ruderer einsetzen. Doch es eilt nicht. Befinden uns zwischen Kap Onugnathus und Cythera, das heißt südlich des Peloponnes. Graue Berge... Ihre Umrisse sind so weich, daß sie mit dem Himmel verschmelzen. Ich blicke zurück. Griechenland — Symbol meines Glücks: Antinous, der die Welt kennenlernt, in der er zu leben bestimmt ist. Antinous und die Schönheit Griechenlands, seine Kunst, seine Sprache, seine Geheimnisse, seine Offenbarungen und Mysterien, die niemand auszusprechen wagt... Antinous, der staunt, dessen Augen glänzen, der glücklich ist, der mich überschwenglich umarmt, der mir dankt und die Götter anfleht, diesen Zustand ewig währen zu lassen... Das ist Griechenland: Antinous in Troja, auf Lesbos, in den thrakischen Wäldern, an den Thermopylen, Antinous auf der Athener Akropolis, in Megara, Korinth, Sparta, Olympia... Immer wieder ein neuer entzückter und berauschter Antinous. Unser Glück zeugte sich aus sich selbst fort und schien sich für alle Zeiten an uns geheftet zu haben.
Ist A. jetzt satt? Ist ihm das Große zur Gewohnheit geworden und fehlt ihm die Gabe, im Kleinen und Alltäglichen das Wunderbare zu sehen? Er sitzt in seinem gelben Seidenchiton auf dem Vordeck und starrt ins Wasser. Stundenlang. Der Chiton hat häßliche Flecke von Pech und Staub. Aber er liebt ihn und wirft ihn nicht fort. In diesem Chiton machte er seinen ersten Besuch bei Kalos

und Marcus. Auch A. beginnt, Erinnerungen zu sammeln, doch es sind nicht die meinen.
Ich gehe zu ihm und frage: »Wie geht es dir?« Er blickt ins Wasser. »Es geht mir gut.« Immer seltener gelingt es mir, die Distanz zu überwinden, die unsere sprachlichen Ausdrucksmittel trennt. Je mehr wir sprechen, um so fremder scheinen wir uns zu werden. Wir müssen schweigen, um uns zu verstehen. Bei Lucius war es umgekehrt. Wir griffen unsere Liebe jeden Tag mit neuen Worten an. Manchmal schienen wir sie zu zerbrechen. Und dann bauten wir sie wieder auf, fast mit den gleichen Worten. So betrogen wir uns darüber, daß unsere Empfindungen von Anfang an nicht die gleichen waren.
Ich spüre keinen Wind. Das Schiff scheint sich nicht von der Stelle zu bewegen. Im klaren Wasser sehen wir die hellen Sandflächen des Meeresgrundes und die dunklen mit Pflanzen bewachsenen Felsen. Es ist nicht tief hier. Wir sind allein. Hier erreicht mich keine Depesche, kein Brief. Hier kann ich ganz für A. dasein. Keine Thermen, keine Gärten, keine Wälder, keine Spaziergänge, keine Feste, keine jungen Leute... Wenn wir schweigen, werden wir am Ende der Reise wissen, ob wir uns etwas zu sagen hatten.
Die Matrosen rufen sich unverständliche Worte zu. Das Segel wird gewendet und schlappt träge. Mir ist warm. Ich schlage vor: »Wir wollen schwimmen.« Ohne mich anzusehen, sagt A.: »Ich habe keine Lust.«
Ich warte eine Weile und sage: »Ich möchte sehr gern.« Er sieht mich flüchtig an und sagt: »Ja, bitte.« Er nimmt nicht meine Hand und sagt: Es ist schön hier, Publius. Ich danke dir. — Zwei Fragen möchte man dem Geliebten stündlich stellen. Niemals aber dürfen sie ausgesprochen werden. Es sind: Woran denkst du? und: Liebst du mich?
A. denkt über mich nach. Er beobachtet mich. Er zieht Schlüsse. Nur in den ersten Wochen unserer Freundschaft war er ebenso nachdenklich. Damals mußte er sich entschließen, ob er mir folgen wollte. Aber ich war noch Herr meiner Wünsche und erlaubte ihnen nicht, Besitz von mir zu ergreifen, bevor A. seinen Entschluß gefaßt hatte. Diese Freiheit habe ich heute nicht mehr.
Meine Stimme ist heiser, als ich zu A. sage: »Freust du dich auf Ägypten, mein Seepferdchen?« A. hebt den Kopf. »Ich freue mich

auf Ägypten.« Seine Stimme geht nicht auf Samt und schmeichelt nicht. Er hat sich nicht rasiert. Auf der Oberlippe und unterhalb der Schläfenhaare sieht er unsauber aus. Sein Mund ist nicht mehr weich und naiv. Seine Unentschlossenheit reizt mich, wie mich seine Hingabe glücklich gemacht hat. Er wischt sich mit dem Handrücken die Haare aus der Stirn. In jedem Augenblick kann er zurückweichen, mir entgleiten, fremd werden. Ich habe plötzlich Angst, etwas Falsches zu tun oder zu sagen. Je mehr ich mir dieser Angst bewußt werde, um so größer wird die Gefahr, ihn innerlich zu verlieren. Ich muß ganz natürlich sein, so unbefangen wie vor sechs Jahren, als ich ihn zum ersten Male sah. Unbefangen sein heißt aber, über den Dingen stehen. Und über den Dingen stehen heißt, sich nicht engagieren. Ich *bin* aber engagiert. Die Angst, etwas Falsches zu tun, verklemmt mich. Ich suche zu sehr nach harmlosen Worten, ja, ich bewege mich sogar ungeschickt. Ich nehme seinen Kopf in meine Hände, aber zu vorsichtig. Ich fürchte, er könne den Kopf zurückbeugen, und da ich es fürchte, tut er es. Vielleicht erwartet er, daß ich ihn noch einmal zum Schwimmen auffordere. Aber ich habe Angst, noch einmal ein Nein zu hören.
Also stehe ich auf und gehe aufs Heck. Einige Matrosen liegen faul in der Sonne. Sie springen sofort auf, als sie mich sehen. Ich rufe den Kapitän und lasse den Anker auswerfen. Ich frage die Matrosen, ob sie baden wollen. Ich warte auf Antinous. Die Matrosen sind nicht gut gewachsen. Es haben sich Muskelwülste an den Hüften, Rinnen im Rücken und Polster auf den Schultern gebildet. Die schwere Arbeit hat ihre Körper verkrümmt. Ihre Hände sind schwielig, die Nägel schwarz und abgebrochen, die Haut schwitzig und unregelmäßig behaart. Es sind jene Männer, die Tag und Nacht von Frauen träumen. Ich springe als erster ins Wasser. Die Matrosen hinterher, sie prusten und lachen, teilen sich ihr Wohlbehagen mit. Jetzt sind sie mir gleich, denn sie empfinden wie ich. Ich tauche eine lange Strecke. Die Anstrengung macht mich wieder frei. Ich bin gelöst und unbeschwert, nur mit dem Atmen und den Bewegungen meines Körpers beschäftigt. Man ruft mir zu, und ich antworte. Ich nehme Wasser in den Mund und spritze es als Fontäne wieder aus. Sie lachen und machen es auch so. Wir sind Kinder, sie sind meine Kinder, ich bin nicht Kaiser, und sie sind nicht Matrosen.
Als ich aus dem Wasser komme, hat A. inzwischen seinen Platz

verlassen. Ich muß sehen, was er macht. Vor den Eingang zur Kabine ist ein Sonnensegel gespannt. Thrasyll bereitet den Tisch fürs Abendessen vor. Seine Haut glänzt, und seine barbarische Gesundheit erschlägt mich fast. Er fletscht mich mit weißen Zähnen an. Ich liebe seine unkomplizierte Natürlichkeit. Daher entschließe ich mich nicht, ihn fortzuschicken, obwohl er mein ständiger Mitwisser ist. Aber er spricht nicht Latein, und er lernt es auch nicht. Er weiß, daß dies sein Ende bedeuten könnte.

A. liegt auf dem Bett. Alle Vorhänge sind zugezogen. Mein Auge braucht eine Weile, ehe es sich an das Halbdunkel gewöhnt. Der Chiton liegt zusammengeknüllt am Boden. A. ruht auf dem Bett, gerade ausgestreckt, beide Hände zur Seite. Bauch und Hüften bedeckt ein Tuch.

Zwischen zwei Liebenden ist das Ritual von höchster Bedeutung, das der Umarmung vorangeht. Mag sonst noch so viel gesprochen werden — darüber nie. Das Ritual ist das Wichtigste, das Empfindlichste, das Heiligste. Man darf nicht darüber sprechen, wenn der Akt nicht zur tierischen Paarung werden soll. Es ist wichtiger als der Dienst am Altar. Die Götter mögen ein Versäumnis oder eine Nachlässigkeit verzeihen — der Geliebte, dessen Wünsche man nicht errät, nie.

A. liegt flach auf dem Rücken, er hat sich bedeckt, seine Augen sind geschlossen, er hat die Hände nicht unter dem Kopf verschränkt. Er erwartet mich nicht. Ich setze mich neben ihn auf den Bettrand. Ich bin ganz ruhig, fast zufrieden. Ich will nichts, was nicht auch er will. Er ist nicht Thrasyll und schon gar nicht Lucius, dessen Seele keine Verbindung zu seinem Geschlecht hat.

»Hier ist es schön«, sagt A. »Die Sonne hat mich angestrengt.« Ich möchte seine Hand berühren, doch ich unterlasse es. Nach einer Weile sagt er: »Hast du keinen Hunger, Publius?« Sein Mund bewegt sich, doch ich höre keinen Laut. Er spricht mit sich oder singt ein Lied. Sein Gesicht ist vollkommen entspannt. Er soll sich mir nicht unterwerfen. Er soll mein Freund sein. Wir wollen einander nichts voraushaben. Wir wollen uns so ähnlich wie möglich — wir wollen gleich sein. Ich verlange nichts von den Göttern. Denn ich bin bereit, mich zu verleugnen, wenn ich damit unsere Freundschaft festigen kann. Ich brauche keine Zeichen und Wunder. Ich möchte nur, daß man meine Bereitschaft versteht und anerkennt.

A. öffnet die Augen. Mit den Fingerkuppen streichelt er meine Nägel. Als seine Hand auf die meine fällt, merke ich, daß sie kalt ist. Ich umschließe sie fest. Thrasyll hat Blumen aufgestellt. Sie sind voll erblüht und duften stark und betäubend. Ich beuge mich behutsam nieder und berühre seine Lippen mit den meinen. Er öffnet sie nicht. Ich fahre zurück: Ich habe das Ritual durchbrochen! Aber er nimmt meine Hand und führt sie auf seine Brust.
»Es tut mir leid um Kalos«, sage ich. — »Kalos war jung, und ich bin jung. Das ist schon alles.« Er richtet sich auf und schlingt seine Arme um meinen Nacken. So bleiben wir lange. Schließlich zieht er mich zu sich herab, das Tuch fällt zu Boden, er stößt hart an mich, und ich spüre die Haut und die Härchen seiner Lenden. Seine Hände krallen sich fast verzweifelt in meinen Rücken und reißen ihn auf.
In diesem Augenblick wird es hell. Thrasyll steht in der Tür und meldet, das Abendessen sei fertig. Ich schreie auf vor Wut und Enttäuschung! Noch nie habe ich so sehr die Beherrschung verloren. A. sitzt aufrecht und blickt mich aus entsetzten Augen an. Ich brülle. Der Kapitän kommt. »Zwei Leute und Peitschen!« schreie ich.
Der Kapitän ist weiß im Gesicht, aber er gehorcht. Sie kommen mit den Peitschen, Crito, der Arzt... Ich muß furchtbar ausgesehen haben, denn niemand wagte, mich zu besänftigen. Man band die Handgelenke von Thrasyll zusammen und zog sie über einen Deckenbalken in die Höhe. Thrasyll blickte mich aus schwarzen Augen an, starr und unentwegt, Furcht, Ohnmacht, vielleicht auch Ergebenheit waren darin. A. warf sich auf den Bauch und verbarg sein Gesicht. Ich gab das Zeichen. Beim ersten Schlag schrie Thrasyll auf wie ein Tier. Alle Muskeln spannten sich, er wand sich unter den hochgezogenen Armen. Den zweiten Schlag ertrug er schweigend. Seine Augen wurden feucht, sein Mund öffnete sich, eine seltsame Erregung nimmt zu. In Erwartung des nächsten Schlages krümmt sich der Körper Thrasylls, seine Brust wölbt sich vor, er zieht die Hüften ein, der Samen springt aus ihm heraus, als dann der letzte Schlag fällt. Ein langgezogener Klagelaut begleitet dieses Schauspiel, das uns alle entsetzt. Der starke Körper wird schlaff und hängt wie der Gekreuzigte auf der Straße nach Capua. Ich lasse ihn losbinden. Er stürzt auf mich zu, gräbt seinen Kopf in meinen Schoß und heult, heult unaufhörlich und schrecklich. Der Arzt kommt mit seinen

Binden, A. wühlt sich in die Kissen, ich bin ratlos, die Matrosen, noch immer die Peitschen in den Händen, starren mich stumpf und ergeben an, und ich starre sie an, ohne zu wissen, was ich ihnen sagen soll. Über Thrasylls rundem Schädel hantiert der Arzt, kühlt und verbindet den blutenden Rücken.

Ich stehe auf. Thrasylls Hände gleiten an meinen Beinen herab, und sein Kopf fällt auf die Erde. Ich gehe hinaus. Es ist fast dunkel. Ich schäme mich. Ich gehe aufs Vorderdeck, dorthin, wo wir noch vor zwei Stunden gesessen haben. Im Westen ist die Sonne untergegangen. »Sie muß doch geschwitzt haben nach dem langen Tag und hat ein Bad nötig«, habe ich einmal zu Lucius gesagt. Er fand es sehr komisch. Das war vor zehn Jahren. Damals fürchtete ich mich noch nicht davor, albern zu sein. Warum überlege ich eigentlich? Warum liebe ich Antinous nicht einfach, weil ich ihn lieben will? Warum baue ich nur an einem Haus, obwohl ich zehn bauen könnte? Warum sage ich nicht: »Komm!« zu dem, der Lust hat zu kommen? Ich bin doch der Herr der Welt, wie jeder sagt.

Plötzlich steht A. neben mir. Die Schatten vergröbern sein Gesicht, es wird nicht schöner dadurch, aber ausdrucksvoller. »Komm«, sagt er. Ich wende mich ihm zu. Meine Knie zittern. Blut ist geflossen, und er sagt: »Komm!«

Später gehe ich in Thrasylls Kammer. Er schläft auf dem Bauch. Auf seinem schwarzen Rücken kreuzen sich die weißen Verbände. Er atmet ruhig. Die kleine Ampel qualmt. Ich drehe sie herunter. Vor einer halben Stunde hat A. zu mir gesagt: »Du mußt mich immer mehr lieben, als ich dich lieben kann. Dann wird nichts geschehen.«

IX

*Julia Balbilla an Claudia Crispina in Tauromenium —
Rom, 26. September*

Ganz bewußt schreibe ich nicht: liebste Freundin, denn ich überlege noch, ob nun unsere Freundschaft zu Ende ist oder nicht, und zwar wegen dieser merkwürdigen Vermittlerrolle, die Du in Sachen Julina gespielt hast, denn daß Du auf diese Weise die Partei meiner Tochter ergreifen würdest, hatte ich allerdings nicht erwartet! Mit der ersten kühlen Brise aus dem Norden, die uns alle etwas aufatmen ließ, kam Dein Brief vom 11. September hier an, für den ich mich, wie gesagt, nicht so sehr bedanke wie für Deinen Brief vom 29. August. Da Du bedauerlicherweise keine Kinder hast, behandelst Du die Dinge etwas großzügiger als eine Mutter, die darauf bedacht sein muß, ihr Kind ihrem Stande entsprechend zu verheiraten, wonach ein Gladiator bestimmt nicht in Frage kommt, und sei er noch so schön und stark. Während Du also das Schicksal meiner Tochter in die Hand nimmst, beklagst Du Dich gleichzeitig über die Hitze, die sicher nicht größer war als in Rom, und wenn Du mich schon fragst, ob es sich bei den kleinen Flecken auf Deinem Arm um Sommersprossen handelt, so kann ich Dir – jedenfalls, wenn ich ehrlich sein soll – keine andere als die betrübliche Auskunft geben, daß es wohl die berüchtigten Flecken sind, die uns in einem gewissen Alter gern heimsuchen und die praktisch kaum zu beseitigen sind, denn wenn sie von der Hitze kämen, müßte ich sie auch haben. Weil ich sie aber nicht habe und einige Jahre jünger bin als Du, liebe Claudia, wirst Du Dich wohl damit abfinden müssen wie mit allen Zeichen des allmählichen Alterns, denn Du kannst Dich ja noch immer mit Schmuck und kostbaren Kleidern trösten, und wenn man zum Schluß auch nur noch unsere Aufmachung anbetet, so betet man doch an... Schau nur zu, daß Dein Ausonius die Dinger nicht sieht.

Ich ließ mir natürlich sofort meine Tochter kommen, und seitdem weint sie unaufhörlich, und auf jede Frage, die ich ihr stelle, sagt sie nur: »Ich liebe ihn, ich liebe ihn!«, als ob es nicht noch wichtigere Worte auf Erden gäbe. Und dann dieses Geflenne... Ja, sie wird doch eine zweite Avidia, und abgesehen von allem andern – was kann ein richtiger Mann mit einer solchen Heulsuse anfangen? denn *er* ist ein richtiger Mann, das ist nun einmal nicht abzustreiten, obwohl er kaum richtig schreiben kann, denn er schrieb mir einen Brief und bat, von mir empfangen zu werden. Also, vorgestern kam er, und wenn ich zuerst sogar annahm, daß er selbst diesen haarsträubend primitiven Brief sich noch hat überarbeiten lassen, so will ich jetzt glauben, daß er ihn wenigstens eigenhändig geschrieben hat, denn er spricht recht manierlich und hat es während keiner Minute an Form fehlen lassen, und da ich das Schlimmste erwartete, war ich eigentlich angenehm enttäuscht. Er kam in einer sehr gut geschnittenen Tunika, grau mit schwarzem Gürtel, ohne Schmuck, die Haare nur leicht frisiert, vermutlich, weil er Naturlocken hat, in Sandalen aus weichem, dunklen Leder, und er ließ sich dreimal bitten, ehe er Platz nahm. Nicht ein einziges Mal schlug er die Beine übereinander, und niemals sprach er, wenn ich ihn nicht fragte, und ich hatte allerdings viel zu fragen. Natürlich sagte ich, ich hätte ihn nie gesehen, da ich nicht zugeben konnte, daß ich seinetwegen schon dreimal im Amphitheater gewesen bin, denn dann hätte er wohl doch ein allzu leichtes Spiel gehabt. Das Merkwürdigste an ihm ist, daß er wissen muß, wie er auf Frauen wirkt, und daß er doch diese Überlegenheit niemals ausspielt und so bescheiden tut, wie es einem Gladiator nur möglich sein kann, ja — er scheint es geradezu darauf anzulegen, Mitleid mit seiner Unbildung und seiner ungeschliffenen Konversation zu erwecken, denn irgendwie ist er auch raffiniert. Er weiß, daß ihn fast alle Frauen Roms schon nackt gesehen haben, und doch schlägt er die Beine nicht übereinander, und nicht ein einziges Mal bläst er seinen Brustkasten auf, der auch ohne das gewaltig genug ist, wenn auch nicht unedel wie bei den fetten Ringkämpfern, und dann scheint er alles zu glauben, was man sagt, und diese Naivität macht den starken Mann unglaublich anziehend, wenn es nicht Berechnung ist, was ich mir von einem so einfachen Menschen nicht vorstellen kann, so daß es mir einfach unmöglich war, ihm richtig die Meinung zu sagen, wie ich es vorgehabt hatte. Er hat auch nicht mit einem Wort sein Vermögen erwähnt, das allerdings beträchtlich ist, wie er mir schrieb und was auch stimmt, denn ich habe mich erkundigt. Da ich ihn also nicht hinauswarf, ließ ich eine Erfrischung bringen, was erhebliche Aufregung verursachte, denn ich hatte Marcus nicht auf dem Palatin, sondern in meinem kleinen Stadthaus empfangen, und es war natürlich gar nichts vorbereitet, was auch nicht so schlimm war, denn er nahm fast nichts und blieb ebenso bescheiden, als ich ihn nach seinen letzten Kämpfen fragte und noch Einzelheiten über dieses seltsame Ereignis am Neptunfelsen wissen wollte, von dem Du berichtet hast. Aber seine Antworten waren äußerst karg, er spielte mit seinen Händen — seine Nägel waren vollkommen sauber —, und es gab Minuten, in denen ich glaubte, er werbe nicht um meine Tochter, sondern um mich, und so konnte ich mich noch nicht zu einer Antwort entschließen und holte auch Julina nicht herein, die draußen eine Stunde lang am ganzen Leibe zitterte, und ich bat um Bedenkzeit und forderte ihn auf, am nächsten Tage noch einmal zu kommen, was sowohl Julina als auch mir eine schlaflose Nacht bereitete, und Du brauchst jetzt nicht süffisant zu lächeln, liebe Claudia, denn Du hast Marcus ebenso gesehen wie ich, nicht wahr?

Da ich doch nicht schlafen konnte, machte ich ein Gedicht auf die Ewigkeit der hoffenden Liebe und empfing Marcus am nächsten Vormittag wieder, wobei ich während der zweistündigen Unterhaltung zur Überzeugung kam, daß mehr als zwanzig Jahre vergangen sind, seit ich ein junges Mädchen war, und daß jedes Lächeln und jede Kopfneigung von Marcus nicht mir, sondern ebensogut auch Julina gelten konnte, die doch gar nicht anwesend war, und so ließ ich sie endlich hereinrufen, und eine halbe Stunde später war ich es, die weinte, und meine Tränen entsprangen einem Gemisch von Rührung und Entsagung, und Du wirst zugeben, liebe Claudia — so unehrenhaft sind solche Tränen nicht, und da die Verlobung schon in den nächsten Tagen stattfindet, kannst Du Dir vorstellen, in welcher Aufregung ich mich befinde, noch dazu, wo wir sicher bald nach Ägypten abreisen werden, was um so nötiger ist, als Lucius immer noch in Ungnade ist, wie Du schreibst. Erstaunlich, daß es der Kaiser über sich gebracht hat, ihn nicht zu empfangen, obwohl er doch im gleichen Ort war, und ich will nicht hoffen, daß eine große Versöhnung zwischen dem Kaiser und dem Bithynier der Grund war, denn die können wir jetzt gar nicht gebrauchen. Auf jeden Fall bin ich schon sehr auf Ägypten gespannt, wenn es überhaupt etwas werden sollte, und zwar nicht so sehr auf die alten Pyramiden, die doch nur toter Stein sind, sondern auf die Ursprünge dieses zauberhaften Isiskultes, bei dessen Gottesdiensten ich immer zu zittern anfange, wenn sich der Raum verdunkelt und die Flammen hochzüngeln, während der Priester in seiner geheimnisvollen Sprache die Göttin zu beschwören beginnt. Osiris ist mir als Gott nicht so geläufig, und ich werde die Gelegenheit benutzen, ihn kennenzulernen.

X

*Vibia Sabina Augusta an P. Aelius Hadrianus Caes. Aug. Imp.
in Alexandria — Rom, 2. Oktober*

Du glaubst gar nicht, Publius, wie glücklich mich Dein Brief vom elften machte. Obwohl ich seit mehr als zwei Monaten jeden Tag auf Deine Bitte wartete, mich zu Dir zu begeben, so ist es weniger sie, die mich glücklich macht, als das unbegrenzte Vertrauen mir gegenüber, das aus Deinen Zeilen spricht. Es war kein Liebesbrief, den Du mir schicktest, Publius, aber er war mehr als das: Er war mir der Beweis dafür, daß Du mich besser kennst als sonst jemand und daß Du auch den Mut besitzest, Deine eigenen Schwächen einzugestehen. Wieviel Hilfe, wieviel Güte, wieviel Verzeihen darf man von einem solchen Menschen erwarten... Oh, wie wünsche ich, noch jetzt, in dieser Stunde, bei Dir zu sein, um Dein Vertrauen und — Deine Liebe bis zur Neige auszukosten, denn was anders kann Vertrauen denn sein als tiefste Liebe? Vergiß nicht, Publius, daß alles in der Welt sich ändert, daß kein Tag wie der vorhergehende ist, der Himmel immer wieder anders glänzt, die Leidenschaften immer wieder neue Wege gehen, aber daß die Liebe einer Frau sich niemals wandelt, und wenn sie noch so viel Tränen dafür vergossen hat!

Wir reisen morgen. Der Präfekt hat mir ein Kriegsschiff zur Verfügung gestellt. Ich nehme nur die notwendigste Dienerschaft mit; alle andern folgen mit einem Getreideschiff, das nicht genug Rücklast hat. Dieser Brief geht mit einem Schnellsegler und wird zweifellos früher als ich eintreffen. Nachdem Du diese Zeilen gelesen hast, wirst Du nur noch wenige Tage zu warten haben, bis ich selbst bei Dir bin.

XI

*Vibia Sabina Augusta an den Edlen L. Ceionius in Tauromenium —
Rom, 2. Oktober*

In aller Eile drei Worte, die Wagen warten schon. Julia und ich reisen morgen in aller Frühe von Ostia nach Alexandria ab, wohin uns der Kaiser hat rufen lassen. Diese eilige Aufforderung bestätigt womöglich die Richtigkeit der Informationen, die Du dort über das Verhältnis zwischen dem Kaiser und unserm »Freund« erhalten konntest. Die Dinge spitzen sich zu, und ich teile Dir dies nur mit, um Dir Deine Entschlüsse zu erleichtern. Vielleicht sehen wir uns bald – in Alexandria.

XII

Aus Hadrians Reisetagebuch – Vor Alexandria, 3. Oktober

Die Reise ist zu Ende. Wir hätten heute schon an Land sein können. Ich will diese Nacht aber noch an Bord verbringen. Die letzte einer Reihe von Nächten, in denen ich mich noch einmal glücklich glaubte. Die drüben werden ihren Kaiser noch früh genug zu sehen bekommen. Einen Vorgeschmack dessen, was mich nun wieder erwartet, erhielt ich durch ein aufgefangenes Schreiben von D. Terentius, das aus Germanien kam und an Lucius gerichtet war. Es wurde mir als erster Gruß vom Lande übergeben. Die Quälerei beginnt von neuem.
Gestern feierten wir Abschied, die ganze Nacht hindurch. Bis auf die unabkömmlichen Matrosen waren alle eingeladen. A. saß zu meiner Rechten. Thrasyll zur Linken. Er brauchte nicht zu bedienen und kokettierte mit seinen Verbänden. Die Wunden waren nicht tief und sind völlig abgeheilt, wie der Arzt sagt. Es herrschte drangvolle Enge. Es wurden Lieder gesungen und Witze gerissen, nicht immer die feinsten. Aber A. lachte darüber, und so lachte ich auch.
Ich beginne mich mit einem andern A. abzufinden. Knabenhafte Schüchternheit und Empfindlichkeit sind dahin. Ich will nicht in den Fehler verfallen, den die meisten Liebenden begehen: Sie haben sich in eine bestimmte Person in einem bestimmten Zustand zu einer bestimmten Zeit verliebt. Sie wollen nicht wahrhaben, daß der Geliebte täglich seine Gedanken, seine Worte, seine Ansichten, seine Wünsche, sein Gesicht ändert. Unmerklich zwar, aber unaufhaltsam. Um so schlimmer ist für den Liebenden der Tag, an dem er erkennen muß, daß er die meiste Zeit einen Fremden geliebt hat. Sie haben all die Zeit mit geschlossenen Augen geliebt. Und oft ist diese

jähe Erkenntnis der Tod seiner Liebe. Der Liebende mag noch eine Weile versuchen, das Rad der Entwicklung zurückzudrehen, der Geliebte mag sich dazu zwingen, als der alte zu erscheinen – es nützt nichts mehr. Am Ende stehen Mißverständnisse, Argwohn, ja Zwist und Haß. Immer wird es so sein, wenn zwei Wesen sich geliebt haben und einer nicht der Sklave des andern werden wollte. So ist es zwischen dem Liebenden und dem Geliebten, zwischen Mann und Frau, zwischen Eltern und Kindern. Denn auch die Eltern verlieben sich in ihre Kinder zu einem bestimmten Zeitpunkt ihrer Entwicklung, und bis an ihr Lebensende wollen sie nicht wahrhaben, daß ihre Vorstellung nur wenige Wochen oder Monate mit der Wirklichkeit übereinstimmte.

Auf dieser Reise habe ich es endlich eingesehen. Spätestens seit jenem Gespräch, das wir vor einigen Tagen führten. A. sagte plötzlich: »Du bist mir böse, Publius.« – »Ich bin dir nicht böse«, sagte ich, »aber ich will auf keinen Fall an bestimmte Ereignisse erinnert werden.« – »Nein, du bist mir böse, weil ich nicht mehr der sein kann, den du dir vorstellst.«

Er sprach es aus. Wir mußten eine neue Basis unserer Freundschaft finden. Wir begannen zu reden. In vielen Stunden lösten wir einen Wust von Illusionen, falschen Vorstellungen und sentimentalen Erinnerungen auf. Ich sprach mit einem jungen Mann, nicht mit einem Knaben. Ich mußte ihm die gleichen Leidenschaften zubilligen, die auch ich habe. Ich mußte anerkennen, daß er jünger ist als ich und daher weniger fähig, seine Leidenschaften durch Arbeit und Konzentration zu zügeln. Wir waren gleichwertige Freunde. Ich versprach ihm, daß er nach unserer Ankunft in Alexandria ein eigenes Haus bewohnen dürfe. Er soll sich so frei wie möglich fühlen. Wir fanden wieder zueinander. Aber ich zittere bei dem Gedanken, diese neue Freundschaft mit dem Verlust seiner hingebungsvollen Liebe erkauft zu haben.

XIII

*P. Aelius Hadrianus an L. Ceionius Commodus in Tauromenium —
Alexandria, 5. Oktober*

Du hast Antinous zum Fürsprecher für Deine Wünsche gemacht.
Wie Du siehst, habe ich sie zur Kenntnis genommen. Ich halte aber
gerade Antinous als Dolmetscher für denkbar ungeeignet. Es fällt
A. außerordentlich schwer, mit mir ausgerechnet über Dich zu sprechen. Es wird genügen, wenn Du Deinen nächsten Brief an ihn zu
seinem Geburtstag am 21. November schreibst. Ich bin sicher, daß
Dich mein nächster Brief in Rom erreichen wird.

XIV

*Epiktetos an P. Aelius Hadrianus Caes. Aug. Imp. Pont. Max. etc.
— Nikopolis, 9. Oktober* (griechisch)

Du schreibst von neuen Zweifeln, erhabener Freund, und daran erkenne ich die Ohnmacht der Philosophie. Ich bin nicht bescheiden
genug, um den Wert philosophischer Erkenntnisse gänzlich abzustreiten, doch auch genügend realistisch, um die Möglichkeit ihrer
Anwendung in Frage zu stellen. Dein Problem ist eines der ältesten
der zivilisierten Menschheit, doch sein Alter macht es nicht weniger
unlösbar. Da diese Frage das Wohlbefinden, wenn nicht gar das
Glück vieler Männer entscheidend bestimmt, habe ich, und nicht zuletzt mit Rücksicht auf Dich, mein kaiserlicher Gönner, einige Zeit
auf ihre Behandlung verwandt, indem ich nicht nur darüber las, sondern auch verschiedene meiner Schüler um ihre Erfahrungen bat.
Ich kann Dir leider nur ein vorläufiges Ergebnis mitteilen, da ein
Menschenalter kaum ausreicht, um eine endgültige Antwort zu finden. Vielleicht kommen wir zu wenigstens einigermaßen befriedigenden Teilergebnissen, wenn wir die Frage von verschiedenen Seiten betrachten, nämlich von der moralischen, ästhetischen, geistigen
und sinnlichen. Ich würde Deine Zeit über Gebühr beanspruchen,
wenn ich die entsprechenden Beispiele aus der Mythologie und den
großen Epen aufführte, die meiner Meinung nach die Neigung

haben, die Dinge zu idealisieren. Zudem sind sie Dir bekannt. Wir leben im neunten Jahrhundert nach Gründung der Stadt, und seit Platon und Alkibiades sind weit mehr als 500 Jahre vergangen. Unsere Welt ist nicht mehr eine überschaubare Zahl von kleinen Städten, sondern ein die gesamte zivilisierte Menschheit umfassendes Imperium, und wir haben seitdem viele Wandlungen gesellschaftlicher, kultureller und moralischer Art erlebt.
Beginnen wir mit dem moralischen Aspekt. Er scheint mir der unproblematischste zu sein. Das sittliche Empfinden eines Menschen wird einerseits vom Spielraum seines Gewissens, andererseits von den gerade herrschenden Normen der Gesellschaft bestimmt. Da nun aber das Gewissen eine subjektive Größe ist, leistet es uns zur Bestimmung der moralischen Norm nur schlechte Dienste. Es gibt Mörder, die nicht unter ihrem Gewissen leiden, und ebenso gibt es Menschen, die einer kleinen Unbedachtsamkeit wegen eine schlaflose Nacht haben. Es gibt Menschen, die darunter leiden, daß sie einen Knaben lieben, und es gibt geradeso viele, die sich damit brüsten. Weder die einen noch die andern können damit die Frage lösen. Du siehst, großer Freund, daß das Gewissen unbrauchbar ist, die moralische Seite des Problems zu lösen.
Wenden wir uns also der gesellschaftlichen Moral zu, das heißt, den Gesetzen, Sitten und Gebräuchen, die die Grenzen des Erlaubten und Unerlaubten abstecken. Was finden wir da? Bei näherem Zusehen erweist sich das Urteil der Gesamtheit als ebenso dehnbar und den verschiedensten, stets wechselnden Einflüssen unterworfen wie das Urteil des Individuums. Denn auch die Gesellschaft ist ein lebender, sich ständig entwickelnder Organismus. Die geschriebenen und ungeschriebenen Gesetze einer Gesellschaft unterliegen keinesfalls höheren oder gar göttlichen Normen, sondern entsprechen in der Regel dem Opportunitätsprinzip und dienen lediglich dazu, ein Gemeinwesen möglichst vorteilhaft in die Umwelt einzuordnen und innerhalb des Gemeinwesens möglichst wenig Reibungsflächen entstehen zu lassen. Da man in Sparta in der Männerliebe eine soldatische Tugend sah, wurde sie gefördert. Von den Germanen hingegen, die doch zweifellos nicht weniger soldatische Tugenden als die Spartaner besitzen, erzählt man, daß sie jene im Moor ersticken, die sich zum eigenen Geschlecht hingezogen fühlen. Du siehst, daß ein und dieselbe Sache, unter dem gleichen Aspekt betrachtet, von

der »herrschenden« Norm ganz verschieden beurteilt werden kann. Und noch fragwürdiger wird die Angelegenheit, wenn in einer Stadt des Reiches, heute, unter der herrschenden Sittenlehre unserer Zeit, ein siegreicher General, ein tapferer Gladiator, ein berühmter Schauspieler mit allen Ehren und allem Jubel des Volkes überschüttet wird, obwohl dieser General, Fechter, Schauspieler möglicherweise den gleichen Jüngling liebt wie ein armer, rechtloser Sklave, der dieser Leidenschaft wegen unverzüglich ans Kreuz genagelt wird.
Damit glaube ich hinlänglich dargetan zu haben, daß sich auch die Sittenlehre als ungeeignet zur Lösung des Problems erweist. Ich habe den moralischen Aspekt auch nur angeführt, weil viele Menschen, die mit diesem Problem persönlich nie konfrontiert wurden, die Moral gern dazu benutzen, um es kurzerhand abzutun oder gar jene zu verurteilen, die sich täglich mit ihm auseinanderzusetzen haben. Die Moral hilft uns, wie gesagt, nicht weiter. Viel wichtiger erscheint mir die Frage, welchen Ursprungs die Sehnsucht nach dem männlichen Körper, besonders dem jugendlichen, ist. Ich lasse die Liebe, auch die körperliche, einer Frau zu einem Mann unberücksichtigt, da sie völlig andern Wurzeln entspringt und auf andere Ziele ausgerichtet ist. Ich werde also das ästhetische Bedürfnis untersuchen, das mir, besonders bei geistig hochstehenden Männern, eine starke Triebkraft der Knabenliebe zu sein scheint.
Unsere Bildhauer zeigen uns, daß sie dem heranwachsenden oder voll erblühten jugendlichen Körper eines männlichen Wesens im allgemeinen den Vorzug geben, und es gibt nur wenig Menschen, die unsern Bildhauern guten Geschmack absprechen. Sie lieben das Wechselspiel der Muskeln und Glieder auf der erstaunlich profilierten Landschaft des nackten männlichen Körpers. Kein Fleckchen der Hautoberfläche, das zu unbelebt wäre, unter der Spannung des sportlichen Ehrgeizes oder in der Entspannung nach beendetem Kampf, seine Lage, seine Schattierung und sein Verhältnis zu den übrigen Körperteilen nicht zu verändern. Kraft, Geschmeidigkeit und Vollkommenheit der Proportionen zeigen sich so in immer neuen, das Schönheitsbedürfnis befriedigenden Varianten. Der männliche Körper regt zur Tätigkeit an, der weibliche, viel weniger gegliederte und in sich ruhende, zum Verweilen. Es sind nicht die trägsten Männer, die sich an Jünglingsschönheit entzünden. Da alle Menschen dem Gesetz unterliegen, das besitzen zu wollen, was

sie für schön halten, ist die Hinwendung eines Mannes zu einem schönen Jüngling aus ästhetischen Gründen durchaus zu begreifen, und, sofern es sich nur um den ästhetischen Genuß handelt, sogar zu begrüßen. Es wird aber in der Regel, weil wir eben Besitz ergreifen wollen, nicht bei der Anbetung von fern bleiben, jedenfalls bei all denen nicht, in deren ästhetische Bedürfnisse sich auch sinnliche mischen. Und das werden die meisten sein. Zu beklagen der Mann, der männliche Jugendschönheit nicht erkennt, zu beklagen aber auch derjenige, der sie auf alle Zeiten an sich zu binden hofft. Doch davon später.

Ich möchte vorher noch den geistigen Aspekt betrachten, der ein ganz und gar übertriebenes Gewicht erhalten hat, da sich die Knaben liebenden Männer fast immer und meist zu Unrecht mit ihm zu schmücken lieben. Verzeih, erhabener Freund, wenn ich meine Meinung so frei sage, aber es wird Dir wichtig sein zu erfahren, wie ein Mann denkt, der solchen Versuchungen nicht ausgesetzt und daher auch nicht gezwungen ist, nach Rechtfertigungen zu suchen. Gewiß besteht zwischen dem jüngeren und dem älteren Mann in der Regel ein beträchtliches geistiges Gefälle, und es ist nicht nur das Recht des jungen, vom älteren zu lernen, sondern es ist auch die Pflicht des älteren, sein Wissen weiterzugeben. Aber dieses Ziel kann ohne weiteres auch ohne erotische Beziehungen erreicht werden. Ich gebe zu, und auch meine Erfahrungen haben dies bestätigt, daß starke Sympathie zwischen Lehrer und Schüler die Fortschritte des letzteren beschleunigt, und falls sich die Sympathie des Lehrers zur Liebe und die des Schülers zur Hochachtung verdichtet, mögen die Fortschritte erstaunlich sein. Doch diese Art von Liebe und diese Art von Hochachtung sind nicht das gleiche. Die Liebe kann im Maße der geistigen Annäherung sogar noch wachsen, die Hochachtung des Schülers wird in dem Maße nachlassen, in dem er seinem Meister ähnlich wird. Je geringer der geistige Abstand zwischen Schüler und Lehrer und je schneller die Fortschritte des Schülers, um so eher wird das temporäre Gebilde des gegenseitigen Gebens und Nehmens zusammenbrechen und schließlich den Meister als Verlierer zurücklassen. Du könntest einwenden, man müßte sich einen Schüler suchen, der nicht imstande ist, das eigene Niveau zu erreichen. Aber Du bist klug genug, um diesen Einwand selbst zu entkräften: Ein Mann von überragenden geistigen Qualitäten wird sich nie einem Jungen ernsthaft verbunden fühlen, bei dem von vornherein keine Hoffnung besteht, ihn kräftig und sichtbar weiterzubilden. Meine Erkenntnis, daß die intellektuelle Spannung zwischen dem Jüngling und dem reifen Manne keine tragbare Grundlage für eine dauerhafte Verbindung ist, wird nicht widerlegt dadurch, daß jeder Mann von Geschmack und Geist sich auf seine erzieherischen Aufgaben beruft, wenn er einen Knaben liebt. Es ist eine Frage der Zeit, wann er merkt, daß er sich selbst belogen hat. Und damit komme ich zum Wesentlichen. Ich habe eine moralische Rechtfertigung oder Verurteilung dieser Beziehungen wegen der Instabilität menschlicher Sittenkodices für sinnlos gehalten. Die ästhetische Seite der Angelegenheit läßt sich mit dem Schönheitsbedürfnis der Menschen stützen. Dagegen hat sich der geistige Aspekt als Selbstbetrug herausgestellt. Es wären also noch die sinnlichen Antriebe zu untersuchen. Diese allerdings sind, nach allem, was ich höre und sehe, gewaltig, höchst differenziert und unausrottbar. Es gibt Männer, die, und sperrte man sie auch jahrelang in eine Gladiatorenkaserne oder in ein fernes Grenzlager, mit aller Kraft und List das andere Geschlecht begehren, suchen und schließlich auch finden. Ihr Begehren ist so gewaltig, daß es Flüsse und Berge überwindet, die Nacht zum Tag macht, Verbote mißachtet und selbst den Tod nicht fürchtet. Dieses Begehren liegt außerhalb der Menschen selbst, denn es ist Natur, dazu bestimmt, unser Geschlecht nicht aussterben zu lassen. Aber die gleiche Natur hat in einige Männer auch das Begehren nach dem eigenen Geschlecht gelegt. Eine Laune vielleicht wie der Regenbogen, der nur schön ist und keinen Sinn hat, oder wie der Ausbruch eines Vulkans, der in einigen Stunden zerstört, was in Jahrhunderten aufgebaut wurde, aber doch existent und von der gleichen Durchschlagskraft wie das Begehren nach dem anderen Geschlecht. Man kann es weder verbieten noch wegdiskutieren, so wie man den Naturgewalten nicht befehlen kann. Es nützt auch nichts, das hübsche Mäntelchen der Ästhetik oder des Intellekts darüberzuhängen, denn es bleibt im Kern sinnlich. Das heißt, alle Sinne sind beteiligt, das Ohr für die Seufzer, das Auge für die schöne Form, die Nase für den Duft, der Geschmack für die Küsse und das Gefühl für die Wollust. Der Trieb sucht Erfüllung wie überall, die körperliche Besitzergreifung und die denkbar innigste Umarmung sind das Ziel. Wird es nicht erreicht, wird es verweigert oder wird es, nachdem es bereits erreicht war, wieder verwehrt, ist das Ergebnis wie überall Kummer, Schmerz, Erniedrigung, Verstellung, Rache und Haß. Das Begehren, die Erfüllung und der Schmerz der Trennung sind in der Knabenliebe um nichts geringer als in der Liebe zwischen Mann und Frau. Selbst der Orgasmus, mit einem Jüngling genossen, büßt nichts an Stärke und Sinnenrausch ein, wie man mir erzählt hat. Anerkennen wir also das Prinzip der Sinnlichkeit und billigen wir es, so könnte also alles in Ordnung sein, und niemand sollte einem Mann von einer Neigung abraten, die ihm die Natur mitgegeben hat. Und dennoch steckt der Keim des Unheils von vornherein in jeder dieser Verbindungen. Für gewöhnlich liebt der Mann den jugendlichen Körper, das arglose Lachen, die Unbefangenheit, das schöne Gesicht, die frische Haut... Solange er selbst noch jung ist, wird er leicht einen Freund finden, der auch ihn begehrt und liebt. Doch da die Vorliebe für Jugendliche andauert, während der Mann allmählich zu Jahren kommt, werden die Möglichkeiten für eine ersprießliche, das heißt gleichwertige Freundschaft immer geringer, immer seltener. Die schwindende Jugendschönheit wird durch Mittel und Mittelchen ersetzt: durch die Künste des Friseurs, der Bademeister und der Masseure, durch Verstellung, Überredung, Verführung, durch die Erweckung jugendlicher Neugier, selbst durch Gewalt und nur im besten Falle durch geistige Überlegenheit. Aber all diese Mittel geben eines nicht zurück: die strahlende, lebenstrotzende, anziehende Körperlichkeit. Das Verhältnis zwischen einem Mann und einem Knaben wird um so fragwürdiger und zerbrechlicher, je größer der Altersunterschied ist oder je länger die Bindung schon bestanden hat. Beide müssen zu immer neuen Formen der gegenseitigen Täuschung greifen, und selbst die kurzen Augenblicke gemeinsamer Lust ändern nichts an der schmerzlichen Gewißheit, daß sie sich eines Tages trennen müssen. Auch Geld, das schändlichste und am häufigsten verwandte Verführungsmittel, hebt dies Gesetz nicht auf. Dem Jüngeren ist der Anblick des Älteren nicht etwa die Vision seiner eigenen Zukunft, sondern erst recht ein Beweis dafür, daß er selbst noch sehr jung ist und jedes Glück finden kann, das er begehrt. Immer flüchtiger werden die Bindungen des Älteren, immer trivialer und immer deprimierender. Die Folge ist eine sinnlose Vergeudung des höchsten und stärksten

Gefühls, das die Götter uns schenkten, um uns ihnen ähnlich zu machen – der Liebesfähigkeit.

Mit Recht wirst Du jetzt sagen: Du hast gut reden, mein kluger Freund ... Wenn aber der Trieb nach dem eigenen Geschlecht unausrottbar und gleichermaßen auf die Dauer unerfüllbar ist – was soll man tun? Darauf werde ich antworten: Du kannst den Trieb sublimieren, ihn ins Geistige und Schöpferische erhöhen. Du kannst wie Alexander eine Welt erobern, Du kannst eine Tragödie schreiben, die die Menschen über die Jahrhunderte hinaus ergreift. Du kannst einem Weltreich neue Gesetze geben und versuchen, möglichst viele Menschen glücklich zu machen ... Ein Rest wird bleiben. Ein Rest, der Dich manche einsame Nacht nicht schlafen läßt und Dir trotz aller äußerlicher Erfolge und Ehren beweist, daß Du nicht zu den glücklichsten Menschen unter der Sonne zu rechnen bist.

Du kannst dem Trieb ein anderes Ventil öffnen, indem Du jede Nacht bei Deiner Frau liegst oder ein Abonnement in einem Lupanar hast oder indem Du Dich von Deiner eigenen Hand lieben läßt ... Vor Deinen geschlossenen Augen werden die Bilder erscheinen, die Dir die Wirklichkeit vorenthält, und Du wirst böse werden oder geizig oder eigennützig oder zynisch oder grausam, und Du wirst es besser als jeder andere lernen, die Menschen zu verachten. Du hast die Liebe gesucht, aber Du wirst Furcht und Kälte ernten.

Du kannst Dich Deiner Leidenschaft überlassen, ohne über ihre Folgen nachzudenken. Du genießt den Augenblick, der sich Dir bietet, Du gibst Dich, wie Du bist, und knüpfst keine Verpflichtungen, aber auch keine Hoffnungen daran ... Du wirst auf diese Weise eine Zeitlang glücklich sein. Doch diese Art von Glück ist nur jenen möglich, die Menschen und Dinge so gebrauchen, wie sie sich ihnen darbieten, und denen die Götter die zweifelhafte Gnade verliehen haben, die Zukunft nicht mit der Gegenwart verbinden zu können. Ich fürchte, großer Freund, Du gehörst nicht zu dieser Art von Menschen.

Du kannst Dich der Ausschweifung ergeben. Du kannst, wenn es Deine finanziellen Mittel erlauben, während der kurzen Spanne, die Dir bleibt, durch Häufung der Erlebnisse ersetzen, was Dir ein Einzelwesen nicht zu geben bereit ist. Du profitierst von Deiner Neugier, die jedesmal von neuem und mit gleicher Lust befriedigt wird, wenn sich Dir ein jugendlicher Körper enthüllt. Du verzichtest bewußt auf Wiederholung, um Dein Herz und Deine Seelenkräfte zu schonen, Du bleibst stets der Überlegene, auch wenn Du eine ganze Schar williger Knaben in einer Nacht um Dich versammelst ... Aber Du wirst kein Mensch mehr sein – nur Reaktor Deiner Triebe. Ich weiß, daß gerade ältere Männer aus Resignation zur letztgenannten Methode greifen, doch würde ich es nie wagen, dies von Dir anzunehmen.

Das war es, was ich ohne Ansehen der Person zu diesem Problem zu sagen hatte. Gerade wenn man mich zu Recht als Philosophen bezeichnet, kann ich keine Ratschläge erteilen, ohne die Ebene einer mühsam erreichten und dennoch fragwürdigen Objektivität zu verlassen. Ich kann nur sagen, welche meine Erkenntnisse sind, und Du hast bemerkt, sie schließen viele Möglichkeiten ein. Ich zeigte die Wurzeln der fraglichen Neigung, und ich zeigte die Formen ihrer Bewältigung. Mag die Wurzel ästhetischer, geistiger, sinnlicher oder von einer Art sein, die aus allen drei Komponenten zusammengesetzt ist, und mag die Folge Sublimierung, Verdrängung, Hingabe, Ausschweifung oder eine Mischung aus allem sein – das Ergebnis ist nie ein beständiges, sondern ein rauschhaftes Glück, das täglich neu gewonnen, aber täglich auch verloren werden kann. Wenn Du begriffen hast, daß die Götter uns niemals ruhen lassen und alle unsere Anstrengungen zunichte machen, den Weltenlauf an einer uns genehmen Stelle aufzuhalten, wird es Dir weniger schwerfallen, auf ein persönliches Glück zu verzichten, von dem Du glaubtest, daß es ewig währen müsse.

Ich entnahm Deinem Brief, daß Du vielleicht im nächsten Frühjahr durch den Epirus kommst. Ich bin alt, aber ich werde noch leben, wenn ich weiß, daß Du mich durch Deinen Besuch beehrst.

XV

*An die Schriftleitung des Amtlichen Bulletins —
Alexandria, 5. Oktober*

In die nächste Nummer des Amtlichen Bulletins ist folgende Notiz einzurücken:
»Am 4. Oktober erreichte der Göttliche Publius Aelius Hadrianus Augustus nach ruhiger Seereise die ägyptische Metropole. Er wurde von den Spitzen der Behörden und der Priesterschaft begrüßt. Die Bevölkerung bereitete dem Augustus einen überwältigenden Empfang. Es wurden etwa 300 000 Menschen auf den Straßen gezählt. Der Göttliche Augustus ordnete für die nächsten Tage zu Ehren der Alexandriner Spiele an.
Der Edle Antinous wurde von der vieltausendköpfigen Menge als Reinkarnation des Osiris akklamiert. Es gelang der Militärpolizei, den Edlen Antinous vor der rasenden Begeisterung zu schützen. Verschiedene junge Mädchen versuchten, sich Teile seiner Kleidung und Locken seiner Haare anzueignen. Der Edle Antinous wohnte noch am gleichen Abend einem Festgottesdienst im Tempel des Osiris bei, während dessen die begeisterte Menge vergeblich versuchte, das Standbild des Gottes vom Sockel zu stürzen, um statt seiner den Edlen Antinous zum Gott zu erklären.
Vereinzelte Protestmärsche der Christensekte konnten zerstreut werden. Der Göttliche Augustus und seine Begleitung werden sich nach Eintreffen der Göttlichen Augusta auf eine Reise an den Oberlauf des Nils begeben.«

Im Auftrag
Crito, Sekretär

XVI

Aus Hadrians Reisetagebuch — Alexandria, 10. Oktober

Alexandria ist eine Stadt, in der nur Menschen leben können, die nicht die Absicht haben, ihr Leben ernst zu nehmen. Hunger und Überfluß, Liebe und Haß, Leidenschaft und Entsagung wohnen hier dicht beieinander. Sie äußern sich so heftig und übergangslos, daß man vor so intensivem Menschsein nur erschrecken kann. Oder man nimmt es nicht ernst, wie ich es tue. Wo alles sich so hemmungslos entlädt, was das eigentlich Menschliche ausmacht, darf man füglich nur von einer Karikatur des Menschen sprechen.

Und in diese Stadt habe ich A. entlassen! Ich habe mein Versprechen gehalten; er hat jetzt eine eigene Wohnung. Er wohnt außerhalb der eigentlichen Stadt, südlich von Eleusis in einem alten Häuschen, das an einem flußähnlichen Kanal liegt. Es ist etwas vernachlässigt, aber er war begeistert. Das Haus hat nicht einmal ein Bad, nur einen großen Raum mit gewöhnlichem Steinfußboden, wo früher Tierfelle bearbeitet wurden. Dort wurde ein Bottich zum Baden aufgestellt. Das Wasser wird durch ein altertümliches, von einem blinden Esel betriebenes Schöpfwerk aus dem Kanal ins Haus gepumpt. Es steht unmittelbar am Fluß, von ihm nur durch eine schmale Terrasse getrennt, aus deren brüchigen Fugen das Unkraut wuchert. Überall stehen windschiefe Palmen herum, die Blumen verwilderten zu einem Dickicht. Ich wollte das Haus erst gründlich säubern lassen. Aber A. bestand darauf, sofort einziehen zu dürfen. Wollte auch keine Bedienung haben und ganz allein leben. Das ging natürlich nicht. Ich gab ihm eine alte Griechisch sprechende Ägypterin, die hier aufgewachsen ist und die Örtlichkeiten kennt. In den beiden Nachbarhäusern quartierte ich einige Vertrauensleute ein. Sie sollen die Gerberei ständig im Auge behalten. Weniger, um A. zu überwachen, als ihn vor Zudringlichkeiten zu schützen.

Mit einer Unbefangenheit, die ich in den letzten Monaten so sehr an A. vermißt hatte, freute er sich darüber, daß man ihn als den wiedererstandenen Osiris feierte. Er war glücklich, nicht nur als mein Begleiter und Freund, sondern als er selbst gefeiert zu werden. Ich muß nur dafür sorgen, daß man ihn nicht täglich als Gott durch die Straßen schleppt. Es würde ihm auf die Dauer schaden. Schon darum ist es gut, daß er nicht in der Stadt wohnt. So wird man ihn schwerer finden. Die Alexandriner Jugend, besonders die weibliche, würde sonst das Haus belagern, wenn nicht gar stürmen.

Kaum war ich hier, sollte ich schon Schiedsrichter in tausend Händeln sein, die die einzelnen Volksgruppen und Religionsgemeinschaften pausenlos miteinander austragen. Gewiß, auch in Rom werden gelegentlich harmlose Bürger nachts von Rüpeln, Betrunkenen oder Dieben belästigt oder auch schon einmal verprügelt. Aber Rom ist sicher wie das Praetorium eines Grenzkastells im Vergleich zu Alexandria. Hier gibt es jede Nacht Prügeleien und nicht nur Prügeleien — förmliche Kämpfe, bei denen Tote zurückbleiben. Selbst am Tage kann es dazu kommen. Die Polizei ist nicht nur hilflos — sie beteiligt sich sogar manchmal daran. Denn sie ist aus allen Bevölkerungsteilen zusammengesetzt und läßt den Dienst Dienst sein, wenn es darum geht, die Interessen der eigenen Gruppe zu verteidigen. Die Ägypter fühlen sich von den Griechen und Juden übervorteilt. Die Griechen hassen die Juden, weil diese es verstanden haben, sich an allen Knotenpunkten des Handels und der Geldgeschäfte festzusetzen. Und alle zusammen fallen über die Christen her, die sich für etwas Besseres halten als alle anderen. Christen verprügeln ist am bequemsten, weil sie die zahlenmäßig kleinste Gruppe darstellen. Es ist zu überlegen, ob man die hiesige Garnison verstärken sollte.

Auch in anderer Beziehung ist es gut, daß A. in der Gerberei wohnt. Ich könnte mich gar nicht ununterbrochen mit ihm beschäftigen. Und drittens: Er soll seine Erfahrungen machen. Kalos ist tot, Lucius weit weg. Ich weiß besser als er, wie stark das Begehren nach einem jugendlichen Körper werden kann, der sich schon krümmt, wenn ihn nur Fingerspitzen berühren. Gefällige Knaben gibt es hier mehr als in einer andern Stadt.

Ich werde A. nicht nach solchen Erlebnissen fragen. Ich will sie nicht wissen. Er soll so oft seinen Ekel hinunterwürgen müssen, bis er begriffen hat, daß die sinnliche Leidenschaft nur ein kleiner, wenn auch sehr wichtiger Teil einer wahren Freundschaft ist. Ich fürchte die kleinen Straßenbekanntschaften nicht, denn ich werde ihnen in jedem Falle überlegen sein.

XVII

*Julia Balbilla an Claudia Crispina in Tauromenium —
Auf See, 10. Oktober*

Ich wollte von Rom weg, und nun bin ich weg, aber die Seereise bekommt uns gar nicht, und es war vom Kaiser eine ausgesprochene Bosheit, uns den Reisebefehl erst zuzuschicken, nachdem die Herbststürme schon begonnen hatten, was zwar die Reise beschleunigt, aber kein Wind ohne Wellen. Ich kann kaum die Feder halten, und die Augusta liegt mit grünem Gesicht auf ihrem Bett, eine Sklavin muß sie festhalten, eine andere singt ihr etwas vor, was beruhigend wirken soll, mir aber nur auf die Nerven geht, während die Augusta viel zu schwach ist, um irgend etwas wahrzunehmen, und dabei kann ich noch glücklich sein, daß ich Neptun nicht das übliche widerliche Opfer darbringen mußte, und ohne ihn reizen zu wollen, möchte ich doch behaupten, daß nur eine Frau ihm widerstehen kann, deren Lebensschiff schon andere Stürme bestanden hat, wobei ich nicht zuletzt meinen neuen Status als Schwiegermutter meine. Ja — Marcus hat uns in Ostia zum Schiff gebracht und mir wohl ein dutzendmal versichert, daß er niemals mehr in der Arena auftreten will, was mir die Möglichkeit nimmt, soviel vollendete männliche Schönheit noch einmal in voller Aktion zu sehen, und ihm selbst die Chance, seinem Vermögen noch einmal hunderttausend Sesterzen hinzuzufügen, und so verließ ich einen sozusagen ehemaligen Gladiator und eine vor Glück fast wahnsinnig gewordene Tochter, die Marcus nicht nur seiner Männlichkeit wegen liebt, sondern wahrscheinlich sogar zartere, sozusagen seelische Bande zu ihm geknüpft hat, von denen wir Mütter nie etwas verstehen werden, weil wir es für unmöglich halten, daß unsere Kinder die gleichen Torheiten begehen, denen wir einst verfallen sind. Wenn ich ehrlich sein soll, muß ich sagen, ich bin sogar ganz froh, daß ich das Glück der beiden nicht sehe, denn da müßte ich nur erkennen, daß ich alt und überflüssig bin, und wer will das schon? Ich werde versuchen, ein Gedicht darauf zu machen, aber ob sich die sapphische Strophe dazu eignet, weiß ich nicht.

Ich gebe diesen Brief dem Kurierboot mit, das täglich längsseits kommt, um die Post, frisches Wasser und Früchte zu bringen, ohne die meine Herrin nicht leben kann, weil sie meint, Obst macht schlank, und da frage ich nun wieder: Für wen? Das heißt, andrerseits — der letzte Brief des Kaisers an sie war sehr vertraulich, wenn auch nicht gerade zärtlich, aber immerhin bieten sich in Alexandria gewisse Möglichkeiten, wenn die Augusta geschickt ist und Lucius womöglich auch noch kommt, was wir zwar nicht wissen, was aber bei seiner zupackenden Art durchaus möglich ist, und dann — aber dies mußt Du unbedingt aus dem Brief herausschneiden, Claudilla — sind die beiden Bundesgenossen endlich vereint, denn sie sind Bundesgenossen geworden, weil ihnen gar nichts anderes übrigblieb.

XVIII

L. Ceionius an Avidia Plautia in Rom — Alexandria, 10. Oktober

Endlich ein Getreideschiff, dem ich diesen Brief mitgeben kann, mein Liebes. Was mußt Du für Angst ausgestanden haben, weil ich nichts von mir hören ließ! Aber es ging beim besten Willen nicht anders. Nun sitze ich in Alexandria, und es geht mir großartig. Was macht unser Kleiner? Strampelt er schon tüchtig? Grüße ihn bitte und sag, er soll seiner Mutter nicht so weh tun. Sein Vater hat hier nicht lange zu tun. Zwei, drei Wochen vielleicht. Wenn er zurückkommt, wird er Lucius Aelius Caesar heißen.

XIX

Aus dem Tagebuch der Sabina — Alexandria, 15. Oktober

Gestern früh kamen wir hier an, nachdem wir eine ungewöhnlich schnelle Reise hatten, aber zu welchem Preis! Ich war die meiste Zeit krank und hätte sterben mögen. Erst als wir schon den Pharos sahen, beruhigte sich der Wind plötzlich, das Meer glättete sich, das Purpursegel wurde aufgezogen, und die Ruderer traten in Aktion. Mir blieb gerade noch Zeit, um mich zurechtzumachen und die Spuren der ausgestandenen Krankheit zu verwischen. Der Kaiser war persönlich zum Empfang erschienen und stand allein an der kleinen

Brücke, die das Schiff mit der Kaimauer verband, und zwar trotz der erstaunlichen Wärme in der Toga. Der Pöbel, der in dieser Stadt noch wacher und sensationsgieriger zu sein scheint als in Rom, wurde durch einen Militärkordon in respektvoller Entfernung gehalten. Der Kaiser umarmte mich und führte mich zu einem geschlossenen Wagen, dessen Vorhänge sofort zugezogen wurden. Diese Fürsorge, die uns vor lästigen Blicken schützte, rechne ich dem Kaiser höher an als seine freundschaftliche Begrüßung, die er unter den Augen so vieler Menschen der Augusta immerhin schuldig war. Für mich und meinen Haushalt ist das Lyceum als Wohnung hergerichtet worden. Die Räume sind verschwenderisch ausgestattet, und es wimmelt von Personal. Julia wies mich darauf hin, daß Arbeitskräfte im Osten wesentlich billiger sind als bei uns. Jedenfalls war ich froh, endlich wieder festen Boden unter den Füßen zu haben, und legte mich sofort für ein paar Stunden in meinem Schlafzimmer hin, dessen Besonderheit farbige Glasfenster sind, die dem Raum eine ganz merkwürdige zwielichtige Stimmung geben.

Zum Abendessen in einem kleinen runden Speisezimmer erschienen nur der Kaiser und Crito, taktvollerweise aber nicht der Bithynier. Der Kaiser tat etwas, was er nur selten tut: Nicht er erzählte, sondern er befragte mich ausführlich nach den Ereignissen in Rom und während der Reise. Jemand, der ihn nicht so gut kennt wie ich, würde ihn für zufrieden und ausgeglichen gehalten haben. Julia jedenfalls fand ihn großartig und erklärte heute früh, sie hätte sich auf der Stelle in den Kaiser verliebt, wenn ich nicht gewesen wäre. Sicher – sein Gesicht war frisch und gebräunt, er sprach ruhig, wiederholte sich nicht und brachte jeden Satz zu Ende, ohne sich, wie ich es nur allzu gut von ihm kenne, während des Sprechens nach allen möglichen Personen und Gegenständen umzuwenden. Obwohl er auch gegen Julia und Crito zuvorkommend war, beschäftigte er sich fast ausschließlich mit mir. Doch es gab Anzeichen, daß seine Ruhe nur gekünstelt war: Seine Lider zuckten, und er preßte die Lippen zusammen, wenn er sich unbeobachtet glaubte. Er hielt es auch nicht lange durch, denn gleich nach dem Essen verabschiedete er sich von Julia und Crito und fragte mich überraschenderweise, ob ich Lust habe, mit ihm noch eine kleine Wagenfahrt zu machen.

Im Wagen saß er eine ganze Weile stumm neben mir und begann dann langsam und zögernd zu sprechen. Er lobte den schönen Abend, sprach über die Stadt, die er nicht sonderlich liebe, und deutete an, bald weiterreisen zu wollen, möglichst schon in den nächsten Tagen, falls es mein Zustand erlaube. Er brauche Gesellschaft, wie er sagte, Anregungen und Gespräche, die ihm beweisen sollen, daß er sich noch auf der Höhe seiner geistigen Kraft befinde. Obwohl ich sofort wußte, worauf er anspielte, lachte ich und sagte, er habe doch genügend Möglichkeiten, seine »geistige Kraft« zu üben und zu schärfen, denn schließlich müsse er ja täglich Entscheidungen fällen, Befehle geben und für das ganze Imperium denken. Seine Antwort war verblüffend: »Meine liebe Vibia — eben, weil ich Kaiser bin, wird niemand es wagen, einer Fehlentscheidung oder einem falschen Befehl zu widersprechen. Ich könnte die größten Dummheiten machen; sie nehmen alles hin. Sie würden mich, wenn das Maß voll ist, vielleicht ermorden; aber widersprechen würden sie mir nicht. Wie also soll ich wissen, ob es das Beste ist, was ich leisten kann?«

Aus dieser Bemerkung, die meinen Wünschen mehr entgegenkam, als der Kaiser ahnen konnte, entwickelte sich ein sehr langes Gespräch, das viele Stunden dauerte und während dessen der Kaiser allmählich vom lebhaften Sprecher zum aufmerksamen Zuhörer wurde. So schonend wie möglich machte ich ihm klar, daß seine geistige Entwicklung in den letzten Jahren nicht die Fortschritte gemacht habe, die man von einem Mann seines Alters und seiner Stellung erwarten dürfe. Aufmerksame Beobachter wie ich hätten gelegentlich das Gefühl, er treffe seine Entscheidungen mehr aus einer augenblicklichen Stimmung heraus denn nach nüchterner Überlegung. Sein sympathisches Unvermögen, Fehler anderer nachzutragen, lasse nach, und seine an sich zu lobende Nachsicht und Güte treibe er oft zu weit und ersetze sie dann durch unbeherrschte Ausbrüche des Jähzorns, deren Folgen meist die nicht eigentlich Schuldigen zu tragen hätten. Menschen, die erwarten dürften, ihn als strengen, gerechten und liebevollen Vater zu sehen, zeige er sich als weicher, unentschlossener und sentimentaler Mann, der ständig in der Angst lebt, zu alt für eine Rolle zu sein, die er gern noch spielen möchte.

Wir waren inzwischen ins Lyceum zurückgekehrt, der Kaiser begleitete mich in meine Räume und bat Julia, die verschlafen unter einem flüchtig übergeworfenen Mantel erschien, uns allein zu lassen. Julia begriff sofort und zog sich, offenbar hochbefriedigt, zurück. In meinem bunten Schlafzimmer bemerkte ich, daß er blaß war; die Bräune, die ich noch am Morgen an ihm bewundert hatte, war verschwunden. Er hörte mir ohne Widerrede zu, und erst, als ich abschließend sagte, daß er noch lange nicht am Ende seines Weges angekommen sei und noch ungeheuer viel für die Welt leisten könne, wenn er über meine Worte nachdenke und zur Einsicht komme, daß jedes Alter seinen Wert habe, sofern es entsprechend gelebt werde, richtete er sich auf. Er rieb seine Fingerspitzen, blickte mich starr an und rief plötzlich nach Wein, und zwar mit solcher Heftigkeit, daß ich erschrak. Glücklicherweise ließ er auch einen Mischkrug bringen. Ich trank nichts.

Dann sagte er: »Ich weiß, von wem du ständig gesprochen hast, obwohl du keinen Namen nanntest, Vibia.« (Seit vielen Jahren hat er nicht mehr Vibia zu mir gesagt.) Er war in einer Stimmung, in der man ihm alles sagen konnte, selbst das Schmerzlichste. Ich kenne diese Stimmung genau von früheren Jahren her. Er trinkt dann und ist bereit, jede Wahrheit widerspruchslos anzuhören. Und obwohl er sich dann schnell betrinkt, spricht er dennoch fehlerlos und ohne Stocken und weiß auch am nächsten Tag noch, was man ihm sagte. »Du hast unschuldige Sklaven foltern lassen, die im Dienst waren, während sie Zeuge von Ereignissen wurden, die dir nicht gefielen«, sagte ich. »Die eigentlich Schuldigen gingen frei aus. Du hattest die Absicht, ein paar elegante Nichtsnutze allmählich sterben zu lassen, obwohl sie nichts anderes getan hatten, als Deinem Freund gefällig zu sein.« — »Welchem?« fragte er. (Diese Frage war bezeichnend, denn sie bewies, daß er Lucius und Antinous in seinen Gedanken gleichstellt.) Ich sagte: »Beiden... Du hast zwei junge Männer ihrer Freiheit beraubt. Der jüngere war noch ein Knabe, und du hast ihn in den Tod getrieben, weil du nicht wagtest, den zu bestrafen, der die Strafe verdient hätte.«

»Sag schon, wen du meinst: Du sprichst von Lucius, nicht wahr, von Lucius?« — »Nein«, sagte ich, »ich spreche von Antinous. Lucius spielt nur am Rande mit. Er will seine endliche Adoption, aber er will dich weder ausnutzen noch betrügen. Er will nur das, was jedermann im Reich begrüßen würde.« — »Du auch, Vibia?« —

»Ja.«
Er schwieg eine Weile, trank und mischte sich ein neues Glas. Dann sagte er: »Lucius hat sich an Antinous herangemacht. Es ist mir unmöglich, ihm *das* zu verzeihen.« — »Du täuschst dich, Publius. Es gibt nur einen Grund für die vorübergehende Verbindung zwischen den beiden.« — »Und der wäre?« — »Muß ich es sagen?« — »Sag es nur. Ich habe genug getrunken.« — »Du konntest vielleicht bei aller Liebe nicht das geben, was ein Zwanzigjähriger vom Leben erwartet. Das hat Antinous bei Lucius gesucht, und Lucius konnte, schon dir zuliebe, nicht so grausam sein, einem Menschen nicht zu helfen, der Hilfe brauchte.« — »Ach — interessant. Daß sie dabei mein Vertrauen zerstörten, war wohl in Anbetracht der erhabenen Aufgabe nicht so wichtig.« — »Wolltest du lieber, daß Antinous seine Erfahrungen auf der Straße macht?«
Ganz unerwartet stand er auf. Er schwankte ein wenig, als er auf mich zukam. Seine Augen waren feucht, wie immer, wenn er wie ein verantwortungsloser und sentimentaler Jüngling fühlt. Er legte eine Hand auf meine Schulter und küßte meine Stirn. »Noch weiß ich nicht, ob ich dir dankbar zu sein habe. Glücklicherweise bin ich nicht nüchtern und also bereit, noch viel mehr zu hören.« Er ging an seinen Platz zurück. »Und nun erzähle von Antinous.«
»Es ist nicht viel von ihm zu erzählen«, sagte ich. »Er ist ein Junge, wie du tausend findest. Aber gerade an diesen einen hast du dein Herz gehängt. Niemand hat etwas dagegen, nicht einmal ich. Aber vergiß nicht, daß er auswechselbar ist. Auswechselbar! Vergiß nicht, daß du an ihm etwas liebst, was dir jeder andere gutgewachsene Junge auch geben kann. Vergiß nicht, daß das geheimnisvolle Wesen, das dich besonders anzieht, nichts anderes ist als Unsicherheit, wenn nicht Schwermut, die ihren Ursprung darin hat, daß der Junge nicht leben kann, wie es seinem Herkommen und Alter entspricht. Und vergiß nicht — und damit greife ich auf das zurück, was ich zu Anfang sagte —, daß er deine Entwicklung nicht fördert, sondern hemmt. Millionen Menschen schauen auf dich, Publius, und Millionen Menschen möchten in dir ein Vorbild sehen. Zu diesen Millionen zähle auch ich. Enttäusche uns nicht —« Ich unterbrach mich, da er nicht mehr zuzuhören schien.
»Wir sind keine Tiere und können unsere Partner nicht einfach nehmen, wie sich's gerade trifft. Aber dennoch — was soll ich tun?« —

»Bemühe dich, deine Freunde unter denen zu suchen, die dir bei deiner schweren Aufgabe helfen können, Publius. Dazu gehört auch Lucius, der nichts anderes will als dein klares Bekenntnis zu ihm. Niemand verlangt von dir, den Jungen aufzugeben. Aber ich bitte dich von Herzen — versuche nicht, in ihm etwas zu sehen, was er nicht ist und was er nie sein kann. Weise ihm den bescheidenen Platz für deine seltenen Mußestunden an, den er ausfüllen kann. Und lasse ihm sein Leben, das unglücklich werden muß, wenn du ihm auferlegst, es ausschließlich dir zu weihen.«
Der Morgen kam heran, schneller und unvermittelter als in Rom. »Dunkel machen!« rief der Kaiser. Es kamen Mädchen, die Tücher vor die Fenster hängten. Alle Lampen wurden gelöscht, und er blieb bei mir.
Mittags meldete Thrasyll, daß der Bithynier, leicht angetrunken, in den Palast gekommen sei und nach dem Kaiser gefragt habe. »Es ist gut«, sagte der Kaiser. Wir frühstückten zusammen, und dann entschuldigte er sich mit Arbeit und ging. Ich hatte nicht geschlafen, fühlte mich zerschlagen, und Julia mußte mich trösten.

XX

(Billett, ohne Orts- und Zeitangabe)

Lucius an Antinous in der Gerberei

Mein lieber Kleiner, diesen Zettel bringt Dir ein Stalljunge, der weiß, wo Du wohnst. Endlich habe ich Dich gefunden! Niemand weiß, daß ich hier bin, und niemand außer Dir darf es wissen. Schau zu, daß Du den nächsten und übernächsten Abend allein bist. Wir haben ungeheuer viel zu besprechen und werden wohl die Nacht dazunehmen müssen. Ich habe jetzt auch Deine Briefe nach Tauromenium erhalten und muß sie doch beantworten, nicht wahr? Verbrenne diesen Zettel sofort. Selbstverständlich weiß auch P. nicht, daß ich in der Stadt bin.
Auf baldigst ... (!)

XXI

Aus dem Tagebuch der Sabina — Alexandria, 17. Oktober

Gestern, spät in der Nacht, war Lucius bei mir! Er ging mit aller nur ihm zu Gebote stehenden Geschicklichkeit vor: Ein ägyptischer Straßenjunge schlüpfte durch die Wachen und gelangte vor Julias Zimmer. Als man ihn dort nicht einlassen wollte, stimmte er ein derart markerschütterndes Geheul an, daß Julia hinausging, um nachzusehen. Lucius hatte also auch Julias Neugier eingeplant. Der Bengel zog einen Brief aus seinen Kleiderfetzen: »Ich weiß, daß Deine Herrin allein ist. Ich möchte sie für eine halbe Stunde sprechen. L.«

Mit diesem Zettel stürzte Julia in mein Zimmer, und ein paar Minuten später stand ein Circusfahrer in Grün vor mir: Lucius. Ich zog ihn in die dunkelste Ecke. Eine überflüssige Maßnahme, da das Personal Lucius gar nicht kennt. Julia mußte, sehr zu ihrem Leidwesen, auf einem Stuhl vor der Tür warten.

Lucius nahm meine Hände in die seinen, eine vertrauliche Geste, die er sich vor einem halben Jahr noch nicht erlaubt hätte, und lachte über meine Angst: Der Bithynier habe den Kaiser für heute nacht zu sich gebeten, und zwar auf seine, Lucius' Anregung hin. Wir seien also ungestört und könnten in Ruhe besprechen, was noch zu besprechen sei. Das heißt — es redete eigentlich nur Lucius, und wieder einmal hatte ich Gelegenheit festzustellen, mit welcher Zielstrebigkeit dieser junge Mann seine Pläne verfolgt, auch auf die Gefahr hin, den Kaiser tödlich zu verletzen.

Vorgestern war Lucius bei Antinous. Auch dort hatte er sich durch ein Brieflein angemeldet. Lucius wußte durchaus, welches Risiko er damit einging. Denn es war möglich, daß sich der Kaiser mit dem Jungen während der Überfahrt nach Ägypten völlig versöhnt hatte, daß dieser wieder das volle Vertrauen des Kaisers besaß und dieses Vertrauen belohnen wollte, indem er dem Kaiser die heimliche Anwesenheit von Lucius in Alexandria verriet. Antinous hatte den Zettel an jenem Abend erhalten, als er vergeblich versuchte, den Kaiser zu sprechen.

Lucius ersparte mir die Einzelheiten dieses Wiedersehens, vermutlich, um mein sittliches Empfinden als Frau zu schonen, wohl aber auch, um die Mittel zu verheimlichen, deren er sich zu bedienen weiß, wenn es darauf ankommt.

Lucius brachte es dahin, daß Antinous die Kette, die er vom Kaiser erhalten hatte, ablegte. Dann sind sie offenbar wieder ins Bett gegangen, wenn ich das Schweigen richtig verstehe, mit dem Lucius den Rest der Nacht überging. Immerhin nahm er die vergessene Kette am nächsten Morgen an sich.

Jetzt zog er sie aus dem Gürtel und zeigte sie mir: Sie trägt eine Gemme, in die das Bild des Kaisers, sehr geschmeichelt, eingeschnitten ist. »Du mußt sie ihm wieder zurückgeben«, sagte ich. – Lucius lachte. »Gewiß. Später einmal. Noch steht allerdings meine Zukunft auf dem Spiel, und deine auch, Augusta. Ich brauche Beweise, daß Antinous mich liebt, mich allein. Diese Kette ist einer. Und dies sind die andern.« Er öffnete eine Tasche und schüttete die Briefe aus, die er mir schon in Rom gezeigt hatte. »Ich will sie nicht sehen«, sagte ich. »Das ist eure Sache.«

»Wie du meinst, Augusta.« Aber er ließ die Briefe liegen, wo sie lagen. »Du hast den Wunsch, daß ich möglichst bald adoptiert werde und keinesfalls dieser bithynische Knabe. Du hast dich in diesem Punkt der Meinung von Sueton angeschlossen. Ob der Kaiser nun davon Wind bekommen hat, oder ob eure privaten Unterredungen hierüber länger dauerten als nötig – kurz: Sueton mußte in die Verbannung. Genügt dir dies nicht als Warnung?«

Er hatte meinen wunden Punkt getroffen! Was weiß der Kaiser? Wieweit ist er informiert? Bis wohin reichen die Augen und Ohren seiner Spitzel? Unsere Unterredung dauerte viel länger als eine halbe Stunde. Julia konnte nicht mehr an sich halten und kam herein, um zu fragen, ob wir etwas nötig hätten. Mit einem Blick hatte sie die umherliegenden Briefe erfaßt und sah mich bedeutungsvoll an. Ich ließ sie Früchte und Gebäck bringen. Doch bleiben durfte sie nicht.

Nach zwei Stunden hatte Lucius mich soweit: Ich versprach, gleich am Morgen des nächsten Tages mit dem Kaiser zu sprechen und ihn zu bitten, Lucius anzuhören. Er, Lucius, stelle sich dem Kaiser mit seinem Leben zur Verfügung. Sollte das, was er ihm zu sagen habe, unwahr sein oder ihm nicht nützen, werde Lucius die Konsequenzen ziehen und sich die Adern öffnen lassen.

Dann ging er und war nicht zu bewegen, die Briefe von Antinous

wieder mitzunehmen. War es ein Vertrauensbeweis oder ein Kalkül auf meine Neugier? Ich las die Briefe nicht. Aber Julia natürlich – die las sie! Heute früh wollte sie mir einige Stellen daraus vorlesen, aber ich wollte nichts hören. »Es sind alles Liebesbriefe! Liebesbriefe von einem Mann an einen andern! Du hast so etwas noch nicht gelesen, Herrin! Sie sind fürchterlich und wunderbar zugleich. Oh – in meinem ganzen Leben habe ich solche Briefe nicht bekommen... Du *mußt* sie lesen, Herrin.« Ich weigerte mich, denn ich brauche keine Einzelheiten; die Tatsache allein genügt mir.
Julia packte die Briefe enttäuscht zusammen. Dabei murmelte sie: »Aber er tut mir leid...« – »Wer?« fragte ich nervös. Ich hatte einen Boten an den Kaiser gesandt und erwartete in jeder Minute seine Antwort. – »Der Kleine... er ist so gläubig, so ehrlich, so unbefangen... Und wenn er nun mein Sohn wäre...« Sie fing zu schluchzen an, und alle Briefe, die sie gerade so sorgsam geordnet hatte, fielen auf den Boden. Das ist es, was ich an ihr nicht liebe: Sie ist neugierig, schwatzhaft und zuweilen geradezu lüstern, und dann wird sie plötzlich von sentimentalen Anwandlungen gepackt, die alles wieder gutmachen sollen, was sie vorher verdorben hat. – »Du hast eine Tochter, Julia. Denke an sie. Sie wenigstens ist glücklich.« – Sie nickte und blickte träumend in irgendwelche Fernen, in denen sie wohl Rom vermutete. Dann aber sagte sie doch: »Er ist so lieb. Man *kann* ihm nicht böse sein.« – »Ich bin ihm auch nicht böse«, sagte ich. »Aber ich bin Augusta und will es bleiben. Und du bist die Vertraute der Augusta und willst es bleiben, oder nicht?« – Sie nickte heftig. »Aber schone ihn, soweit es möglich ist.« – »Ich will seinen Tod nicht«, sagte ich.
In einer Stunde kommt der Kaiser.

XXII

(Durch Läufer, dringend, geheim)

An Divus Publius Aelius Hadrianus Caes. Aug. Imp. Pont. Max. Pater Patriae Protector Aegypti etc. (griechisch)

Der Unterzeichnete erlaubt sich zu melden, daß sich gegen Mittag vor dem Hause des Edlen Antinoos eine große Menschenmenge ansammelte, die überraschend schnell anwuchs und innerhalb einer halben Stunde wohl eine Myriade Köpfe zählte. Sie bestand in der Hauptsache aus Halbwüchsigen, vorwiegend weiblichen Geschlechts, alle trugen Banner, Lotosblüten und Osiris-Statuetten in den Händen und schrien unaufhörlich: »Osiris renatus! Osiris renatus!« Zu dem Bedauern des Unterzeichneten darüber, daß es der Polizei nicht gelang, der drängenden Masse Herr zu werden, gesellt sich die begründete Vermutung, daß sich Aufwiegler und religiöse Fanatiker unter Mißbrauch des Polizeikennzeichens unter die Menge mischten und die Verwirrung steigerten. Der Bezirkskommissar erbat sofort militärische Hilfe, doch als sie eintraf, hatte die schreiende und rasende Menge bereits das Haus, Gerberei genannt, gestürmt. Der Edle Antinoos wurde herausgeführt, doch auf der Schwelle des Hauses gelang es ihm, sich für eine Weile seine Anbeter vom Leibe zu halten, indem er betend die Arme ausbreitete und ausrief: »Wenn ich Osiris bin, so schonet mich!« Die Menge brach in frenetisches Geschrei aus und hätte den Edlen Antinoos in religiöser Verzückung allem Anschein nach zerrissen, wenn nicht ein Priester zu ihm durchgedrungen wäre. Unter den vorgeschriebenen Zeremonien entkleidete er den Edlen Antinoos seines gelben Chitons, führte ihn auf die Vorderseite des Hauses, wo ihn alle sehen konnten, und verlieh ihm die Insignien der Gottheit: Pfauenfedern, Peitsche und Schlüsselhaken. Während dieser heiligen Handlung verhielt die Menge sich still, bis auf die weiblichen Teilnehmer des Auflaufs, die zum Teil spitze Schreie ausstießen, zum andern Teil ohnmächtig zusammenbrachen. Nach Erhöhung des Edlen Antinoos zum Gott schrie die Menge auf, bemächtigte sich der Person des menschgewordenen Gottes und führte ihn unter Hymnen und Sprechchören ans Wasser. Beim Streit um den vom Edlen Antinoos abgeworfenen Chiton kam es zu einem Handgemenge, im Verlauf dessen viele Gläubige verletzt und einige schwächere Mädchen zu Tode getreten wurden. Der Edle Antinoos wurde mit den Abzeichen seiner göttlichen Würde unbekleidet in einen Sarg gelegt und mit Lotosblüten bedeckt. Um Blutvergießen zu vermeiden, nahm die Behörde davon Abstand, den mittlerweile eingetroffenen Soldaten zu befehlen, sich mit dem Schwert einen Weg zum Sarg zu bahnen, der in ein Boot geladen und inmitten einer Unzahl anderer Boote in Richtung Nil geführt wurde. Zur Beobachtung der weiteren Ereignisse ist ein Polizeiboot eingesetzt worden.

Aristides Anubis, Polizeipräfekt
Alexandria, 17. Oktober

XXIII

Aus Hadrians Reisetagebuch – Alexandria, 18. Oktober

Diese Stadt ist wirklich schrecklich. Mir erscheint es als ein Wunder, daß in dieser Stadt Kunst und Wissenschaft betrieben werden, die immerhin Ruhe und Kontemplation voraussetzen. Denn hier werden auch sonst normale Menschen verrückt. Lucius hält sich schon seit einigen Tagen in Alexandria auf, und ich wußte es bis gestern nicht. Antinous wurde zum Gott proklamiert und verschleppt...
Der Reihe nach:
Am vierzehnten kam Sabina an. Das Wetter war schlecht; sie hatte mit der Seekrankheit zu kämpfen. Noch am gleichen Abend machten wir eine lange Wagenfahrt. Thrasyll führte uns boshafterweise auch an der Gerberei vorbei. Sie argwöhnte jedoch nichts. Mein Verhältnis zu ihr hat sich gebessert. Sie will wirklich nur das Beste für mich. Daran ändert nichts, daß wir nicht immer einer Meinung sein können, schon A.' wegen. Aber nun weiß ich, daß sie ihn nicht haßt. Sie ist nicht einmal eifersüchtig. Sie sprach weniger als Frau – sie sprach als Augusta. Dies Recht kann ich ihr am allerwenigsten streitig machen. Und es ist gut, wenn sie den Titel nicht nur als Schmuck spazierenführt.
Gestern schickte sie mir ein Billett mit der dringenden Bitte, sie so bald wie möglich im Lyceum zu besuchen. Sie wohnt dort mit Julia

und dem ganzen Weiberhaufen, den sie aus Rom mitgebracht hat. Aber ich hatte weder Lust noch Zeit, zu ihr zu fahren. Schon am Tage ihrer Ankunft hatte A. vergeblich versucht, mich zu sehen. Und jetzt erwartete ich ihn wieder.
Doch da traf die Meldung von A.' Entführung ein. Entführung... Religiöser Wahnsinn! Fanatismus! Der gesamte Hof und die hiesige verlotterte Polizei fanden die schönsten und glattesten Erklärungen dafür. Das Priesterkollegium des Osiris erschien in corpore und in vollem Staat und legte mir seine Verehrung als dem göttlichen Vater des wiedererstandenen Osiris zu Füßen, dessen Geburtstag sich in vierzehn Tagen jähre. Sie kamen in orientalischem Prunk unter Weihrauch und betäubenden Düften, unter Thronhimmeln, Federn, Gold und Palmwedeln. Ließ sie hinauswerfen. Ich will nicht Osiris – ich will Antinous! Zudem weiß ich besser als sie, warum A. entführt wurde. All die kleinen Mädchen der Stadt, die das ganze Jahr lang unter heißer Sonne liegt und die Begierden anheizt und schon Kinder nach Lüsten suchen läßt, all diese Jungen, deren Trieb sich noch nicht entschieden hat und die nach einem Objekt suchen, da ihr eigener Körper ihnen nicht mehr genügt – sie stürzten sich in diesem von Hitze überkochenden Alexandria auf den schönsten, berühmtesten und anbetungswürdigsten Jüngling des Imperiums. Ich hatte es fast vorausgesehen, und daher brachte ich ihn in dieser verlassenen Gegend unter. Aber sie hatten es doch herausbekommen. Ich kann von Glück sagen, wenn sie ihn in ihrer triebhaften Liebe nicht zerreißen. In Rom haben sie nur seinen Zuckerabguß gegessen. Ich wage nicht zu Ende zu denken, wozu die Fanatiker in diesem Lande fähig sind! Gab Befehl, die gesamte Garnison einzusetzen, um A. aufzufinden.
Ich ging also zu Sabina. Stündlich trafen Boten ein, um mir Bericht zu erstatten. Sie ließ sich nichts anmerken, obwohl es doch um A. ging. Statt dessen setzte sie mich davon in Kenntnis, daß Lucius in der Stadt sei. Er wünsche mich zu sprechen, um meine Vergebung oder sein Todesurteil zu empfangen. Nach allem, was Lucius sich zu leisten pflegt, war ich nicht einmal überrascht. Ebenso nüchtern wie sie sagte ich: »Ich habe ihm nichts zu vergeben. Ich will auch seinen Tod nicht. Aber ich will, daß er Alexandria mit dem nächsten Schiff verläßt und sich mit seiner Frau in die Toskana begibt, wie befohlen.«

Jetzt hätte ich sofort gehen müssen. Aber ich wartete eine Minute zu lange. Ich hatte nicht beachtet, daß ich einer Frau gegenübersaß. Sie nahm meinen Wunsch nicht einfach zur Kenntnis, sondern fragte: »Warum?« Da ich nun keine Frau bin, konnte ich nicht einfach antworten: »Darum.« Statt dessen sagte ich: »Lucius hat sich einer Clique nichtsnutziger Tagediebe bedient, um seine Adoption voranzutreiben, und zwar gegen meinen Willen. Lucius hat die gleichen Leute eingesetzt, um A. zu verderben. Lucius hat ihre Flucht ermöglicht, und ich bin mir noch nicht einmal im klaren, liebe Sabina, wieviel *du* davon wußtest. Lucius ist mir gegen meinen ausdrücklichen Willen nachgereist. Lucius hat — das ist das Wichtigste — mein Vertrauen verloren, da er sich an Antinous herangemacht hat. Ich will ihn auf keinen Fall sehen. Ich könnte mich sonst vergessen.«

»Und das ist alles?« fragte sie. »Verzeih mir, Publius — aber es sieht so aus, als wolltest du einen Sklaven aus ihm machen. Bewundere seinen Mut, der ihn Befehle mißachten läßt, an die du selbst nicht glaubst. Bewundere seine Entschlossenheit, die ihn ein Ziel verfolgen läßt, das du selbst ihm gesetzt hast. Bewundere seine Liebe zu Avidia, die Mutter seines Sohnes sein wird.« Ich unterbrach sie. »Bist du eigentlich meine Freundin, Vibia? Für wen sprichst du?« — »Scheinbar für Lucius, in Wahrheit aber für dich, Publius. Erkenne endlich das Edle seiner Handlungsweise. Er ist nicht feige. Er ist darauf gefaßt, daß du ihm den Selbstmord befiehlst.« — »Weil er weiß, daß ich das nicht befehlen werde.« Sabina sagte leise: »Er denkt — er denkt an Baiae ...«

Mir schoß das Blut ins Gesicht. Immer wieder das! Wir saßen nebeneinander, und Sabina zog mich sanft auf meinen Platz zurück. »Das also weißt du auch«, sagte ich. »Durch ihn, nicht wahr?« — Sie blieb ruhig. »Nein. Er deutete nur an. Ich denke, du findest die Wahrheit hier.« Sie überreichte mir eine Tasche. Ich öffnete sie. Sie war voller Briefe in der Handschrift von A., alle an Lucius gerichtet. Ich mußte mich sehr beherrschen, als ich sagte: »Ich weiß, daß Antinous Briefe an Lucius schreibt. Sie kennen sich; sie schreiben einander. Ein Mensch, der nicht schreibt, beweist damit, daß er nicht reflektiert. Ich bin nicht neugierig.«

Sabina legte die Tasche neben sich. »Du hast ganz recht. Neugier ist eine schlechte Eigenschaft. Vielleicht hätten dir die Briefe die

Schuldlosigkeit von Lucius in der bewußten Sache bewiesen. Aber wie ich dich kenne, wirst du ihm selbst Gelegenheit geben, sich zu rechtfertigen.« — »Du hast die Briefe nicht gelesen?« fragte ich. — »Nein«, sagte sie. »Du kennst mich seit dreißig Jahren und weißt, daß ich Neugier ebenso verabscheue wie du. Zudem ist dies nun wirklich nicht meine Angelegenheit. Und es wäre auch gut, wenn du diese Briefe vorläufig nicht liest. Du mußt zuvor eine andere Einstellung zu Freundschaft und Liebe finden. Ich werde die Briefe an Julia übergeben. Sie kann sie aufbewahren. Sie besitzt mein volles Vertrauen.«

»Das wirst du nicht tun«, sagte ich. — Sie blieb ganz ruhig. »Ich kann es unbesorgt; sie hat die Briefe längst gelesen.«

»Laß sie sofort kommen!« schrie ich. Meine Beherrschung war dahin. Ich stürzte zur Tür und schlug den Vorhang zurück. Ein kühler Luftzug traf mich. Doch niemand belauschte uns. Nicht einmal die üblichen kleinen Mädchen, die sich sonst pausenlos vor der Tür der Herrin zu schaffen machen. »Wo ist sie?« schrie ich auf den leeren Gang hinaus.

Sabina war ebenfalls aufgestanden und leise hinter mich getreten. Sie legte die Hand auf meine Schulter. »Publius, Lieber — wir sind allein. Ich habe sie alle fortgeschickt. Wolltest du nicht allein sein mit mir? Weißt du noch immer nicht, daß ich deine beste Freundin bin? Julia ist irgendwo eingeladen. Vor morgen früh kommt sie nicht zurück. Aber selbst wenn sie hier wäre, würde sie nur Gutes über Antinous reden. Das einzige, was sie nach der Lektüre dieser angeblich so schlimmen Briefe sagte, war: Er ist ein so netter Junge. Ich wünschte, er wäre der meine. Schone ihn, Augusta! — Und das sage ich auch zu dir, Publius. Schone ihn. Er ist ein Kind. Ein Kind ist für mich kein Widersacher...«

In diesem Augenblick, sicher zu Julias Glück, hörte ich schwere Militärsandalen: Bericht der Präfektur. Die Spur war gefunden. Sie wies zum Stichkanal in Richtung Nil oberhalb Kanopes. Ich hätte es mir denken können. Der Nil gehört Osiris. Aber noch hatte man A. nicht gefunden. »Weitersuchen!« befahl ich. »Das Gelände absichern! Ärzte! Kanope militärisch besetzen! Beide Nilufer bis Schedia sperren, jeden Verkehr unterbinden, Verdächtige festhalten! Alle Osirispriester in der Gegend festnehmen und nach Alexandria bringen! Ab!« Der Centurio grüßte und verschwand.

Ich kehrte ins Zimmer zurück. Sabina hatte zwei Becher mit Wein gefüllt und sich hingelegt. Ich nahm einen Becher und trank in Gedanken daraus. Erst zum Schluß merkte ich, daß sie mir zugetrunken hatte. Als ich es sah, sagte ich grob: »Du willst mit mir schlafen, ja?« Meine ganze Lage kam mir gemein und widerwärtig vor.
Sabina war nicht beleidigt, nicht einmal überrascht. »Du hast dich noch nie so klar ausgedrückt, Publius. Aber ich brauche keine Liebe aus Mitleid oder Dankbarkeit. Vertrauen brauche ich. Ich bin kein Mädchen mehr. Es ist mir nicht genug, unter einer männlichen Umarmung zu erschauern. Mir sagt es nicht viel, daß der Mann der Angreifer sein muß, schon, weil ihm seine Physis keine andere Wahl läßt. *Ich* jedenfalls bete Priapus nicht an. Ich will einen Mann, der mir vertraut. Und ich bin bereit, dir zu helfen, Publius. Du mußt nur bereit sein, dir helfen zu lassen.« In diesem Augenblick war sie wirklich schön. Vermutlich hatte sie die Beleuchtung vorher entsprechend angeordnet. Aber jetzt war sie so schön wie die Statuen, die man massenhaft von ihr angefertigt hat. Im milden Licht hatte ihr Gesicht die zarten Konturen eines Mädchenkopfes. Es drückte Erwartung und stilles Einverständnis aus. Das hatte ich seit Jahren nicht mehr erlebt ...
Zwölf Stunden sind seitdem vergangen. Ich kam erst heute früh zurück. Ich hatte alle Meldungen umdirigiert und fand hier nun wohl ein Dutzend vor. Die letzte: Osiris wurde in der Nähe von Heracleum auf dem Altar eines halbverfallenen Tempels in unmittelbarer Nähe des Ufers gefunden. Der Gott befand sich in einem Sarg, nackt, von Lotosblüten überdeckt. Er schlief. Riesige Mengen von wohlriechenden Kräutern, wahrscheinlich einschläfernden, wurden pausenlos verbrannt. Die männlichen Anbeter standen schweigend um ihr Idol herum, während die weiblichen nach den vorangegangenen Verzückungen in den Schlaf der Erschöpfung gefallen waren. Die meisten hielten auch im Schlaf noch eine Locke oder einen Fetzen vom Chiton meines Gottes fest umklammert in der Hand. Die müden Jünglinge, denen allmählich die anbetenden Hände sanken, wurden ständig durch neuen Zuzug aus der Stadt abgelöst. Priester schwenkten unentwegt Räucherfässer. Sie hatten offenbar die Absicht, ihren Gott bis zu seinem Geburtstag schlafen zu lassen. Glücklicherweise hielten sich meine Leute an ihre Instruktionen und machten dem Spuk ein Ende. Die Priester wurden ver-

haftet. A. wurde, noch im Sarg, der tobenden Menge entrissen. Ich erwarte ihn jede Stunde.
Was soll ich sagen, wenn Osiris vor mir erscheint? Soll ich meine Knie vor ihm beugen? Soll auch ich in Verzückung fallen, wenn sich der Gott mir darbietet? Der Gott, der auch Attis war, der Gott, der einen Kalos beweinte, der Gott, der sich einen andern Gott suchte: Lucius. Sabina hat mir die Tasche mit den Briefen aufgedrängt. Aber ich habe sie noch nicht gelesen.
Thrasyll ist da. Er grinst, wenn ich ihn ansehe. Es ist keine Mißachtung meiner Person. Es ist eher Verständnis. Er ist wahrscheinlich der einzige, der mich wirklich versteht. Es wäre bequem, ihm jetzt zu winken. Er nimmt jeden Platz ein, den ich ihm zuweise. Er würde meine Wünsche erfüllen, ohne ein Wort zu sprechen. Ich könnte mich für einige Minuten mit dem Gefühl vollkommenen und gedankenlosen Glücks betrügen. Er ist immer bereit und ungeheuerlich in seiner Potenz. Er könnte mich zu jeder Zeit glauben machen, daß man mich begehrt. Er ist schwarz, aber es stört mich nicht. Er ist mein Sklave, aber ich würde es vergessen... Warum tue ich es nicht? Ist es mir zu billig? Ist es mir denn noch immer zu billig?
Ich habe Thrasyll eben hinausgeschickt. Ich konnte seine Bereitschaft nicht mehr ertragen. Ich hoffe, daß man mir A. noch bringt, bevor ich Lucius gesehen habe. Ich habe die Briefe mitgenommen, nicht, um sie zu lesen, nur, um zu verhindern, daß sie abgeschrieben werden. Ich will zuerst mit dem wiedererstandenen Osiris sprechen. Lucius will mein Sohn sein. Was will Antinous?

XXIV

Bericht der Geheimen Staatspolizei, Sektion Ägypten (griechisch)

Das vom Edlen Antinoos bewohnte Haus, genannt Gerberei, wurde weisungsgemäß unauffällig überwacht. Bis zum 12. d. M. ergaben sich keine besonderen Vorkommnisse. Außer von einigen Händlern sowie Dienstboten des Kaiserlichen Haushalts wurde das Haus von keinem Dritten betreten. Am 13. abends empfing der Edle Antinoos Besuch von einem jüngeren Mann in griechischer Kleidung, der das

Haus jedoch noch vor Mitternacht wieder verließ. Am 14. schlich sich ein Pferdejunge aus dem Hippodrom an die Gerberei, machte sich vorsichtig bemerkbar und wurde eingelassen. Er verließ die Gerberei nach wenigen Minuten. In allen Räumen des Hauses wurden Lampen entzündet. Im Schein dieses Lichts zählte der Junge offenbar Geld auf seinem flachen Handteller. Am 15. d. M., nach Dunkelwerden, näherte sich ein Mann auf nicht einzusehenden Wegen dem Haus, warf einen Stein und wurde eingelassen. Es handelte sich um einen Wagenlenker, der die Farbe der Grünen trug. Er wurde offenbar erwartet und noch unter der Tür herzlich begrüßt. Er blieb bis zum Morgengrauen des nächsten Tages. Es konnte nicht festgestellt werden, ob dieser Besuch in Zusammenhang steht mit einem Ausgang des Edlen Antinoos am Vorabend. An jenem Abend verließ der Edle Antinoos zwei Stunden nach dem Weggang des Pferdejungen die Gerberei und begab sich, offenbar nicht ganz nüchtern, in den Palast, wo er jedoch nicht vorgelassen wurde. Am 16. machte der Kaiser der Gerberei einen Besuch. Die Vorgänge des 17. sind der Meldung des Polizeipräfekten zu entnehmen.

Alexandria, 18. Oktober

XXV

*L. Ceionius Commodus an Avidia Plautia in Rom —
Alexandria, 19. Oktober*

Ich habe es geschafft! Gestern war ich beim Kaiser. Er empfing mich nicht gerade gnädig. Aber er hat eingesehen, daß er Dich und mich nicht übergehen kann. Er bot mir zuerst nicht einmal Platz an und hatte sich bestimmt eine ordentliche Standpauke zurechtgelegt. Da ich aber wie ein Soldat aufrecht und ergeben vor ihm stand, blieb ihm die Hälfte im Halse stecken. Als ich endlich reden durfte, fiel es mir nicht schwer, ihn von meiner Aufrichtigkeit zu überzeugen. Einzelheiten erzähle ich Dir später. Ich habe nämlich Beweise, die eindeutig zeigen, daß der Kaiser der Betrogene ist.
Er stand da wie vom Donner gerührt. Und dann — stell Dir das vor — wurde er ohnmächtig: Nun — ich konnte es verstehen. Er tat mir fast leid. Am Vortage hatte man seinen Liebling entführt, um mit

ihm irgendwelche schändlichen Dinge zu treiben. Diese orientalischen geilen Mädchen und verderbten Jungen schrecken vor nichts zurück. Sie nennen es den Tod und die Wiedergeburt des Osiris. Das ist so etwas Ähnliches wie Bacchus. Der Bithynier wird natürlich wieder auftauchen. Aber wenn ich der Kaiser wäre – so möchte ich ihn nicht wiederhaben.
Das wäre für heute alles, meine süße kleine Avidia. Ich schreibe Dir bald ausführlicher. Ich würde mich nicht wundern, wenn der Kaiser Hals über Kopf abreiste. Er fährt immer ab, wenn es irgendwo schwierig und unübersichtlich wird. Ich jedenfalls finde es nicht unübersichtlich, sondern ganz klar. Bis bald also.

XXVI

Aus Hadrians Reisetagebuch – Alexandria, 19. Oktober

Die wichtigste Entscheidung hatte ich schon getroffen, indem ich Lucius erlaubte, mich zu besuchen. Für alle Fälle ließ ich im Nebenzimmer ein paar Leute warten, darunter auch Crito. Dabei konnte ich sicher sein, daß Lucius allein und ohne Waffen erscheinen würde. Ich hatte mir vorgenommen, ihn sofort hinauszuweisen, falls er wieder in einer aufreizend kurzen Tunika kommen würde.
Nichts davon. Er trug eine schlichte graue Tunika, die fast seine Knie bedeckte, kein Band im Haar, einen einfachen Ledergürtel, gewöhnliche Sandalen ohne jede Verzierung. Er blieb drei Schritte vor mir stehen und grüßte militärisch. Ich blieb sitzen und bot ihm keinen Stuhl an. Ich wollte ihn reden lassen und sagte daher: »Was willst du?« – Er antwortete: »Ich erfahre, du machst mir Vorwürfe. Ich bin gekommen, um sie aus deinem Munde zu hören, damit ich mich rechtfertigen kann.«
Das war geschickt. Er war es, der mich zum Reden zwang. Also fragte ich: »Warum gehörtest du zu den bevorzugten Mitgliedern des Clubs ›Scharfe Lanze‹, obwohl dort nur Tagediebe verkehren?« – »Weil ich nicht wie andere Leute das Glück hatte, ständig in deiner Gegenwart zu sein, die mir sicher mehr bedeutet hätte als der Club. Wenn du auf Reisen warst, hast du mich nicht mitgenommen.« – »Du hast mich nicht darum gebeten«, sagte ich.

— »Nein, ich habe dich nicht darum gebeten, weil ich glaubte, du wolltest mir Gelegenheit geben, Volk und Gesellschaft der Hauptstadt kennenzulernen, bevor ich mich den eigentlichen Staatsgeschäften zuwende. Also haben wir uns offenbar mißverstanden?«
Ich hatte keine Lust, auf diesen Ton einzugehen, und ich fuhr fort, um seine Aufrichtigkeit zu prüfen: »Hast du an der gewaltsamen Befreiung von Decimus Terentius mitgewirkt?« Seine Ehrlichkeit war allerdings verblüffend; er sagte: »Ja.« Und noch bevor ich etwas sagen konnte, setzte er fort: »Du bestreitest zwar meine Zuverlässigkeit, aber hierin hast du dich geirrt. Es war mir unmöglich, meine Freunde zu verlassen, und schon gar nicht durfte ich ihr Vertrauen enttäuschen. Sie vertrauen auf mich wie — wie du, Publius. Auch sie sehen in mir den künftigen Kaiser, wie du, Publius. Es wäre der schwerste Fehler meines Lebens gewesen, sie im Stich zu lassen. Was sie taten, taten sie für mich. Hätte ich sie fallenlassen, wären sie heute meine Feinde. Und weder du noch ich wüßten, ob ich dann morgen noch lebte.« — »Ich denke, du warst krank in dieser Zeit?« — »Ein paar Anweisungen vom Krankenbett aus an meine übrigen Freunde und einige Goldstücke...« — »Von denen, die ich dir schickte?« — »Von dem Geld, das mir zur Verfügung steht. Es ist mir selbst fast unerträglich, in dieser Beziehung so sehr abhängig zu sein, um standesgemäß leben zu können.«
Wäre nicht noch die letzte, wichtigste Frage gewesen, ich hätte ihn dieser Frechheit wegen auf der Stelle ins Gesicht schlagen können. Er stand ganz ruhig. Es schien ihm nichts auszumachen, daß er nicht sitzen durfte. Er sprach offen und fest. Er sah mich ohne die geringste Verlegenheit oder Unsicherheit an. Nur manchmal zuckte es um seine Mundwinkel. Es konnte Nervosität sein, aber auch Belustigtsein. Nicht, daß er sich über mich persönlich lustig machte. Aber über den Inhalt unseres Gesprächs. Denn es wurde um Dinge geführt, die wir beide schon kannten und die ich ihm längst verziehen haben mußte. Ich hätte ihn sonst kaum vorgelassen. Diese Klarsichtigkeit und auch der Anflug von Humor imponierten mir.
Den Fehler hat A. allerdings: Er besitzt keinen Humor.
Ich schloß diesen Punkt ab, indem ich fragte: »Und wo sind Decimus und seine Freunde jetzt?« — »Das weiß ich nicht.« — »Aber ich«, sagte ich. »Sie sind im freien Germanien.« — »Das freut mich. Aber sie sollten bald zurückkommen; es wird jetzt sehr kalt dort.«

Er steigerte seine Ironie. Also hatte er meine Gedanken erraten. Ein Kaiser, der die Gedanken seiner Gesprächspartner errät, wäre zumindest nicht der schlechteste Kaiser.
Ich kam zum letzten Punkt, dem wichtigsten, weil persönlichsten. »Du hast mein Vertrauen verloren«, sagte ich. »Darum muß ich noch einmal auf Baiae zurückkommen. Einzelheiten will ich nicht wissen. Nur eines: Wer war der treibende Teil? Immer ist einer von beiden der treibende Teil. Wer ist der Liebende, wer der Geliebte?« — Lucius veränderte seine Haltung nicht. »Ich nahm an, das wüßtest du jetzt, Publius. Ich habe dir die bewußten Briefe zustellen lassen, damit du sie noch *vor* unserm Gespräch lesen konntest. Wir hätten uns viel erspart, und vielleicht hätte ich nicht so lange stehen müssen.« — »Du hast es gewagt, Sabina Briefe von Antinous zu übergeben! Wie kommst du dazu, sie in unsere Angelegenheiten zu ziehen?« — »In unsere? Entschuldige, Publius — in unsere...? Doch wohl in meine. Ich hätte den meisten Grund, diese Briefe außer dir niemandem zu zeigen. Ich laufe immerhin Gefahr, daß meine Frau davon erfährt. Sie ist sehr unerfahren und würde manches mißverstehen. Nur Frauen, die das Denken nicht gewöhnt sind und aus Neugier und Hast nur jede zweite Zeile lesen, sehen nicht, daß ich nicht einmal der Geliebte war, sondern eher der Überrumpelte. Dennoch gab ich die Briefe deiner Frau. Wie sollte ich sie dir sonst zustellen?«
»Überhaupt nicht«, sagte ich. — »Schön«, sagte er. »Du brauchst die Briefe nicht zu lesen, wenn du mir auch ohne sie glaubst. Ich möchte nur, daß du mir glaubst. Antinous ist ein Junge, der dich sehr schätzt und dir unendlich viel zu verdanken hat. Das sagt er alle Augenblicke. Aber er sagt nicht, daß er dich liebt. Ist dir das in den letzten Monaten nicht aufgefallen? Er liebt nämlich nur einen Menschen. Es ist eine verzweifelte, hoffnungslose und sinnlose Liebe, aber — er liebt mich.« Und im gleichen Augenblick zog Lucius die Kette mit *meinem* Bild aus dem Gürtel, die Kette, mit der Neptun angeblich eine Nereide geschmückt hat, die Kette, für die Kalos sein Leben verlor, die Kette, derentwillen der behaarte Marcus ein zartes weißhäutiges Mädchen umschlingen darf... Nun sprang ich doch auf, stürzte um den Tisch herum und griff nach der Kette. »Woher hast du sie? Wer gab sie dir?« — »Antinous trägt sie nicht mehr, seit er in der Gerberei wohnt. Er hat sie mir geschenkt. Du willst sie wiederhaben...?«

Das war das letzte, was ich noch bei klarem Bewußtsein aufnahm. Dann sah ich nichts mehr. Ich griff blind nach dem Schmuck, verfehlte ihn und stürzte. Lucius muß nach Thrasyll gerufen und mich auf eine Bank gebracht haben. Sie kühlten meine Stirn mit Eiswasser. Von diesen Minuten weiß ich wenig. Ich sehe das braune und das schwarze Gesicht abwechselnd über mich gebeugt. Auch meine Kinder ... Die Gesichter schweben in der Luft und haben keine Körper. Ihre Lippen bewegen sich, doch ich höre nicht, was sie sprechen. Ich höre auch nicht, was ich spreche. Irgend etwas sage ich, aber meine Stimme ist so fern, daß ich sie nicht verstehe.
Ich kam erst zu mir, als es schon Nacht war. Es brannten weder Öllampen noch Fackeln, nur sanfte Kerzen. Ich lag in meinem Bett. Thrasyll saß auf einem Stuhl daneben. Um ihn herum ein Arsenal von Eisflaschen, stärkendem Wein, Binden, Schlafmitteln und ähnlichem. Das Dunkel vor meinen Augen lichtete sich. Nur ein Fleck in den Umrissen eines menschlichen Körpers blieb schwarz. Das war eben Thrasyll. Er fiel auf die Knie, als meine Augen offen blieben, und murmelte etwas in seiner Sprache. In der rosigen Innenfläche seiner Hand lag die Kette. Ich fuhr ihm übers krause Haar. Er machte einen grandiosen Luftsprung und brachte mir Papier. Offenbar hielt er mich für nicht fähig, zu sprechen. Oder er wollte nicht, daß jemand das Zimmer betrat. Denn ihm konnte ich ja schlecht mündliche Anweisungen geben. Dennoch bedeutete ich ihm, jemanden zu holen. Crito erschien. Ich unterbrach seine Glückwünsche zu meiner Genesung und fragte nach Neuigkeiten. Man hatte alle Welt alarmiert: Im Vorzimmer warteten Sabina, Julia – die darf nie fehlen –, dieser halbgriechische Polizeipräfekt Anubis, der Führer der Palastwache, Lucius und der Arzt, der angeordnet hatte, mich mit Thrasyll allein zu lassen. Ich werde ihm noch heute meine Hochachtung für sein glänzendes Einfühlungsvermögen aussprechen.
Ich erfuhr, daß Antinous endlich im Palast angekommen war. Der Arzt hatte sich zwar sofort um ihn bemüht, doch er war nicht wachzubekommen. Man hat ihn in einem kleinen Schlafzimmer auf meinem Flügel untergebracht. Er schläft auch jetzt noch. Ich habe ihn noch nicht wieder gesehen. Ich kann noch nicht.
Nachdem ich dies erfahren hatte, sagte ich zu Crito: »Gut. Sie sollen alle nach Hause gehen, sich aber von Soldaten begleiten lassen.

Die Stadt wird jetzt unruhig sein.« Ich war wieder vollkommen frisch. »Die Augusta empfängt meinen Dank für ihre Anteilnahme und für die Mühen, denen sie sich unterzog, indem sie herkam. Der militärische Schutz der Augusta muß auf jeden Fall gesichert sein. Ich fühle mich wohl, bin aber müde und möchte schlafen. Im übrigen sind alle Vorkehrungen für die Abreise des gesamten Hofes zu treffen. Wir reisen schon morgen abend nach Memphis. Antinous kommt auf jeden Fall mit, auch wenn er noch immer schlafen sollte. Lucius wird auf einem eigenen Schiff den Hof begleiten. Das ist alles.«

Crito verbeugte sich. Er hatte sich Notizen gemacht, wie immer. Ich konnte sicher sein, daß nichts vergessen würde. Zudem lagen die Boote seit Tagen bereit. Crito entschwand. Thrasyll sah mich fragend an, noch immer die Kette in der Hand. Ich schüttelte lächelnd den Kopf und deutete auf den Tisch. Dorthin legte er sie und brachte die Amphora mit dem schweren griechischen Wein, der hier vorzugsweise getrunken wird. Er verstand mich. Wir waren ja allein, und er wußte, was ich ihm dann erlaubte. Und ich wünschte es sogar. Es war sozusagen der Triumph meiner Verzweiflung. Er brachte nicht nur einen Pokal, sondern zwei. Der Sklave brachte für sich und den Herrn den Wein. Wir tranken den Wein im Liegen. Das war gar nicht so einfach. Der Wein floß in meinen Bart und ihm auf die Brust. Aber seine barbarische Körperwärme nahm mir den letzten Rest meiner körperlichen Schwäche.

Und es wird gesagt, daß Barbaren keine Götter haben ...

XXVII

An die Schriftleitung des Amtlichen Bulletins —
Alexandria, 20. Oktober

In die nächste Nummer des Amtlichen Bulletins ist folgende Notiz einzurücken:
»Am 20. Oktober begaben sich der Göttliche Publius Aelius Hadrianus Caesar Augustus, die Göttliche Vibia Sabina Augusta, die Edlen Lucius Ceionius Commodus und Antinous sowie der gesamte Hof zu Schiff, um eine Besichtigungs- und Inspektionsreise an den

mittleren und oberen Nil anzutreten. Die Reise wird die erlaubte Gesellschaft zuerst zu den Pyramiden bei Memphis und im weiteren Verlauf das Niltal aufwärts führen, wo der Göttliche Augustus Besprechungen über Ackerbau, Nilregulierung und Einführung römischer Gottheiten mit den örtlichen Behörden zu führen hat. Alle guten Wünsche des Senats und des Römischen Volkes begleiten das Herrscherpaar.«
  Im Auftrag
  Crito, Sekretär

XXVIII

Julia Balbilla an Claudia Crispina in Rom
Memphis, 24. Oktober

O ihr großen Götter! Grandios und stupid, faszinierend und langweilig – das sind sie, die berühmten Pyramiden! Von ferne kleine Steine in der Wüste, wo ohnehin kein Mangel an Steinen ist, wenn man weiß, daß Sand aus Steinen wurde, doch wenn man näher kommt, merkt man, daß hier ein paar größenwahnsinnig gewordene Pharaonen ihre Untertanen ausgenutzt haben, um sich riesige Grabmäler zu schaffen, die wahrscheinlich auch in tausend Jahren noch nicht im Sand untergegangen sind. Man hätte lieber mit den vielen Menschen, die jahrelang an diesen Undingern gebaut haben, die Wüste bewässern sollen, denn ich frage mich, welchen Sinn diese monströsen Bauwerke haben, wenn schon nach zehn Jahren niemand mehr weiß, wer dieser oder jener gewesen ist, oder weißt Du zum Beispiel noch, wer Quartus Anistisius Varro war, den alle kannten, als er starb? Du könntest mich drei Stunden in ein überheiztes Dampfbad stecken, und doch wüßte ich nichts mehr von seinen Verdiensten, und er soll sehr viele gehabt haben.
Was der Kaiser beim Anblick dieser Gebilde dachte, weiß ich nicht, aber ich denke, gar nichts, denn er hat seit unserer Abreise von Alexandria kaum fünf Worte gesprochen, und das alles dieses merkwürdigen Jungen wegen, auf den ich noch komme, weil ich endlich einmal versuchen will, der Reihe nach zu erzählen, denn auch Isis und Osiris spielen eine Rolle in diesem absolut verrückten Land. Vielleicht weilen die Gedanken des Kaisers auch auf einem dieser Sterne, von denen hier ganz besonders viel Aufhebens gemacht

wird, da sie die Zukunft voraussagen können, das heißt natürlich – nicht die Sterne, sondern die Astrologen, die die Sterne dazu benutzen, um Geld zu verdienen, während es doch viel einfacher wäre, ein bißchen zu kombinieren, wie ich es mache, wenn ich wissen will, was demnächst geschieht. Und schon nach dem, was ich bereits weiß, kann noch allerhand passieren, denn ich habe Schriftstücke gesehen, die auch jeden andern Mann als den Kaiser in Trübsinn versetzt hätten. Aber, liebste Claudia, obwohl Du mir noch immer die treueste und beste Freundin bist und es auch in alle Ewigkeit bleiben wirst... das, was in diesen Briefen stand, kann ich Dir nun beim besten Willen nicht erzählen, denn das wäre beinahe so, als beginge ich Hochverrat, ganz abgesehen davon, daß diese Briefe unsittlich sind, sofern man in der griechischen Liebe überhaupt etwas Unmoralisches sehen will, was unsere Großeltern alle noch getan haben. Aber es überkommen einen doch merkwürdige Gefühle, wenn ein Mann einen andern mit zärtlichen Ausdrücken bedenkt, wie wir sie als Frauen nur selten zu hören bekommen, ganz abgesehen von gewissen Intimitäten, für die die Männer untereinander offenbar einen schärferen Blick haben als wir Frauen. Die Sache wird kaum besser dadurch, daß der Schreiber dieser Briefe fast noch ein Knabe ist und man ihm deshalb im Grunde auch nicht böse sein kann, aber Du kannst Dir vorstellen, was im Kaiser vorgegangen sein muß, weil die Briefe nämlich nicht an ihn gerichtet waren, und deshalb darf ich Dir auch bei aller Freundschaft kein Wort über diese Affäre erzählen, höchstens dann, wenn alles so abgelaufen ist, wie wir es uns wünschen, nämlich daß sich der Kaiser wieder vertrauensvoll an die Augusta wendet, weil er von seinen beiden besten Freunden auf diese Art verraten worden ist.

Aber, um noch einmal auf Alexandria zurückzukommen – andrerseits bin ich auch ganz froh, daß wir abgereist sind, denn die Stadt kennt Laster, die sich unsere gute Vipsana Quintilla nicht einmal in ihren verwegensten Phantasien träumen ließe, weil es in dieser liederlichen Stadt eigentlich keine Ausschweifung gibt, die nicht praktiziert wird, und das alles unter den duldenden und wohlwollenden Augen der Polizei, die sich selbst nicht scheut, an den wüstesten Orgien teilzunehmen. Hier sind nicht nur Frauen käuflich, sondern auch Männer, und was Du von ihnen verlangst, spielt gar keine Rolle, wenn Du nur einen guten Preis zahlst, und dazu die glühende Sonne am Tage und in den Nächten schwere Parfüms, Räucherkerzen, exotische Blumen, merkwürdige, zittrig in der Luft verhallende Musik, überraschende Lichteffekte und vollbesetzte Tafeln, die aus dem Boden aufsteigen und auf dem gleichen Wege verschwinden, damit sich die Gäste nicht unnötig den Sklavenblicken aussetzen müssen. Noch immer huldigen auch die Damen der Gesellschaft der von Cleopatra wiederbelebten Gewohnheit ägyptischer Göttinnen, ihre schönen Busen jedermann zur Schau zu stellen, jedenfalls in geschlossener Gesellschaft, und die jungen Männer bedecken sich bei Gelagen nach altgriechischer Sitte lediglich mit einer Art Schal, der ihnen lose von den Schultern herabfällt und ihnen jede Erleichterung bei ihren Annäherungsversuchen an die Damen und Hetären verschafft, die im übrigen nicht immer auf den ersten Blick voneinander zu unterscheiden sind. Keiner geniert sich, und es ergeben sich Situationen, in denen man als Dame der guten römischen Gesellschaft eigentlich wegschauen müßte, aber niemand schaut weg, im Gegenteil — die Freiheit, die einer sich herausnimmt, ist für die andern nur eine Aufforderung, sich noch größere Freiheiten zu erlauben.

Aber das Tollste ist doch, daß sie Antinous zu Osiris erhoben haben, stell Dir das vor! Ein riesiger Haufen von fanatischen Jugendlichen stürmte sein Haus, entführte ihn, schläferte ihn ein, stopfte ihn in einen Sarg (!) und schleppte ihn zum Nil, wo er seine Auferstehung erwarten sollte, wie es hieß, und nun muß ich mich wohl doch mit Recht fragen, ob dieser Gott für uns aufgeklärte Frauen überhaupt ernsthaft in Frage kommt. Der vergötterte Bithynier wurde zwar wiedergefunden, doch er schlief und schläft noch immer.

Ja, das sind Neuigkeiten, nicht wahr, Claudia? Und jetzt bist wieder Du diejenige, die mich beneiden muß, und über dieser rätselhaften Krankheit von Antinous, die uns unter Umständen schneller ans Ziel unserer Wünsche bringt, als wir denken, habe ich ganz vergessen, nach meinen »Kindern« zu fragen, was ich schon zu Anfang des Briefes hätte tun müssen. Sei so freundschaftlich, liebste Claudia, und habe bitte ein Auge auf die beiden jungen Leute, lade sie möglichst oft ein oder sorge dafür, daß sie zusammen mit Dir eingeladen werden. Ich habe keine Angst, daß Marcus von sämtlichen anwesenden Damen umworben wird, es schmeichelt mir sogar,

268

wenn ich ehrlich sein soll, denn er liebt meine Tochter viel zu sehr und wird sich nicht verführen lassen. Aber gerade darum möchte ich nicht, daß sie die Abende allein verbringen. Marcus meinen mütterlichen — ja, mütterlichen, ich habe mich damit abgefunden — Gruß, und er soll brav bleiben, bis ich wieder in Rom bin, und er soll keinesfalls Verpflichtungen für neue Spiele eingehen.

XXIX

*Lucius Ceionius (Caesar) an Avidia Plautia in Rom —
Hermopolis, 28. Oktober*

Dein letzter Brief (noch nach Tauromenium gerichtet) kommt eben mit dem Kurierboot an. Vielen Dank für Deine Anteilnahme. Wie Du siehst, sind Deine Sorgen unbegründet: Ich reise ganz offiziell, auf eigenem Boot, im Gefolge des Kaisers! Aus Alexandria durfte ich so viel Leute mitnehmen, wie ich wollte. (Natürlich nur so viele, wie ich Platz habe.) Der Kaiser reist mit dem Bithynier, Crito, dem Arzt und seinem Leibdiener auf einem andern Boot. Die Augusta mit Julia und Gefolge benutzt eine Prunkbarke. Wie es heißt, soll sie noch aus den Beständen der Ptolemäer stammen, was ich aber nicht glaube. Morgen findet eine gemeinsame Lustfahrt des ganzen Hofes statt. Selbstverständlich bin auch ich eingeladen worden.
Bis gestern war der Bithynier krank oder besser — nicht vernehmungsfähig. Angeblich haben ihn die Osirispriester mit einem Zaubertrank eingeschläfert und in Lustträume versetzt. Ob es nun stimmt oder nicht — hier scheint tatsächlich manchmal die menschliche Vernunft aufgehoben zu sein. Aberglaube, Mysterienkulte und religiöser Fanatismus treiben merkwürdige Blüten. Dem ist nur ein anpassungsfähiger Mann mit starken Nerven wie ich gewachsen. Der Bithynier gewiß nicht. Er ist erledigt. Das sage ich Dir, kleine Avidia. Im nächsten Brief werde ich es Dir bestätigen können. Ich werde Dir als Caesar in Deiner schweren Stunde beistehen.
Schicke mir schnellstens Geld mit dem Hofkurier. Ein paar ärgerliche Rechnungen sind eingegangen, die der Kaiser auf keinen Fall sehen darf. Die Leute in Ägypten sind Halsabschneider. Das wirst Du eines Tages noch selbst feststellen.

XXX

Aus dem Tagebuch der Sabina — Hermopolis, 28. Oktober

Wäre der Bithynier nicht von dieser rätselhaften Krankheit befallen worden, hätte die Reise nilaufwärts interessant und anregend sein können. Nur Julia läßt sich nicht darin stören, alles Neue gierig in sich hineinzuschlingen. Ich glaube auch nicht, daß der Bithynier ernsthaft krank ist, denn auch einem Priester des Osiris kann es nicht möglich sein, einen jungen, gesunden Menschen für Tage in einen hypnotischen Schlaf zu versetzen. Ich habe ihn noch nicht gesehen, denn er hat eine Kabine auf des Kaisers Boot. Wir reisen getrennt, und es ist mir lieb so. So kann ich auch Lucius empfangen, der mit einer ganzen Horde von Mädchen und Jungen ebenfalls ein eigenes Boot hat, und außerdem ist der Kaiser im Augenblick ohnehin kein amüsanter Gesellschafter. Ich weiß nicht, was ihn mehr drückt: die Krankheit seines Lieblings oder die Ungewißheit, in der er schwebt. Denn seit seinem Gespräch mit Lucius in Alexandria, das zu vermitteln mir schwer genug gefallen ist, hat er noch nicht wieder mit Antinous sprechen können. Bevor er ihn nicht angehört hat, wird er auch keine Entscheidungen treffen.

Julia konnte es natürlich nicht unterlassen, mir doch nach und nach einiges aus den bewußten Briefen mitzuteilen. Danach ist der Bithynier eindeutig der treibende Teil gewesen, meiner Meinung nach aus zwei Gründen: Zum ersten ist er der Jüngere, der Triebhaftere, derjenige, der am meisten Ursache hat zu glauben, er ginge am Leben vorbei. Zum zweiten findet Lucius das größere Vergnügen bei geistreichen Frauen. Die Lustknaben, die er aus Alexandria mitgebracht hat, dienen lediglich seinen ästhetischen Ansprüchen, wie er sagt. Sie müssen ihn bei Tisch bedienen, und er hat Spaß an ihrer Gewandtheit, ihrem schönen Körperbau und ihrer Fähigkeit, auch unausgesprochene Wünsche zu verstehen. Doch für seine Gespräche bei Tisch zieht er seine Hetären vor, die alle ausgezeichnet Griechisch sprechen und jeder Wendung folgen können. Sie liegen auch bei Tisch, während die Knaben stehen oder umherlaufen müssen.

Gestern bat mich der Kaiser auf sein Boot. Er setzte mich davon in Kenntnis, daß er beschlossen habe, die Reise für einige Tage in Hermopolis zu unterbrechen, da Antinous seit mehreren Stunden nicht mehr eingeschlafen sei und die Ärzte ihn für gesund erklärt hätten. Er fragte mich, ob ich es für richtig hielte, den Jungen nach den ausgestandenen Strapazen ins Verhör zu nehmen. Was auch immer vorgefallen sein möchte — es sei nun einmal geschehen, und es sei seiner Meinung nach das Beste, nicht mehr davon zu sprechen.

»Ich verstehe dich sehr gut«, sagte ich, erhob mich aber und ließ mich auch nicht wieder auf meinen Stuhl zurückkomplimentieren. »Du wirst dennoch mit Antinous reden. Du wirst mit ihm reden müssen, ob du nun die Briefe liest oder nicht. Ich werde also warten. Vielleicht hast du recht: Es ist meine Aufgabe. Wenn du mich rufst, wirst du einen Freund bis ans Lebensende finden. Ich wiederhole: bis ans Lebensende.«

Jetzt, während ich dies schreibe, wird er wohl mit dem Bithynier sprechen. Der wird seine sanften Augen aufschlagen, und wer weiß, was er sonst noch alles tut ... und der Kaiser wird vergeben. Wie oft noch? Wie lange noch ...?

XXXI

Aus Hadrians Reisetagebuch — Hermopolis, 29. Oktober

Diese Reise auf dem Nil war ein Martyrium der Ungewißheit. Gewiß war nur das Kurierboot zweimal täglich. Depeschen aus Rom: Ob auch Rittern erlaubt sein soll, vor Sonnenuntergang rote Säume an ihren Togen zu tragen. Aus Sarmatien wurden Hühner angeschafft, die so phlegmatisch sind, daß sie niemals gackern. Wahrscheinlich werden sie zu gut gefüttert. Der Obereingeweidebeschauer mußte — angeblich — aus Gesundheitsgründen zurücktreten, in Wahrheit aber, weil er dem Dünndarm eine höhere Bedeutung beimaß als dem Dickdarm. Die Dickdarmpartei hat also endlich gesiegt. Sie können sich jetzt nicht über den Nachfolger einigen. Ich empfahl Trebonius. Der ist zwar schon seit vielen Jahren schwachsinnig, aber für Eingeweidebeschauer scheint mir das der angebrachte Geisteszustand zu sein. All diese Überflüssigkeiten gelangen zu mir, da der Senat Ferien macht. Und aus Alexandria: neue Zusammenrottungen Jugendlicher. Sie belagern tagelang den Palast, weil sie ihren Gott noch dort vermuteten, obwohl unsere Abreise amtlich bekanntgegeben wurde. Noch immer fallen Mädchen in Ohnmacht, wenn sie nur den Namen Antinous hören. Osirisfiguren aus Alabaster mit dem Kopf von A. werden zu Tausenden verkauft. Fetzen seines gelben Chitons gehen in den Andenkenläden reißend weg. Selbst Touristen sollen so etwas kaufen. Geheime Clubs schießen wie Pilze aus der Erde. Der verrückteste nennt sich »Club des ewigen Todes und der strahlenden Wiedergeburt des einzigen Osiris-Dionysos-Antinous«. Anhänger der Christensekte haben das Versammlungslokal des Clubs gestürmt und alles verbrannt, was an den neuen Gott erinnert, darunter auch echte Haare von Antinous. Ein Geheimvermerk der Polizei spricht von Schamhaaren. Blutige Auseinandersetzungen wegen dieser beiden Götter. Angeblich wurde der Christengott verhöhnt, da es von ihm nicht ein einziges Haar gäbe und er daher auch nicht existent sein könne. Bei diesen Kämpfen flogen nicht nur Haare, sondern es gab auch Tote. Sie wurden übrigens alle in einer gemeinsamen Totenfeier beigesetzt. Ein Unternehmer hatte es verstanden, beide Parteien zu einigen, indem er ihnen einen äußerst günstigen Preis für die Katafalke und die griechischen Feuer bot, die über den offenen Gräbern abgebrannt wurden.

Währenddessen schlief A. Er schlief tagelang. Wenn er einmal für einige Minuten erwachte, strahlte er mich an. Aber er sprach nicht. Die Ärzte gaben ihm in diesen kurzen Minuten zu essen. Er aß auch. Das war das einzige, was mich beruhigen konnte. Vorgestern blieb er einige Stunden wach. Es sah so aus, als überwinde er allmählich seinen »orientalischen« Zustand. Da ich fürchtete, er könne in seine Traumwelt zurückflüchten, wenn ich mit ihm spreche, ließ ich ihn in Ruhe. Aber ich unterbrach hier die Reise.

Ich bin erstaunt, mit welcher Ruhe ich dies niederschreiben kann. Die letzten dreißig Stunden wünsche ich nicht einmal meinem sogenannten Freund, dem Partherkönig. Ich rette mich in Ironie. So kann ich mir einreden, ich stünde über den Dingen.

Noch habe ich die Briefe nicht gelesen. Ich bin nicht neugierig, weil ich es nicht nötig habe, eine innere Leere auszufüllen. Dagegen ist Wissensdurst eine männliche Eigenschaft. Sie soll dem vorhandenen Weltbild ein neues Steinchen hinzufügen. Dem *Weltbild*...
Aber zuerst muß ich A. selbst gehört haben. Und da ich noch immer

nichts weiß, war diese Fahrt auf dem Nil eine Fahrt auf dem Styx. Besonders unheimlich, da ich vergaß, dem Charon sein Trinkgeld zu geben. Ich dachte nicht mehr an Proconnesus, an Griechenland und die durchsichtige Liebe, die mich einst mit meinem Liebling verband. Verschwunden sogar die hellen und dunklen Flecken auf dem Meeresgrund am Peloponnes. Die Gegenwart war zu aufdringlich.

Gestern kam er zu mir, unaufgefordert. Er bewohnt die Kammer neben der meinen. Er war bekleidet mit Chiton und Chlamys. Er trug keinen Schmuck. Seine Augen waren himmelwärts gerichtet, was ich auf den Tod nicht leiden kann, weil es mich an alte Weiber erinnert. Seine Augen leuchteten. Er setzte sich nicht, wie sonst, neben mich, sondern auf einen Stuhl mir gegenüber. Ohne meine Fragen abzuwarten, sagte er: »Glaubst Du, daß ich Osiris bin?« — Ich sagte: »Nein. Du bist mein Antinous. Du hast sechs Jahre mit mir gelebt. Du bist jetzt Römer. Laß Osiris den Ägyptern. Dieser Gott ist aus der Mode. Setz dich neben mich.«

Er hörte mich gar nicht. Er sprach über mich hinweg. Ich erkannte seine Stimme nicht wieder. Und wieder diese Himmelaugen...

»Ich starb«, sagte er. »Ich starb für alle, die auf dieser Welt Liebe suchen und sie doch nicht finden. Ich selbst habe Liebe gesucht, ich wollte aufgehen in lauter Liebe. Ich wollte mich verschenken, und ich wollte niemals wieder an mich denken. Ich habe gespielt, wenn die Liebe nicht kam. Ich habe geträumt, wenn ich sie erwartete. Ich habe geschwiegen, wenn ich sie suchte. Sie haben mich bekränzt, denn sie wußten, ich fühle wie sie. Und ihre Liebe tötete mich. Sie war so groß, daß sie mich tötete. Das schmerzliche Glück, von der ganzen leidenden und suchenden Welt geliebt zu werden, wurde zur Lust am Tode. Sie zogen mich fort aus dieser Welt. Sie schufen mir eine neue, bessere Welt, indem sie mich aus Liebe töteten. Ich liebte sie alle. Und sie wußten, daß diese neue, schönere Welt auch für sie Wirklichkeit werden konnte, wenn ich erst den Traum ihrer Schmerzen ausgelitten haben würde. Sie liebten mich. Und doch wußten sie, daß ich keinen von ihnen allein wiederlieben konnte. Aber sie wußten auch, daß ihre Liebe zu mir auf sie tausendfach zurückstrahlen und sie glücklich machen würde. Die Priester taten ihre tausend Jahre alte Pflicht: Sie stellten mich der Menge dar, wie sie ihren Gott kennt — edel, makellos und rein. So legten

sie mich ins Grab, aus dem ich auferstehen würde. Die Gläubigen harrten aus. Sie beweinten meinen Tod, aber sie freuten sich zugleich auf meine Wiedergeburt. Es waren römische Soldaten, die mich aus dem Schlaf rissen. Dieser Schlaf hätte der ägyptischen und griechischen Jugend die Gewißheit geschenkt, daß sie nicht umsonst lebt. Römische Soldaten ... Ich aber bin Grieche ...«
Seine Augen flackerten. Ich wollte auch einmal Grieche sein ... Ich bin es nicht, und A. ist weiter denn je von mir entfernt. Hat er mir überhaupt einmal gehört? Ich versuchte ihn zu küssen. Durfte ich das nicht, nachdem tausend gierige Hände seinen Körper betastet hatten, während er mit den Insignien seiner neuen Würde bekleidet wurde und während er, von Lotos nur notdürftig bedeckt, auf dem Altar eines wurmstichigen Tempels lag? Aber er schüttelte nur lächelnd den Kopf.
Ich befahl Thrasyll, ungemischten Wein zu bringen. Er kam mit *drei* Pokalen zurück. Ich trank allein. »Trink!« sagte ich zu A. Wieder schüttelte er den Kopf und lächelte, als habe er ein Geheimnis, das er nicht einmal mir entdecken wollte. Da gab ich ihm eine Ohrfeige. Seine Wange färbte sich rot, er sah mich entsetzt an. »Also — was ist mit Lucius?« fragte ich. »Liebst du vielleicht alle, weil du den einen nicht haben kannst?«
»Du quälst mich, Publius.« Endlich — ein Wort. Aber ich hörte nicht auf. »Du liebst ihn, seit du ihn kennenlerntest, und seit Baiae begehrst du ihn. Jetzt weiß ich, warum du die Augen schlossest, wenn ich dich umarmte: Du hast nicht mich — du hast in Gedanken Lucius umarmt. Das ist allerdings die schlimmste Untreue, die es gibt. Was hast du dazu zu sagen?« — Er blickte mich halb unglücklich, halb abwesend an. »Nichts.« Er wollte um jeden Preis seinen Traum weiterträumen.
»Verteidige dich!« rief ich. Die Tasche mit den Briefen lag auf dem Schreibtisch. Noch konnten wir tun, als sei nichts geschehen. A. hätte die Briefe zurückverlangen, Erklärungen abgeben können. Die durchsichtigste hätte mir wahrscheinlich genügt. Er hätte auch sagen können: »Nicht reden, Publius. Wir reden alles zugrunde. Ich bin hier, du auch, und morgen wirst du zu mir kommen, und übermorgen komme ich zu dir. Das ist alles.«
Statt dessen sagte er: »Du bist grob. Du bist eifersüchtig wie ein alter Mann, der Angst hat, alles auf einmal zu verlieren. Warum

habt ihr mich nicht schlafen lassen? Ich hätte eine Welt glücklich gemacht.«
Ein eifersüchtiger alter Mann ... Ja, der bin ich wohl. Und darum hörte ich auch nicht auf, uns beide zu quälen. Also sagte ich: »Zieh dich aus!« Er kreuzte die Arme über der Brust. Ich kenne diese Abwehrhaltung nur zu gut. »Du brauchst dich nicht ganz auszuziehen. Nachdem dich ganz Alexandria nackt gesehen hat, schämst du dich natürlich vor mir. Ich will nur deine Brust sehen.«
Er blieb reglos. Ich stand auf und zog ihm die Arme fort. Er wehrte sich nicht, aber seine Augen waren plötzlich kalt und böse. Diese Augen hatte ich noch nie gesehen. Um mich von neuem verliebt zu machen, und zwar in diese Augen, hätte er sich jetzt wehren müssen. Aber ich konnte ihn nicht vergewaltigen, da er keinen Widerstand leistete. Ich ließ also von ihm ab. Er drehte sich zur Seite, als habe ihn eine Fliege belästigt. Offenbar versuchte er noch immer, seinen Osiristraum weiterzuträumen. Jetzt war ich wirklich wütend. *Den* Traum sollte er nicht haben. Ich ging an den Tisch, ergriff die Kette und drehte seinen willenlosen Körper rücksichtslos um. Er schloß sofort die Augen. »Sieh her!« rief ich. »Mach deine Augen auf! Was ist das?« Die Kette baumelte in meiner Hand hin und her.
»Gib sie mir sofort zurück! Woher hast du sie? Wer hat sie dir gegeben?« Seine Augen waren voll Entsetzen. Nun war er kein Gott mehr.
»Lucius«, sagte ich. — »Das ist nicht wahr! Das kann nicht sein! Lucius verrät mich nicht.« — »Ich weiß nicht, was hier zu verraten war. Kurz vor unserer Abreise aus Alexandria hat er mich besucht. Er hat mir alles erklärt. Und er gab mir die Kette zurück, die du ihm geschenkt hattest.«
A. richtete sich auf, wohl, um die Kette an sich zu bringen. »Er hat sie mir gestohlen!« — Ich ging an meinen Schreibtisch und setzte mich. »Gestohlen oder nicht, zwei Dinge sind bewiesen: Du hast Lucius in der Gerberei empfangen und — Lucius liebt dich nicht.«
A. war totenblaß geworden. Selbst seine Lippen hatten keine Farbe mehr. Aber er tat mir jetzt nicht mehr leid. »Er kann mich — doch nicht — hintergangen haben.« — »Hintergangen oder nicht — du hast geträumt, lieber Antinous. Aber der Traum ist nun zu Ende. Lucius hat dich benutzt. Ich wiederhole: Er hat dich benutzt. Und jetzt hat er dich fortgeworfen. Er braucht dich nicht mehr. Aber

Jugend muß zu Jugend, nicht wahr? Die Alten mit den Bärten sind
zwar zuverlässig, aber häßlich und stinkend. Sieh mich alten, häßlichen Mann doch an, und dann bedanke dich bei Lucius für eine Erfahrung, die *ich* dir allerdings nicht geben konnte. Bedanke dich persönlich. Ich werde indessen deine Briefe lesen.«
Er wurde auf einmal flammendrot. »Welche — welche Briefe?« — »Deine Liebesbriefe an Lucius.« — »Er wollte sie für mich aufbewahren. Warum — warum tut er das?« — »Weil du ihm völlig gleichgültig bist«, sagte ich. »Und nun geh in dein Zimmer. Rufe Thrasyll. Er soll frischen Wein bringen.«
Merkwürdigerweise empfand ich während dieser Szene nichts. Ich hörte mich sprechen, aber ich empfand nichts. Ich hatte nicht einmal Mitleid mit A.' Entsetzen. Wenn ich überhaupt etwas spürte, dann die Genugtuung darüber, daß der junge Mann vor dem alten zusammengebrochen war. Vielleicht hoffte ich auch auf ein Wunder. Vielleicht würde A. plötzlich laut loslachen und mich stürmisch umarmen. Statt dessen flehte er: »Bitte, Publius, gib mir die Briefe zurück! Und auch die Kette!«
»Nein«, sagte ich. »Geh und träume deinen Traum von Osiris zu Ende. Morgen werden wir weiterreden. Wir werden eine Bootsfahrt auf dem Nil machen. Alle nehmen daran teil, und ich wünsche, daß auch du dabei bist. Gute Nacht.«
Er ging hinaus und wagte nicht einmal, meine Hand zu ergreifen. Thrasyll durfte in meiner Gegenwart trinken, während ich las. Er saß auf dem Boden und spielte mit seinen Fingern und Zehen. Die Buchstaben hüpften vor meinen Augen. Ich wurde nicht wütend, während ich las, nur traurig. Ich sah, daß ich niemals geliebt habe, weil ich niemals jung war.

XXXII

An Divus Publius Aelius Hadrianus Caes. Aug. Imp. Pont. Max. Pater Patriae Protector Aegypti etc. (griechisch)

Im Namen des Priesterkollegiums, für das zu unterzeichnen ich die Ehre habe, erlaube ich mir, Eurer Göttlichkeit mitzuteilen, daß alle in den letzten Tagen erfolgten Sakralhandlungen im Geiste unseres wiedererstandenen Gottes, des Hüters der Jugend, des Befruchters alles Lebendigen, des Fährmanns des seligen Todes geschahen. Gott ist uns wahrhaft wiedererstanden! Eure Göttlichkeit mag keinen Anstoß daran nehmen, daß das Kollegium bis zur Stunde noch nicht eindeutig entscheiden konnte, ob der leiblich zur Erde niedergestiegene Hochedle und in die Ewigkeit eingehende Antinoos dem Gott wesensähnlich oder wesensgleich ist. Durch nichts könntet Ihr einer ganzen Stadt und dem gesamten Erdkreis Eure kaiserliche Liebe mehr offenbaren als durch die Heimführung der Reinkarnation alles Schönen, Jugendlichen, Edlen und Reinen: des bereits jetzt zu den Sternen erhobenen götterähnlichen und göttergleichen Antinoos! Ägypten würde zu dieser Stunde wie nie das Glück genießen können, dem römischen Brudervolk so eng verbunden zu sein. Rom und Hadrian der Leib — Ägypten und Antinoos die allumfassende Seele! Leib und Seele in eins! Eure Göttlichkeit wird nicht so grausam sein, den Schrei eines ganzen Volkes zu überhören. Für dies Wunder, das mehr ist als tausend gewonnene Schlachten und das die Krönung Eures Friedenswerkes darstellen wird, sind die bisherigen Aufwendungen wahrlich nicht zu hoch, die erbracht werden mußten, um dem Volk den Gott zu geben, nach dem es verlangte und der es zur bedingungslosen Gefolgschaft Eurer Göttlichkeit machen wird. Das Kollegium, finanziell so gestellt, daß es materiellen Dingen gegenüber gleichgültig sein darf, hatte die unsagbare Befriedigung, nur 51 900 Drachmen für das Glück auswerfen zu müssen, einer Jugend, einer Stadt, einem Volk die Gnade zuteil werden zu lassen, ihren Gott leibhaftig erstehen zu sehen. Das gleiche Kollegium würde sich glücklich schätzen, wenn Eure Göttlichkeit diesen bereits aufgewendeten Betrag für unwesentlich erachtet gegenüber der Tatsache, Rom mit Ägypten durch einen zum Gott erhobenen Griechen verbunden zu haben. Das Bankhaus des Ben Elias erfreut sich des unbeschränkten Vertrauens des Kollegiums, dessen Interessen zu wahren ich die Ehre habe.

Pa-amon-ta, Oberpriester des Osiris
Alexandria, 25. Oktober

XXXIII

Aus Hadrians Reisetagebuch – Hermopolis, 30. Oktober

Habe die Briefe gelesen. Habe erfahren, daß A. und Lucius tatsächlich noch einmal beieinander waren, und zwar durch amtlichen Bericht. Habe die Rechnung der Priester für die Vergöttlichung empfangen. Aber ich habe A. nicht in seiner Kammer besucht. Aß mit Crito und dem Arzt allein. Einen Brief von Avidia Plautia verbrannte ich ungelesen.

A. weigerte sich, an der nächtlichen Bootsfahrt teilzunehmen. Ich ließ ihn schminken, da er blaß und hohläugig war. Thrasyll schleppte ihn auf seinem Rücken auf die Vergnügungsbarke.

Sie war bunt beleuchtet und bewimpelt, überall Kissen, Ruhebänke. Sabina, Julia, Lucius, Antinous, Thrasyll, Crito, ich natürlich... Die Binsen am Ufer kratzten sich, der Mond zog eine Fratze, Sternenhimmel, auf den Begleitbooten Harfen und Flöten, klatschende Ruder, Fackeln am Ufer der kaiserlichen Sicherheit wegen, Obst, Wein, orientalische Düfte der Frauen, die ihre Zeit in Alexandria zu Einkäufen reich genutzt haben, sanfte Gespräche über die Unsterblichkeit all dessen, was dem Leben Glanz verleiht... Glanz als Illusion verstanden. Sabina zu meiner Rechten. Zu meiner Linken Julia, ganz in Lila, mit schuldbewußtem und dümmlichem Lächeln, sie, die Mitwisserin meiner Niederlage. Lucius mir gegenüber, neben Crito. A. hinter mir auf der Bordwand, Thrasyll als schweigender und lockender Mundschenk.

Die Nacht war kühl. Ich fror, aber der Schweiß stand mir auf der Stirn. Sie lächelten mir alle zu, weil sie Angst hatten. Doch die meiste Angst vor mir hatte ich selbst. Was hatte ich schon alles getan, und was würde ich noch tun? Crito versuchte uns aufzuheitern: »Das Meer war schwarz, endlos und unheimlich und drohte den Menschen am Ufer. Da verschworen sie sich, das Meer zu bezwingen. Sie nahmen alles Holz aus den Wäldern, um Boote zu bauen. Und sie fuhren aus, um dem Meer den Herrn zu zeigen. Und – was glaubt ihr, haben sie davongetragen? Sie zogen einen Fisch aus der Tiefe. Er war so klein, daß eine Katze ihn auffraß, noch bevor sie ihn richtig betrachten konnten.«

Niemand lachte. Crito wurde verlegen. Noch mißtrauten sie einander, aber bald würden sie mich gemeinsam hassen. Mir war danach, sie alle über Bord zu werfen. Aber die Wellen des Flusses klatschten so lieblich, die Harfen verbreiteten so viel Hingebung und die Sterne so viel Gleichgültigkeit, daß es ein Stilbruch gewesen wäre. Julia machte A. Komplimente über sein gutes Aussehen. A. hörte nicht zu. Crito erklärte, daß Nero seiner Meinung nach Rom nicht angezündet habe; er führte mehrere Gründe für diese Behauptung an, die niemanden interessierte. Sabina betrachtete mich nachdenklich. A. beugte sich weit über Bord und versuchte, seine Hand im Wasser schleifen zu lassen.

Ich entschuldigte mich und ging aufs Vorderdeck, dorthin, wo es fast dunkel war. Ich wartete. Irgend jemand würde kommen. Jeder wäre mir recht gewesen. Aber über A. hätte ich mich gefreut. Doch es kam Lucius. »Hast du schon mit A. gesprochen?« fragte ich. — »Nein. Er übersieht mich einfach. Soll ich ihn holen?«

»Warte«, sagte ich. »Was du getan hast, Lucius, mußt du mit dir selber ausmachen. Du wirst von mir nicht überströmende Dankbarkeit erwarten. So nützlich es auch ist zu wissen, daß A. dich liebt und nicht du ihn. Du hast ihm eine Illusion genommen, die Illusion von der ersten großen Liebe zu einem Gleichaltrigen, Gleichgesinnten, Gleichgestellten. Es war ein sehr schwerer Schlag für ihn, Lucius, und ich hoffe, daß er darüber hinwegkommt. Er muß es, wenn unsere Freundschaft fortdauern soll. Hole ihn jetzt und sage ihm, daß du ihn gern magst, aber daß er sich nie wieder falsche Hoffnungen machen soll. Sage ihm, es täte dir leid. Aber du hättest nicht anders handeln können, mir zuliebe, vor allem aber ihm zuliebe.«

Lucius hörte mir genau zu, vielleicht zum erstenmal in seinem Leben. Dann ging er zu den andern. Ich sah, wie er sich zu A. niederbeugte, der ihm offenbar keine Antwort gab. Sabina wandte sich indigniert ihrer in sapphischen Strophen dichtenden Freundin zu. Sie erwartete ihre Stunde, die später kommen würde. Auch Lucius erwartete seine Stunde.

Schließlich kam A. — allein. Er stand kläglich vor mir, mit hängenden Armen und gesenktem Kopf. »Ich kann dich nie wieder ansehen, Publius.«

Wieder wurde ich weich. Wieder tat er mir leid. War ich in meinem berechtigten Zorn zu weit gegangen? Seine Haare hatten sich gelöst und fielen ihm fast in die Augen. »Du wirst mich wieder

anschauen«, sagte ich. »Je mehr Tage vergehen, um so weniger wichtig wird uns alles vorkommen. Ich werde dir sicher verzeihen können, und dann werden wir wieder zusammen lachen.«
»Ich werde nie wieder lachen. Vielleicht werde ich auf andere Art glücklich, auf eine ganz andere Art. Aber ich werde nicht wieder lachen.« Da stand er, gerade erst zum Gott erhoben, und zwar für 50 000 Drachmen, zwanzig Jahre alt, und erklärte, nie wieder lachen zu wollen. Hätte *ich* das gesagt... Als Lucius näher kam, versuchte A. davonzulaufen. Doch ich hielt ihn an der Hand fest. Die Sache mußte zu Ende gebracht werden. Lucius sagte, während A. mit leeren Augen ins Wasser starrte: »Ich liebe Antinous nicht. Ich liebe meine Frau Avidia. Und ich liebe auch den Kaiser, aber in anderer Weise. Es tut mir aufrichtig leid, daß ich einem Menschen, der mich aufrichtig liebte, nichts anderes geben konnte als meinen Körper. Es tut mir auch leid, daß ich nicht hart war, sondern Mitleid hatte...«
»Das ist alles?« fragte ich. — »Das ist alles«, sagte Lucius. Ich blickte mich nach A. um. Er träumte seinen Osiristraum, nicht fähig und nicht willens, seinen Sturz zur Kenntnis zu nehmen. Er schaute Lucius eigenartig an, so, als entdeckte er in ihm ein unerhörtes, nie gesehenes Fabelwesen. Dann öffnete er langsam die Spange auf seiner Brust, streifte die Chlamys von der Schulter und zog sich den Chiton über den Kopf. Ich sah seine Beine, seine Lenden, seinen Bauch, seine Brust... Ich nahm es kaum zur Kenntnis. Ein junger Mann vielleicht, der zu Bett gehen wollte...
Aber er wollte nicht zu Bett. Plötzlich warf er sich über die Bordwand, und Lucius und ich brauchten unsere ganze Kraft, um ihn zurückzuhalten. Ich packte seinen Kopf, Lucius seinen Leib. Er wehrte sich nicht. Er wurde wieder so schlaff wie damals, nachdem Kalos ertrunken war. Wir redeten beide auf ihn ein. Aber er sprach kein Wort, zog seine Sachen wieder an und begab sich zu Sabina und den andern. Ich sah, wie Julia sich an ihn wandte und er mit dem Kopf nickte.
Nach knapp zwei Stunden endete diese Lustfahrt...
Wir ließen uns auf unser Boot zurückrudern. A. sprach noch immer nicht. Offenbar war er wieder in seinen Traum von der Erlösung der unglücklich liebenden Jugend zurückgekehrt. Bequem, aber nicht ungefährlich. Er ging sofort in seine Kammer. Eine Weile

wartete ich, doch er kam nicht zu mir. Ich hörte ihn nicht einmal. Wieder konnte ich nicht schlafen. Wie oft ist es nun geschehen, daß ich seinetwegen nicht schlafen konnte? Seinetwegen, der mich nicht einmal liebt. Um auf andere Gedanken zu kommen, holte ich Thrasyll herein. Er setzte sich auf mein Bett und summte mir seine merkwürdig klagenden Lieder vor, während ich in Gedanken unentwegt über seine krausen Haare strich. Plötzlich bewegte sich der Vorhang zu A.' Zimmer. Ich glaube, sein Gesicht gesehen zu haben. Ich stand auf und sah nach. Doch er lag mit dem Bauch auf seinem Bett, den Kopf auf den gekreuzten Armen. Seine Schulterblätter zuckten ein wenig. Als ich ihn ansprach, antwortete er nicht. Ich sollte glauben, er schliefe, und ich tat ihm den Gefallen.
Es war das letzte Mal, daß ich ihn heute sah. Es ging schon gegen Morgen. Zum Frühstück erschien er nicht, und als ich ihn suchen ließ, stellte sich heraus, daß er gar nicht an Bord war. Er muß das Boot noch vor Morgengrauen verlassen haben. Sämtliche Begleittruppen haben Befehl, ihn überall am Ufer und in den umliegenden Ortschaften zu suchen. Crito machte sich in einem kleinen Boot auf und fragte auf allen Schiffen nach ihm, auch auf dem von Lucius. Er traf Lucius bei einem großen Eßgelage inmitten seiner Mädchen und Jungen an. Sie feierten laut und lärmend. Aber niemand von ihnen hatte A. gesehen. Auch vom Ufer keine Erfolgsmeldung.
Die Sonne beginnt schon zu sinken. Noch immer nichts. Ich habe plötzlich Angst. Ich werde jetzt selbst an Land gehen und die Nachforschungen vorantreiben. Wenn es erst ganz dunkel ist, werden wir ihn nicht mehr finden.

XXXIV

*Julia Balbilla an Claudia Crispina in Rom —
Hermopolis, 31. Oktober*

Ich schreibe mit fliegender Feder, weil ich Dir etwas Furchtbares zu berichten habe, noch bevor ich Antwort auf meinen letzten Brief vom vierundzwanzigsten von Dir habe, in dem ich über meine Eindrücke in Alexandria und bei den Pyramiden berichtete, die nicht sehr positiv sind, schon weil es überall von Touristen

wimmelt, die natürlich alle die Gelegenheit benutzt haben, die Pyramiden *und* den Kaiser zu besichtigen, obwohl gerade der kaum sein Boot verlassen hat, und zwar wegen des Bithyniers, der zuerst diese rätselhafte Schlafkrankheit hatte und — jetzt kommt etwas, was Dich erschrecken wird und was ich Dir doch nicht verheimlichen kann: Der Bithynier ist nämlich tot! Ich schreibe es noch einmal hin, denn es hört sich so unglaublich an: Er ist tot, und zwar schon seit fast vierundzwanzig Stunden, wie der Arzt festgestellt hat!
Es müssen sich Dramen abgespielt haben, liebste Claudia... Nicht einmal der Kaiser weiß, wie sich alles im einzelnen zugetragen hat, und um das herauszubekommen, hat er sein Boot verlassen und ein Haus in Beza bezogen, einem kleinen Ort gegenüber Hermopolis, und vorläufig sieht es so aus, als würde die Reise hier abgebrochen, was mir persönlich nicht unlieb wäre, weil ich in Alexandria ein Festgewand für die Saison bestellt habe, das vor unserer Abreise noch nicht fertig war und das ich jetzt gerne hätte, bevor es ein andrer kopiert. Aber Genaues weiß ich nicht, denn alles läuft durcheinander oder fährt durcheinander, besser gesagt, denn der übrige Hof ist auf den verschiedenen Booten geblieben, die ja doch bequemer ausgestattet sind als die Häuser in diesen kleinen Provinznestern.
Als die Augusta die Unglücksbotschaft zum ersten Male hörte, rief sie ganz spontan aus: »Nein — das ist nicht wahr!« Und ich bin sicher, daß sie den Tod des Jungen nicht gewollt hat, obwohl sie ihn nie leiden mochte, viel weniger als ich, denn ich fand ihn trotz allem irgendwie nett, aber seinen Tod wollte sie nicht, so wahr mir alle Götter helfen! Eigentlich könnte sie jetzt sehr glücklich sein, den Kaiser endlich für sich zu haben, denn Lucius fällt ganz aus, weil er sich auf seinem Boot einen kleinen Hofstaat gebildet hat, mit dem er sich offenbar blendend amüsiert, da der Kaiser ihn nicht so freundschaftlich behandelt, wie wir erwarten durften.
Jetzt gehen natürlich die unsinnigsten Gerüchte um, aber Du weißt ja selbst, liebe Freundin, daß ein Gerücht sich nie selbst zeugt und immer einen Vater haben muß, der mit der Wahrheit verwandt ist. Da ich selbst in den letzten Tagen eine Menge beobachtete und von früher einiges weiß, kann ich mir schon ein Bild machen, das der Wirklichkeit weitgehend entspricht. Von den Liebesbriefen, die ich gelesen habe, erzählte ich Dir ja, und sie waren

vermutlich der Anstoß für alles andere, wie ich mir gleich dachte. Ich fand es von dem Empfänger der Briefe nicht ehrenhaft, sie ausgerechnet dem Kaiser zuzuspielen, und ich sagte das auch zu meiner Herrin, aber sie gab hierzu keinen Kommentar ab und sagte statt dessen, ich solle froh sein, wenn der Kaiser gegen mich als Mitwisserin nicht irgendwelche Maßnahmen treffe, was mir einen ungeheuren Schreck einjagte und mir zeigte, daß auch die Augusta ziemlich durcheinander ist, denn so hart hat sie noch nie mit mir gesprochen. Aber ihre Nerven sind auch etwas überreizt, obwohl ich glaube, daß sie die Briefe nicht gelesen hat, wohl aber der Kaiser, denn anders ist die drückende Stimmung auf der Lustbarke nicht zu erklären, auf der der ganze Hof eine Ausfahrt machte, und zwar vorgestern abend. Es war, als habe man Gift in einen Goldfischteich geworfen, und die Goldfische waren natürlich wir, denn wir hatten uns alle in die schönsten und teuersten Kleider geworfen. Ich hatte mein Violettes an, und die Schneiderin hatte in aller Eile noch ein paar Schlangen und Sphinxe draufgestickt, in Silber, und meine Herrin hatte fast drei Stunden unter den Händen ihrer Friseusen zugebracht, aber so viel Kunst und Geschmack sie für ihr Haar verwendete, so wenig tat sie für ihr Kleid, denn sie trug ein schlichtes weißes, ohne Ausschnitt und ohne andern Schmuck als einen schmalen goldenen Gürtel und ihren Ehering, ja das Kleid hatte nicht einmal einen Purpursaum, der ihr immerhin zusteht. Der Kaiser hatte einen leichten Mantel über seine Tunika geworfen, auch Lucius war wie immer höchst elegant nach römischer Mode angezogen, nur der Bithynier trug sich wie gewöhnlich griechisch: ein ganz dünner hellgelber Chiton, darüber eine Chlamys in einem etwas dunkleren Gelb und eine mit blauen Steinen besetzte Spange auf der Brust, und durchs Haar hatte er ein Seidenband geflochten von der gleichen Farbe wie der Chiton. Die beiden Ende fielen über sein schönes Nackenhaar bis auf die Schultern, und er sah überhaupt blühend aus, obwohl die Augusta meint, er sei geschminkt gewesen, aber was macht das jetzt noch aus...

Ach — liebste Freundin, alles war so hell und schön und festlich, und doch war diese Fahrt unerträglich, und wenn gesprochen wurde, klang es hohl, und plötzlich war der Kaiser verschwunden, und später folgte ihm Lucius und dann auch noch Antinous. Zu dieser Zeit muß die entscheidende Auseinandersetzung stattgefunden haben, denn hinterher waren sie alle nervös und versuchten krampfhaft ein Gespräch in Gang zu setzen, was aber nicht gelang, weshalb der Ausflug dann auch bald abgebrochen wurde, und wir kehrten alle auf unsere Boote zurück, Antinous auf das des Kaisers, und was dort in der Nacht geschah, weiß ich nicht, noch nicht. Zwar habe ich versucht, Thrasyll auszuhorchen, den schwarzen Leibdiener des Kaisers, aber der spricht kein Wort Latein oder gibt doch vor, unsere Sprache nicht zu verstehen, und von Crito war schon gar nichts zu erfahren.

Entschuldige — aber ich *mußte* diesen Brief unterbrechen, um mir neue Informationen zu beschaffen, und zwar in Beza, und jetzt ist es weit nach Mitternacht, aber ich opfere die Nacht gern in der Hoffnung, daß Du diesen Brief bekommst, noch ehe die amtlichen Mitteilungen nach Rom gelangen, denn in denen steht ja doch nur die Hälfte drin. Beza gleicht einem Ameisenhaufen, und das Haus des Kaisers, übrigens ein ziemlich wackliges Gebäude, ist streng bewacht, und niemand kommt hinein, auch ich nicht, und vielleicht ist er ja auch gar nicht da. Als man Antinous tot aufgefunden und dem Kaiser die Nachricht gebracht hat, soll er aufgeschrien und sogar geweint haben! Nun stell Dir das vor — wie sehr muß er den Bithynier trotz allem geliebt haben! Selbst ich mußte meine Tränen zurückhalten, als ich vom Schmerz des Kaisers erfuhr, und ich finde es gar nicht so lächerlich wie beispielsweise die Augusta, daß der Kaiser hier eine Stadt gründen will, die dem Andenken seines Freundes gewidmet werden soll. Da der Todestag irgend etwas mit Osiris zu tun hat, soll sich auch der hiesige Priester dieses unheimlichen Gottes mit dem Kaiser in Verbindung gesetzt haben, und vielleicht macht man wieder eine so ähnliche Feier wie in Alexandria, in der man alle drei zu einem vereinigt: Osiris, Dionysos und Antinous. Noch habe ich keine Bestätigung für diese Vermutung, aber möglich wäre es schon, denn der Bithynier soll sich in den letzten Wochen für den wiedergeborenen Osiris gehalten haben, woran Du siehst, liebe Claudia, daß sein armer kleiner Kopf den Anforderungen eben doch nicht gewachsen war, denen wir hier in den höchsten Stellungen durch die ständige Vergötterung der Massen ausgesetzt sind.

Es wurden natürlich sofort scharfe Untersuchungen angestellt, doch nichts deutet darauf hin, daß der Bithynier ermordet worden ist,

denn wer hätte auch schon ein Interesse daran gehabt? Diejenigen, die ihn stürzen wollten, wollten doch seinen Tod nicht, und eher glaube ich schon, daß er freiwillig aus dem Leben schied, denn alle Umstände sind danach. Er wurde an einer ziemlich seichten und unübersichtlichen Stelle des Nilufers gefunden, wo sich irgendwelche Becken befinden, und wenn er hätte baden wollen, hätte er sich bestimmt eine bessere Stelle ausgesucht. Da er aber seine Kleider vorher ausgezogen hatte, ist er freiwillig ins verkrautete Wasser gestiegen, wie ich vermute, in einem seiner in letzter Zeit so häufigen Anfälle von religiöser Umnachtung, denn vorher hat er sich noch ganz und gar mit Lotosblüten überschüttet, und als ich dies alles eben meiner Herrin erzählte und sagte, es sei doch furchtbar, wenn ein Mensch seine religiösen Vorstellungen so weit treibe, daß er sogar seinen Lebenswillen darüber aufgibt, antwortete sie mit einem merkwürdigen Satz: »Enttäuschte Liebe findet nicht selten zu Gott.«
Was sagst Du dazu? Nun — in einer Hinsicht hat sie natürlich recht, denn es ist sicher, daß ein Erlaß kommen wird, der Antinous zu den Göttern erhebt, so, wie es sicher ist, daß Lucius bisher noch nicht adoptiert wurde und auch noch gar nicht die Rede davon ist. Jedenfalls wird es noch furchtbare Aufregungen geben, denn was soll man anziehen bei einer Totenfeier, etwas Traurigem, die gleichzeitig Apotheose ist, also etwas Erfreuliches? Hoffentlich wartet man damit, bis wir wieder an einem zivilisierten Ort sind, am liebsten wäre mir Rom, denn diese Reise ist mir jetzt schon verleidet, und ich möchte nach Hause, außerdem habe ich dort auch alles, was man für einen solchen Anlaß braucht. Aber ich fürchte, so lange wird der Kaiser nicht warten, und in Rom hat man vielleicht auch nicht das nötige Verständnis dafür.
Der arme Junge ... Wir werden jetzt gewiß keine leichten Tage haben. Schreib mir sofort, wie Du alles findest.

Nachwort

Lucius wurde sechs Jahre später adoptiert, starb aber noch vor Hadrians Tod. Sein Sohn, von Antoninus Pius adoptiert, regierte neben Mark Aurel als Lucius Verus Augustus von 161 bis 169.
Antinous wurden bis zum Sieg der christlichen Lehre, die mit der liebenswürdigen Gewohnheit brach, auch sündige Menschen in den Himmel zu erheben, göttliche Ehren erwiesen, besonders im Osten des Reiches.

Erwin
Wickert

Der Auftrag
des Himmels

Ein Roman aus dem
kaiserlichen China

Ullstein Buch 20102

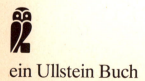

ein Ullstein Buch

DER SPIEGEL nannte
diesen Roman über den
Taiping-Aufstand »den größten literarischen Erfolg des
Diplomaten und Ostasien-
kenners Wickert«. Bei seiner
Verabschiedung als deutscher
Botschafter in Peking Ende
1979 wurde Dr. Erwin
Wickert denn auch auf ganz
besondere Weise geehrt: Der
chinesische Vizepremier
verfaßte ein Gedicht für ihn.
Für DIE ZEIT ist Wickert
»ein gestandener Schrift-
steller, gepriesen und preis-
gekrönt als Hörspielautor
und Romanverfasser; und
doch auch ein gelernter
Diplomat, verantwortlich auf
höchst wichtigem Außen-
posten... (Peter Wapnewski)